# Keine lange Weile

Texte zur Erwachsenenbildung
aus fünf Jahrzehnten

Ekkehard Nuissl

Ekkehard Nuissl

# Keine lange Weile

Texte zur Erwachsenenbildung
aus fünf Jahrzehnten

**Herausgebende Institution**
Deutsches Institut für Erwachsenenbildung – Leibniz-Zentrum für Lebenslanges Lernen e.V.

Das Deutsche Institut für Erwachsenenbildung (DIE) ist eine Einrichtung der Leibniz-Gemeinschaft und wird von Bund und Ländern gemeinsam gefördert. Das DIE vermittelt zwischen Wissenschaft und Praxis der Erwachsenenbildung und unterstützt sie durch Serviceleistungen.

Redaktionelle Bearbeitung: Christiane Barth

© W. Bertelsmann Verlag GmbH & Co. KG
Bielefeld 2016

Gesamtherstellung:
W. Bertelsmann Verlag, Bielefeld
**wbv.de**

Umschlagfoto:
canstockphoto

Bestellnummer: 6004553
ISBN (Print): 978-3-7639-5764-4
DOI: 10.3278/6004553

Printed in Germany

Das Werk einschließlich seiner Teile ist urheberrechtlich geschützt. Jede Verwertung außerhalb der engen Grenzen des Urheberrechtsgesetzes ist ohne Zustimmung des Verlags unzulässig und strafbar. Insbesondere darf kein Teil dieses Werkes ohne vorherige schriftliche Genehmigung des Verlages in irgendeiner Form (unter Verwendung elektronischer Systeme oder als Ausdruck, Fotokopie oder unter Nutzung eines anderen Vervielfältigungsverfahrens) über den persönlichen Gebrauch hinaus verarbeitet, vervielfältigt oder verbreitet werden.

Für alle in diesem Werk verwendeten Warennamen sowie Firmen- und Markenbezeichnungen können Schutzrechte bestehen, auch wenn diese nicht als solche gekennzeichnet sind. Deren Verwendung in diesem Werk berechtigt nicht zu der Annahme, dass diese frei verfügbar seien.

**Bibliografische Information der Deutschen Nationalbibliothek**
Die Deutsche Nationalbibliothek verzeichnet diese Publikation in der Deutschen Nationalbibliografie; detaillierte bibliografische Daten sind im Internet über http://dnb.d-nb.de abrufbar.

# Inhalt

| | |
|---|---|
| **Vorbemerkungen** ........................................................................................................ | 9 |
| **Editorische Notiz**........................................................................................................ | 11 |
| Ausbildung und Hochschulbildung (1972) ................................................................ | 13 |
| Defizite der Dropout-Forschung (1979).................................................................... | 16 |
| Zur Diskussion des Bildungsurlaubsprogramms (1980) ........................................... | 21 |
| Lehr-Lern-Forschung für die politische Bildung (1986) ........................................... | 24 |
| Praxisorientierte Weiterbildungsforschung (1988).................................................... | 27 |
| Vermittlung im wachsenden Museum (1988) .......................................................... | 33 |
| Markt oder Staat in der Weiterbildung (1991) ......................................................... | 39 |
| Lernort Alltagsleben (1992) ....................................................................................... | 43 |
| Person und Sache (1992) ........................................................................................... | 47 |
| Leben und Lernen als Wagnis (1993) ....................................................................... | 49 |
| „Qualität" – pädagogische Kategorie oder Etikett? (1993)...................................... | 54 |
| Fernsehpreis und Bildung (1994) .............................................................................. | 58 |
| Management von Bildungseinrichtungen (1995) ..................................................... | 64 |
| Die Männerfrage als Bildungsfrage (1995) ............................................................... | 66 |
| Expansionsbereich der Zukunft – Erwachsenenbildung (1995) .............................. | 69 |
| Fremdsprachen in der Erwachsenenbildung (1995) ................................................ | 75 |
| Lebenslanges Lernen in der Erwachsenenbildung (1997)........................................ | 80 |
| Hochschuldidaktik (1998).......................................................................................... | 86 |
| Lernarchitekturen (1999) ........................................................................................... | 89 |
| Bildungsfinanzierung (2000)...................................................................................... | 91 |
| Barrieren, Blockaden, Widerstände (2000) ............................................................... | 93 |
| Support für die Weiterbildung (2000)....................................................................... | 95 |
| Weiterbildung und Zukunft (2001) ........................................................................... | 97 |
| Einheit und Gegensatz (2001) ................................................................................... | 99 |
| Sprachenlernen und Sprachenpolitik (2001) ............................................................ | 101 |
| „Lernen wollen, können, müssen!" (2001)................................................................ | 102 |
| Organisationsentwicklung (2002) ............................................................................. | 107 |
| Regionen und Netzwerke (2002)............................................................................... | 108 |
| Wissens- oder Wissenschaftsgesellschaft? (2002) ..................................................... | 110 |
| Qualität(en) in der Weiterbildung (2002) ................................................................. | 112 |

| Zuwanderung als Thema der Weiterbildung (2002) | 113 |
|---|---|
| Zurück zur Didaktik (2003) | 115 |
| Zielgruppen! – Zielgruppen? (2003) | 116 |
| Bilder und Bildung (2004) | 117 |
| Zukunftsmarkt Weiterbildung? (2004) | 118 |
| Vom Nutzen und Genießen (2004) | 119 |
| Kopf, Herz und Hand (2004) | 120 |
| Lernen in Bewegung (2004/2010) | 121 |
| Weiterbildungsraum Europa (2005) | 123 |
| Graniza (2005) | 125 |
| Next Generation (2005) | 126 |
| Rechte und Pflichten (2005) | 127 |
| Nachhaltig – bis zur nächsten Evaluation! (2005) | 128 |
| Dopamine (2006) | 129 |
| Ballwerk (2006) | 130 |
| Transparenz im Bildungssystem (2006) | 132 |
| Lernen als Integration (2007) | 134 |
| Transitorisches (2007) | 139 |
| „Dritt"mittel (2007) | 141 |
| Angebot, Nachfrage, Bedarf (2007) | 142 |
| Gerechtigkeit (2007) | 143 |
| Subjektive Zeit, objektive Zeit (2007) | 145 |
| Milieumarketing (2008) | 146 |
| Lange Weile (2008) | 148 |
| Ein Wortfossil lebt (2008) | 149 |
| Zahlenwerke (2008) | 150 |
| Vages zur Weiterbildung (2008) | 152 |
| „Der Struwwelpeter" – ein pädagogisches Programm (2009) | 154 |
| Am Trafo (2009) | 164 |
| Nutzt Kooperation? (2010) | 165 |
| Ästhetik und Pragmatik (2010) | 166 |
| Kopf und Zahl (2010) | 168 |
| Lernen in Bewegung (2011) | 169 |
| Internationalisierung (2011) | 170 |
| Prokrustesbetten (2011) | 172 |

| Das „Fach" (2011) | 174 |
|---|---|
| Mehr Ältere in der Weiterbildung (2011) | 175 |
| Globale Perspektiven (2011) | 177 |
| Deutschland in Europa (2012) | 179 |
| „Making lifelong learning a reality" (2012) | 181 |
| Evaluationen ohne Ende (2013) | 184 |
| Trends der Weiterbildung (2014) | 185 |
| Bildungslandschaft (2014) | 188 |
| Bildungs-Terminologie (2014) | 191 |
| Forschung und Lehre in Europa (2014) | 194 |
| Titel, Titel, Titel! (2014) | 196 |
| Bildung und Raum (2015) | 197 |
| Familienbildung (2015) | 199 |
| Assessment (2015) | 201 |
| Kompetenzen messen (2015) | 203 |
| Komparative Zugänge (2015) | 205 |
| Nachholen, Validieren, Anerkennen (2015) | 207 |
| Lernen in der Stille (2015) | 208 |
| Evidenzorientierte Bildungspolitik (2015) | 209 |
| Migration und Weiterbildung (2015) | 212 |
| Inklusion und Exklusion (2016) | 214 |
| Transparente Qualifikationen (2016) | 216 |
| Innovationen sind kein Wert an sich (2016) | 217 |
| Europäischer Hochschulraum (2016) | 219 |
| **Quellenverzeichnis** | **222** |
| **Über den Autor** | **227** |

# Vorbemerkungen

Im Juni dieses Jahres feierte Ekkehard Nuissl seinen 70. Geburtstag. Vierzig Jahre seines Lebens hat er sich in der und für die Erwachsenenbildung an exponierter Stelle engagiert: in der Forschung u.a. in der Heidelberger Arbeitsgruppe für empirische Bildungsforschung, in der Praxis u.a. als Leiter der Volkshochschule Hamburg und im Wissenschaftsmanagement als Leiter der Pädagogischen Arbeitsstelle des Deutschen Volkshochschul-Verbandes und dann als Wissenschaftlicher Direktor des Deutschen Instituts für Erwachsenenbildung. Das Institut in die Leibniz-Gemeinschaft geführt und dort etabliert zu haben, gehört wohl zu den nachhaltigsten Leistungen Ekkehard Nuissls, da er der Erwachsenenbildung damit ein außeruniversitäres Forschungsinstitut erhalten hat, was in den allermeisten anderen europäischen Staaten nicht gelungen ist.

Ekkehard Nuissl zählt zu den wichtigsten Repräsentanten der „zweiten Generation" von Wissenschaftlerinnen und Wissenschaftlern der Erwachsenenbildung. Für den studierten Geistes-, Gesellschafts- und kenntnisreichen Erziehungswissenschaftler verlief die berufliche Laufbahn – wie für viele seiner Generation – parallel zur Etablierung der Erwachsenenbildung als öffentlich anerkannter Bildungsbereich und als universitäres und außeruniversitäres Forschungsfeld. Der maßgebliche Einfluss, den Ekkehard Nuissl auf die Geschichte der bundesdeutschen und später auch der europäischen Erwachsenenbildung ausgeübt hat, wurde bereits gewürdigt: in einer von Klaus Meisel und Christiane Schiersmann herausgegebenen Festschrift zum „Zukunftsfeld Weiterbildung. Standortbestimmungen für Forschung, Praxis und Politik" sowie in einem von Rolf Arnold zugeeignetem Band zu „Entgrenzungen des Lernens – Internationale Perspektiven für die Erwachsenenbildung".

In dem vorliegenden Band sind nun Miszellen zusammengestellt, die zeigen, wie Ekkehard Nuissl die Erwachsenenbildung über viele Jahrzehnte begleitet, beeinflusst und geprägt hat. Dafür ist die hier präsentierte Textsorte in besonderer Weise geeignet: Es handelt sich um Editorials in Zeitschriften, insbesondere in der *DIE Zeitschrift für Erwachsenenbildung,* die er gegründet und mit viel Herzblut profiliert hat, um Grußworte zu Tagungen, um Vorworte zu Büchern oder um Stellungnahmen in Sammelbänden – um Texte also, die einordnen, kommentieren, bewerten, und die Themen, auf die sie verweisen, in einen größeren Zusammenhang stellen.

Die Lektüre der Miszellen macht aufmerksam auf die wechselnden Formen und Inhalte des Austauschs zwischen Wissenschaft, Politik und Praxis der Erwachsenenbildung. Für manche Themen, wie z.B. die Frage einer transparenten und sozial gerechten Finanzierung von Weiterbildung, hat die Wissenschaft durchaus tragfähige Konzepte entwickelt, die aber von der Politik nicht aufgegriffen wurden. Bei anderen Themen haben sich die Rahmenbedingungen grundlegend verändert; das gilt z.B. für das Verhältnis von Markt und Staat in der Erwachsenenbildung, das heute zumeist vor dem Hintergrund eines sich etablierenden europäischen Mehrebenensystems diskutiert wird und kaum noch mit Blick auf normative Konzepte, wie den korporativen Pluralismus oder das Subsidiaritätsprinzip. Andere Themen bleiben aktuell, ohne dass auf den ersten Blick substanzielle Fortschritte im Transfer wissenschaftlicher Erkenntnisse an Politik und Praxis zu erkennen sind; dies scheint etwa für Fragen der Alphabetisierung und Grundbildung zu gelten. Wieder andere Themen finden kaum noch Aufmerksamkeit; dazu gehören z.B. Fragen nach der Relevanz von Bildungsurlauben oder dem Bildungswert des Fernsehens. Schließlich zeigen sich auch Themen, die Ekkehard Nuissl selbst vorausschauend aufgegriffen hat, wie z.B. das Lernen in Museen, die lange Zeit ein Randdasein führten und heute in der Leibniz-Gemeinschaft neuen Schwung erhalten – und dies eher beiläufig dadurch, dass in dieser Forschungsmuseen, historische Institute und Einrichtungen der Bildungsforschung eng zusammenarbeiten.

In all diesen Debatten zeigt sich Ekkehard Nuissl als Vermittler im besten Sinne: als Wissenschaftsmanager, der sich positioniert und gleichzeitig fortlaufend zu lernen bereit ist; als Forscher mit Sinn für die Bedarfe und Bedürfnisse von Politik und Praxis; als Praktiker mit Urteilskraft für die Leistungsfähigkeit und auch die Grenzen der Forschung.

Die Mitarbeiterinnen und Mitarbeiter des Deutschen Instituts für Erwachsenenbildung gratulieren Ekkehard Nuissl herzlich zum Geburtstag und hoffen, dass das vorliegende Buch dem Autor bei der Wiederbegegnung mit älteren und jüngeren Texten viel Freude bereitet und vor allem den Leserinnen und Lesern dieser Texte vielfältige Anregungen gibt.

*Josef Schrader*
*Deutsches Institut für Erwachsenenbildung –*
*Leibniz-Zentrum für Lebenslanges Lernen*

# Editorische Notiz

Das vorliegende Buch versammelt kleine Texte von mir aus den vergangenen mehr als 40 Jahren, die ich in der Erwachsenenbildung tätig war. Ziel dieser Sammlung ist es, die Entwicklung der deutschen Erwachsenen- und Weiterbildung – in einer sehr persönlichen Sichtweise – nachzuvollziehen und nachvollziehbar zu machen.

Es liegt auf der Hand, dass eine solche Anthologie, wie auch andere Textsammlungen, sich zunächst der Frage der Auswahl stellen muss. Diese Auswahl habe ich selbst vorgenommen. Dabei folgte ich mehreren Kriterien.

Der Text soll einen damals wichtigen, auch aus heutiger Sicht nachvollziehbaren Aspekt behandeln; er soll kurz Gegenstand, Frage und Problem benennen, um auch ohne zeitgenössischen Kontext verstanden werden zu können; er soll eine eigene Position enthalten, die Perspektiven und nötige Handlungen benennt; er soll es ermöglichen, sich historischer Dimensionen der aktuell diskutierten Fragen und Probleme zu vergewissern; und er soll qualitativ – bei aller Kürze – wissenschaftliche Ansprüche erfüllen.

Nicht alle Texte der vorliegenden Sammlung erfüllen alle diese Kriterien, sie wurden ja auch nicht immer mit Blick auf sie geschrieben. In den Fällen, in denen es sich um Vorbemerkungen zu Zeitschriften und Büchern handelt, ist der Bezug zur zeitgenössischen Diskussion am ehesten gegeben; die Themen der *DIE Zeitschrift für Erwachsenenbildung* etwa wurden mit Blick auf die jeweilige Relevanz gewählt. In wenigen Fällen habe ich Auszüge aus größeren Arbeiten (etwa zum „Dropout") eingefügt, weil sie für die damalige Zeit wichtig waren und keine kürzeren Texte vorlagen. Einen Text habe ich mit ausgewählt, der mit Sicherheit keinen relevanten Bezug zur Erwachsenenbildung hatte: den „Struwwelpeter"; er verweist jedoch auf allgemeinere gesellschaftliche Normen und Werte, wie sie auch in der Erwachsenenbildung thematisiert werden (sollten) und ich habe bei seiner Niederschrift selbst einiges verstanden.

In der Bearbeitung der Texte waren ich und das Lektorat sehr behutsam. Nur geringfügige Korrekturen wurden vorgenommen. So wurden einzelne Sätze gestrichen, wenn sie auf Texte verwiesen, die in der jeweiligen Publikation enthalten waren – es sei denn, der Verweis enthielt inhaltlich notwendige Informationen. Die Kürzungen sind gekennzeichnet. Die Rechtschreibung wurde dort, wo nötig, nachträglich ausgebessert. Die Texte wurden jedoch nicht in die neue Schreibweise, die seit der letzten Rechtschreibreform gilt, übertragen. In ganz wenigen Fällen sind Satzteile hinzugefügt, wenn dies zum besseren Verständnis nötig schien. Bei älteren Texten, zu denen keine Druckdaten vorlagen, war es erforderlich, alte Druckausgaben einzuscannen; dabei entstehende Lücken und Unklarheiten wurden nach Sichtung des Originals ausgebessert.

Die jeweilige Quelle ist im angehängten Quellenverzeichnis nachzulesen. Hinsichtlich der Anordnung der Texte im vorliegenden Buch war zwischen drei Varianten zu entscheiden: einer durchweg chronologischen Folge oder einer inhaltlichen Gruppierung oder einer Mischform (chronologisch innerhalb eines Themas). Wir haben uns für die durchweg chronologische Ordnung entschieden. Diese entspricht meiner Meinung am besten dem Ziel der Sammlung, die Diskussionen im weiten Feld der Erwachsenen- und Weiterbildung aus den vergangenen gut 40 Jahren Revue passieren zu lassen.

E.N.

# Ausbildung und Hochschulbildung (1972)

Bestimmte Ausbildungsziele werden und wurden immer in Zahlen angestrebt, die in kaum einem Verhältnis zu den festgestellten oder auch nur behaupteten gesellschaftlichen Bedürfnissen stehen. So werden in jedem Semester auf Bundesebene tausende und mehr Schulabsolventen durch den Numerus Clausus am Studium der Medizin gehindert mit der Begründung, es gebe nicht genug Ausbildungsplätze und eine genügend große Anzahl von Ärzten, während andererseits der permanente Mangel an Ärzten z.B. in ländlichen Gebieten festgestellt wird. Eine übergroße Zahl von Studenten macht jedes Jahr in den neuphilologischen Fächern Staatsexamen, eine immer zu geringe in den Fächern Naturwissenschaften und Mathematik. So wurden in diesem Jahr in Baden-Württemberg 78 Studienreferendare nicht in den Staatsdienst übernommen, die ein Examen in den geisteswissenschaftlichen Fächern absolviert hatten, während weiterhin ein Lehrermangel in den Fächern Physik, Chemie und Mathematik besteht. Mathematikstudenten z.B. wurde daher die Ablegung des Staatsexamens dadurch erleichtert, daß sie in keinem zweiten Fach mehr geprüft werden müssen.

Dies sind nur Einzelfälle, aus denen deutlich wird, vor welchen Problemen eine hochentwickelte Industriegesellschaft steht, die sich einerseits der Produktivkraft von Ausbildung bewußt ist, andererseits ohne totale Planung diese Produktivkraft nicht vollkommen in ihrem Sinn einsetzen kann. Es haben sich allerdings schon subtilere Mechanismen des Dirigismus entwickelt, auf die hier nicht näher eingegangen werden kann. Um die Zahl der Hochschulabsolventen auch für die Zukunft überschaubarer zu machen und ihre beruflichen Aussichten abzuschätzen, sind in jüngster Zeit verschiedene Untersuchungen mit bildungsökonomischer Methode angestellt worden, deren jüngsten und bislang umfangreichsten vom Bundesministerium für Bildung und Wissenschaft in Auftrag gegeben worden waren. Die Abstimmung von Angebot und Bedarf an Hochschulabsolventen und die Abschätzung von Studentenzahlen ist zumal in privat- und marktwirtschaftlich organisierten Industriegesellschaften eine dringliche Aufgabe, bei der vielerlei Variablen – und vor allem unberechenbare Variablen – verschiedenen unerläßlichen Planungen (z.B. Hochschulbau und -ausbau) zugrundegelegt werden müssen. Vorrangig an der ungenügenden Begründetheit solcher zugrundeliegender Variablen entzündete sich die Kritik an bisher vorgelegten Planungsentwürfen für den Ausbildungsbereich.

Der zweite, qualitative Aspekt der Beziehung von gesellschaftlichen Bedürfnissen und Ausbildungszielen ist der Inhalt der Ausbildungsziele. Es gibt zahlreiche Ausbildungsziele, denen kein festes Berufsbild in der arbeitsteiligen Gesellschaft korrespondiert – meist sind dies Ausbildungsziele, die aufgrund vermuteter objektiver Bedürfnisse der Gesellschaft eingerichtet wurden, sich aber, vornehmlich ihrer nicht unmittelbaren und kurzfristigen Umsetzbarkeit in Profit wegen, auf dem „Arbeitsmarkt" noch nicht durchgesetzt haben. Ein typisches Beispiel dafür ist die Politische Wissenschaft, die mit der Analyse gesellschaftlicher Verhältnisse auch die Diskussion über ihr Ausbildungsziel verbindet. Aber auch die Germanistik, trotz ihres direkten Ziels „Deutschlehrer", befindet sich in einer Phase der Debatte über ihr traditionelles Ausbildungsziel. Noch verhältnismäßig wenig berührt von dieser Problematik sind so historische Ausbildungsfächer wie die Rechtswissenschaft und die Theologie, wenn sie auch geänderte Anforderungen an die Berufsausübung in die Reflexion ihrer Studienziele mit einbeziehen. Ausbildungsziele wurden und werden als Notwendigkeit oft erst dann erkannt oder gefordert, wenn sie als gesellschaftliches Bedürfnis längst existiert haben und Absolventen schon dringend notwendig gewesen wären, z.B. aus den Bereichen Umweltschutz und Städtebau. Zu welchem Zeitpunkt welche Ausbildungsziele formuliert werden, ist immer noch oder inzwischen eher eine Frage von Interessen und Machtgruppen als der Analyse objektiver Bedürfnisse. So ist in vielen Bereichen einzelner Fächer die Diskussion des Ausbildungsziels nicht mehr zu trennen von der Diskussion gesellschaftlicher Verhältnisse und Zusammenhänge, die Diskussion spitzt sich zu auf die Frage: Ausbildung für wen? (...)

Das Wort „Bildung", wie es heute in mancherlei Kombinationen verwendet wird, entstand eigentlich erst im 18. Jahrhundert als pädagogischer Begriff. Es leitete sich von dem Verbum „bilden" her, das „einer Sache Gestalt und Wesen geben" bedeutete. Erst mit der Formulierung des humanistischen Bildungsideals im frühen 19. Jahrhundert erhielt der Begriff Bildung seine spezifische Bedeutung, in der er noch immer gebraucht wird. Dieses Bildungsideal, das vor allem Humboldt formuliert hat, umfasst die Entwicklung aller im Menschen angelegten Fähigkeiten zur bewußten Individualität. Durch die Verbindung dieses Ideals der „allgemeinen Menschenbildung" mit den Ansprüchen der idealistischen Philosophie entsteht die Idee der „Bildung durch Wissenschaft", die durch Humboldt in einer neuen Art von Hochschule ihre soziale Verwirklichung fand. Der besonderen Bildung zu einem einzelnen Fach sollte in geistiger Freiheit, d.h. Zweckfreiheit, und sozialer Einsamkeit die Erkenntnis des organischen Ganzen der Wissenschaften vorausgehen. Humboldts These der „Universalität gegen Spezialität" wandte sich gegen die Vereinseitigung in unmittelbar praktisch gerichtetes Wissen, also gegen die akademische Berufsausbildung. Im Idealismus gewinnt die „reine Erkenntnis", die zweckfrei und um ihrer selbst willen erworben werden muß, den ersten Rang als Mittel der Selbstwerdung des Menschen.

Dieser von Humboldt und seinen Zeitgenossen geprägte Bildungsbegriff war aber nie als zweckfreies Wissen gedacht worden; zweckfrei sollte nur die Aneignung sein. Das Maß des Wissens und der (auch wissenschaftlichen) Erkenntnis war nicht zur Bewertung der Bildung entscheidend, sondern die Verschmelzung des Wissens mit der Persönlichkeit, das selbständige Verfügenkönnen über das Wissen. So war die idealistische Bildungsidee nie so zu verstehen, wie sie vor allem um die Jahrhundertwende und noch heute verstanden wird und sich solcherart pervertiert in „Bildung" niederschlug und -schlägt. Die Kenntnis eines Kanons mehr oder weniger klassischer Werke oder gar nur ihrer populären Auszüge war von jeher eine mißverstehende Reproduktion des Humboldtschen Bildungsbegriffs. „Bildungsphilister" nannte Friedrich Nietzsche jene Menschen, die bei völligem Mangel an Selbsterkenntnis und „echter" Bildung fest überzeugt sind, Musensöhne und Kulturmenschen zu sein – ein charakteristisches Zitat aus der Zeit um die Jahrhundertwende, wo die Kenntnis eines Quantums literarischer Texte oder der Grundlagen der griechischen Sprache mit Bildung gleichgesetzt wurde. Bildung aber läßt sich nicht als Besitz erwerben.

Der idealistische Bildungsbegriff verstand Bildung keineswegs losgelöst von ihren historischen Bedingungen, sondern als je konkrete humane Handlungsanleitung für den gebildeten Menschen. Diese Bildung sollte grundsätzlich und grundlegend vor der Ausbildung zu einem bestimmten Fach stehen. Die Bildung als Einsicht in die reine Wissenschaft und deren jeweils individuelle Verarbeitung steht somit im Gegensatz zur angewandten und spezialisierten Wissenschaft, wobei Wissenschaft stets weiter gefaßt war als die an der Hochschule institutionalisierte Forschung und Lehre. Die Anwendung und Spezialisierung des Wissens wurde in die Zeit nach der Bildung an der Universität verlagert.

Mit der Restauration der Humboldtschen Universität nach dem Zweiten Weltkrieg wurde auch ohne größere Modifikationen dessen Bildungsideal als gegenwärtig weiterhin anstrebbar übernommen. Es hat sich jedoch gezeigt, daß die Universität als Bildungsstätte nicht mehr in die gesellschaftliche Wirklichkeit paßt. Die Wissenschaft hat sich in zwei voneinander abhängigen Hinsichten geändert, in sich selbst und in ihrer Beziehung zur Gesellschaft.

Die Wissenschaft hat sich im Zeichen der rapiden Entwicklung der Naturwissenschaften zu einem von der Selbstreflexion des Individuums weitgehend unabhängigen kooperativen Prozeß entwickelt, der im Zwang technischer Anwendung und industrieller Auswertung Arbeitscharakter und Betriebsförmigkeit angenommen hat, der keine absoluten Werte mehr liefert. Forschung entwickelt sich in den immer weiter spezialisierten Fachwissenschaften zu einer fachbezogenen Berufstätigkeit. An die Stelle sozial isolierten Universitätslebens ist die Einbeziehung der Universitätsangehörigen in die hierarchisch gegliederte arbeitsteilige Kooperation der Forschung als Grundverfassung der institutionalisierten Wissenschaft getreten.

Mit der Erschließung der im Wesen der Wissenschaft liegenden technischen Dimension der Anwendung wurde die gesellschaftliche Wirklichkeit einer derartigen Umgestaltung unterworfen, daß alle gesellschaftliche Praxis verwissenschaftlicht wurde. Umgekehrt haben Staat, Wirtschaft und Gesellschaft in Kenntnis der Produktivkraft der Wissenschaft immer neue Bedürfnisse und Ansprüche an diese herangetragen, so daß Wissenschaft und Hochschule mehr und mehr vergesellschaftet sind. Das Studium wird Unterricht, und die zweckfreie Aneignung von Bildung wird abgelöst durch ein System von Prüfungen, Scheinen, Repetitorien und Fächerkombinationen, das den Studenten zum erstrebten Fachexamen führt. Die Universitäten wurden tendenziell zur Oberstufe eines stufenweise ineinandergreifenden Ausbildungssystems, für das Reformvorschläge wie Gesamtschule und Gesamthochschule nur ein organisatorischer Ausdruck sind.

Die idealistische Vorstellung von der Bildung des Menschen hat in diesem System keinen Platz mehr. Der Bildungsbegriff findet ohnehin, wenn er mehr als nur Phrase sein soll, nur noch in Verbindung mit anderen Worten Verwendung, z.B. politische Bildung oder gar „Allgemeinbildung".

Nicht Selbstverwirklichung des Menschen, sondern Selbstverwertung im Wirtschaftsprozeß soll tendenziell das Ziel akademischer Berufsausbildung sein. Beabsichtigt ist die Vermittlung eines ökonomisch verwertbaren Wissens, Leistungswissen soll an die Stelle von Bildungswissen treten. Heißt das, daß die Intentionen der Idealisten mit dem inhaltsleer gewordenen Bildungsbegriff ad acta zu legen sind, daß die Forderung nach humanitärer Selbstverwirklichung von einem im jeweiligen Fach aufgehenden und von ihm begrenzten Wissen abgelöst worden ist? Wohl nicht. Denn der idealistische Bildungsbegriff hat immer zugleich die Verwertung der Bildung in der gesellschaftlichen Praxis enthalten. Er hat als idealistischer Bildungsbegriff keine verhaltensorientierte Bedeutung mehr; aber er ist nicht einfach überholt, sondern findet in einer richtig verstandenen Fachausbildung sein zeitgemäßes Pendant. Eine Fachausbildung, die die gesellschaftlichen Voraussetzungen und Folgen ihres Fachs reflektiert, die die Verwertung der Ergebnisse des Fachs öffentlich diskutiert, die ihre gesellschaftliche und damit politische Verantwortung bewußt macht, kann dem Bildungsgedanken im Sinne einer humanen Gesellschaft Rechnung tragen.

## Defizite der Dropout-Forschung (1979)

Als Phänomen tritt der Dropout bekanntlich in allen Bereichen des Bildungssystems gleichermaßen auf, wenn auch die Dropout-Quote im Weiterbildungsbereich, die sich alles in allem um etwa die Hälfte der anfänglichen Teilnehmer bewegt, meist über den jeweiligen Dropout-Quoten in anderen Bildungsbereichen liegt:
- In den Zwangsanstalten des Bildungssystems, den Grund- und Hauptschulen, erreicht etwa ein Fünftel (22,4%), dabei überwiegend Kinder aus niedrigen sozialen Schichten, nicht das Abschlußzeugnis der Hauptschule (Schröder, 1974; Strzelewicz, 1973).
- Knapp die Hälfte der Sextaner erreicht das Abitur (Gerstein, 1972).
- Etwa ein Fünftel der Studierenden an Fachhochschulen und Hochschulen bricht das Studium ab; hier sind vor allem Frauen und bestimmte Fachrichtungen betroffen (Kath et al., 1966; Griesbach et al., 1977).

So verbreitet der Dropout im Bildungsbereich ist, so sehr unterscheidet er sich jedoch im Einzelnen. Der Abbruch einer Vorschulerziehung ist etwas anderes als der Abbruch einer Lehre, der Abbruch der Hauptschule ist etwas anderes als der Abbruch des Studiums, der Abbruch des Gymnasiums ist etwas anderes als der Abbruch von Weiterbildungsmaßnahmen. Diese Andersartigkeit drückt sich aus in den unterschiedlichen Faktoren, die ihn verursachen und in der Bedeutung, die der Abbruch für den Abbrecher oder für die Bildungsinstitution hat.

So ist beispielsweise die Struktur des Bildungsbereichs, in dem abgebrochen wird, von ausschlaggebender Bedeutung. Der größte Unterschied ist dabei der zwischen Zwang und Freiwilligkeit; kein Hauptschüler bricht seine Schulbildung ab, indem er einfach „wegbleibt". Die gesetzliche Norm zwingt ihn, die Schule für den Zeitraum von derzeit mindestens neun Jahren zu besuchen, sein Dropout besteht darin, die Schule vor dem Abschluß der letzten Klasse zu verlassen, ohne Abschluß abzugehen. Mit dem Wegfall des Zwangs tritt der Dropout in anderer Form auf; in den weiterführenden Schulen (Sekundarstufe II), den Abendschulen, bei der Lehre und in Fachschulen, Fachhochschulen und Universitäten sowie in der Weiterbildung sind Aufnahme und Beendigung einer Bildungsmaßnahme in der Regel Gegenstand einer individuellen Entscheidung. Je nach Bildungsweg hat auch diese „freiwillige individuelle Entscheidung ganz unterschiedliche Qualität. Daß diese „Freiwilligkeit" nur eine jeweils mehr und weniger große ist, läßt sich am eben genannten Beispiel des Hauptschülers ohne Abschluß verdeutlichen: Die Arbeitsmarktsituation, die derzeit hohe Schulbildungsschwelle beim Zugang zur Lehre legt ihm nahe, den Hauptschulabschluß nachzuholen – qua Weiterbildung.

Das Beispiel macht auch deutlich, daß die unterschiedlichen Formen, Faktoren und Bedeutungen des Dropouts aus den anderen Bildungsbereichen sich fast vollständig im Weiterbildungsbereich wiederfinden.

Je nach Art der Weiterbildungsmaßnahme wird auch der Abbruch derselben anders zu bewerten sein. Generell läßt sich feststellen, daß die für die unterschiedlichen Bildungsbereiche konstatierten unterschiedlichen Qualitäten der Bedeutung des Abbruchs auch im Weiterbildungsbereich wieder auftreten. Wesentlich ist dabei, daß die Bedeutung, die eine Bildungsmaßnahme für den individuellen Lebensweg hat, auch die Bedeutung des Dropouts bestimmt. Je wichtiger eine Bildungsmaßnahme auch in der Weiterbildung ist, desto wichtiger wird ein Dropout für den Teilnehmer und desto mehr gewinnt der Dropout auch eine gesamtgesellschaftlich bedeutsame bildungspolitische Brisanz.

Und noch etwas wird deutlich angesichts der unterschiedlichen Bewertung des Dropouts in anderen Bildungsbereichen gegenüber dem in der Weiterbildung und auch angesichts der unterschiedlichen Bewertung des Dropouts je nach Maßnahme in der Weiterbildung selbst: Je enger der Bildungsweg mit dem Lebensweg desjenigen verbunden ist, der ihn beschreibet, desto mehr wird offensichtlich der Abbruch dem Teilnehmer angelastet, desto mehr gilt ein vorzeitiger Abgang aus der Bildungsmaßnahme als ein Mißerfolg des Teilnehmers, weniger als ein Mißerfolg der Bildungsmaßnahme. Und dies gilt auch umgekehrt: Je weniger eine Bildungsmaßnahme unmittelbar mit dem Lebenserfolg des Teilnehmers verbunden ist, desto eher wird ein Dropout der Bildungsmaßnahme als Mißerfolg angekreidet.

In der Weiterbildung handelt es sich – trotz aller Einschränkungen durch zahlreiche grundqualifizierende Bildungsmaßnahmen – überwiegend um Bildungsmaßnahmen, die nicht in eine notwendige und kausal begründende Beziehung zum individuellen Lebenserfolg des Teilnehmers zu setzen sind. Entsprechend der eben gemachten Aussagen zur „Beweispflicht" in Sachen Bildungserfolg wird im Weiterbildungsbereich der Dropout auch sehr stark als Angelegenheit der Weiterbildungsmaßnahmen und der Weiterbildungsinstitution, nicht nur und nicht einmal vorrangig des einzelnen Teilnehmers betrachtet.

Diese Blickrichtung im Weiterbildungsbereich läßt sich auch in seiner Erforschung verfolgen, die zu einem wesentlichen Teil die Erforschung des Zusammenhangs von Weiterbildungsangebot und Teilnehmerbedürfnissen und -voraussetzungen ist. Schon die ersten empirischen Untersuchungen zur Weiterbildung in der Bundesrepublik stellten sich die Frage, welche Ursachen zu einem Besuch der Weiterbildungsveranstaltungen führen, vor allem, um die schwache Bildungsaktivität weiter Kreise der Bevölkerung anzugehen.

Die Untersuchungen zu diesen Aspekten der Weiterbildung haben gezeigt, daß bereits im Vorfeld der Bildungsmaßnahme selbst, auf dem Weiterbildungs-„Markt", einiges im Zusammenhang mit Angebot, Teilnahmemöglichkeiten und Teilnahmemotiven „gelaufen" ist, was auch über den „Erfolg" der Bildungsmaßnahme entscheidet. Das Phänomen des vorzeitigen Abgangs, des Abbruchs oder Dropouts ist in der Weiterbildung noch mehr als in anderen Bildungsbereichen gleichermaßen durch das Zusammenkommen von Bildungsinteresse und Angebot vor der Maßnahme selbst wie durch das Zusammenkommen von Lerninteresse und pädagogischem Prozeß in der Maßnahme definiert.

Diese forschungsmäßige Einengung hat vermutlich drei Gründe:
○ Zum ersten ist es die Blickrichtung, die Forscherinteresse und -standpunkt bewirken: Die Arbeiten sind überwiegend im Interesse des Veranstalters angegangen und abgefaßt worden. Boblitz und Dittmann explizieren dies auch: Untersucht werden sollen diejenigen Faktoren, deren Beeinflussung in der Macht der Veranstalter liegt. Dazu gehören in erster Linie objektive Faktoren der Bildungsmaßnahme wie Zeitpunkt, Dauer, Häufigkeit usw. und vor allem die Faktoren des pädagogischen Prozesses.
○ Zum zweiten sind es die forschungstechnischen Möglichkeiten; Faktoren der Bildungsbeteiligung, die vor dem Lernprozeß als Vermittlung von Angebot und Nach-

frage wirksam werden, sind nur mittels ungleich aufwendigerer Verfahren zu erheben als Faktoren, die den pädagogischen Prozeß und sein Umfeld betreffen.
o Zum dritten sind es hypothetische Voraussetzungen, die nur teilweise expliziert werden; die Arbeiten gehen sehr stark davon aus, daß Faktoren, die zum Abbruch eines Lernprozesses führen, in erster Linie im Lernprozeß zu suchen sind.

Die Folge dieser forschungsmäßigen Einengung ist zunächst, daß große Teile der Voraussetzungen der Bildungsmaßnahme nicht in den Untersuchungen auftreten. Es werden keine Faktoren der Lebenssituation ermittelt, keine Motivationsstrukturen, keine Erwartungsdefinitionen, keine Verwertungsinteressen, keine Rekrutierungsprozesse. Von daher ist kaum bekannt, welche Teilnehmer eigentlich mit welchen Motiven und welchen konkreten Erwartungen mittels welcher Werbe- und Informationsvorgänge in die Bildungsmaßnahme kommen und welche von ihnen abbrechen.

Die Daten, welche die Untersuchungen zu den „individuellen" Faktoren des Dropouts liefern, sind von daher außerordentlich lückenhaft.

Neben einigen Korrelationen zwischen Abbruchquoten uns sozialstatistischen Daten wie Alter und Geschlecht (die immerhin brauchbare Aussagen ergeben), sind nur noch einige eher impressionistische Angaben zur Motivations- und Erwartungshaltung zu nennen. Ganz sicher liegt hier ein weitgehend unerforschter Komplex, in dem auch zahlreiche Faktoren für den Abbruch von Weiterbildungsveranstaltungen zu finden sind.

Nicht sehr viel fortgeschrittener ist im Grunde auch der Forschungstand zur Analyse der Faktoren des pädagogischen Prozesses. Zwar widmen sich alle Untersuchungen insbesondere diesem Komplex – vor allem die neueren Untersuchungen im Zuge der Pädagogisierung der Forschung im Weiterbildungsbereich –, doch stehen sie damit vor einem Problem, das auch in anderen Untersuchungskontexten als dem des Dropouts noch ungelöst ist: die Isolierung von wesentlichen Faktoren des pädagogischen Prozesses, ohne dessen Qualität als inhaltlicher und formaler Interaktionsprozeß auseinanderzureißen.

So bleiben auch die Aussagen über den pädagogischen Prozeß sowohl kategorial als auch methodologisch außerordentlich problematisch: Die Aussage, der Stoff sei zu umfangreich gewesen – um nur ein Beispiel zu nennen –, ist erstens deshalb problematisch, weil nicht gewährleistet ist, daß die Kategorie des umfangreichen Stoffes überhaupt ein wesentliches Merkmal des pädagogischen Prozesses erfaßt, zum zweiten deshalb, weil diese Aussage von einem Teilnehmer gemacht wird, ohne daß in den Untersuchungen die Bezugsgröße dieser Aussage angegeben werden kann, und drittens, weil die befragten Teilnehmer mit der Meßgröße „zu umfangreich" mit Sicherheit ganz unterschiedliche Vorstellungen verbinden.

Sicherlich lassen sich aus den Angaben über den pädagogischen Prozeß einige Hinweise darauf entnehmen, was von den Teilnehmern besonders kritisiert wird, etwa der fehlende soziale Kontakt oder eine zu „routinemäßige" (was soll man darunter verstehen?) Abwicklung des Lehrplans; diese Hinweise sind jedoch nicht – auf dem gegenwärtigen Forschungsstand jedenfalls – zu verallgemeinern. Ein Beispiel dafür ist die Kategorie des „straffen" gegenüber dem „teilnehmerorientierten" Unterricht, wo sich je nach Interessenlage auch die Kriterien diametral gegenüberstehen. Am meisten gesichert scheint zum gegenwärtigen Zeitpunkt in Bezug auf Faktoren des pädagogischen Prozesses, die zum Abbruch führen, eigentlich noch der Zusammenhang von Dropout-Quote und Kombination des Fernunterrichts mit Nahunterricht – allerdings wird dadurch die sehr hohe Dropout-Quote m Fernunterricht auch nur auf das Niveau des Dropouts in den übrigen Weiterbildungsmaßnahmen heruntergedrückt.

Am problematischsten erscheint im gegenwärtigen Stadium noch die Verbindung zwischen den genannten Faktorenkomplexen und dem Abbruch selbst. Hier wird eigentlich in allen Untersuchungen eine Annahme zugrunde gelegt, die in dieser Form sicherlich nicht zutrifft: daß Faktoren, die mehr oder minder intensiv auf Einstellungen wirken, auch das Verhalten beeinflussen.

Eine lange Tradition in der Sozialpsychologie widmet sich dieser Frage und hat – bei aller Differenz der einzelnen Richtungen – doch immerhin festgestellt, daß eine Identifikation zwischen Einstellung und Verhalten in dieser Form nicht hergestellt werden kann. Schröder referiert auch ein Beispiel für diesen Sachverhalt: Trotz einer gleichgearteten Kritik am pädagogischen Prozeß und trotz etwa vergleichbarer Ausgangsinteressen bricht ein Teilnehmer ab, der andere nicht.

Möglicherweise ließen sich Einflußfaktoren finden, die solche Unterschiede erklären – in den vorliegenden Untersuchungen ist dies nicht der Fall. Vermutlich aber stößt die Untersuchung des Dropouts hier an eine auch theoretisch nicht überbrückbare Grenze. Sicherlich gibt es ein Problem der enttäuschten Erwartungen, ein Problem des schlechten Unterrichts, ein Problem der ökonomischen und sozialen Voraussetzungen der Teilnehmer, ein Problem der Zusammensetzung der Lerngruppe.

Diese Probleme sind grundsätzlich identifizierbar und auch analysierbar – was bislang im Weiterbildungsbereich ebenfalls noch ungenügend geleistet werden konnte. Der Dropout scheint jedoch nur eine *Form* zu sein, in der diese ganz unterschiedlichen Probleme *auch* auftreten können.

So gesehen ist es beim derzeitigen Forschungsstand eigentlich gar nicht zweifelsfrei auszumachen, ob das Dropout-Problem überhaupt als eigenständiges identifizierbares Problem von Weiterbildungsveranstaltungen zu betrachten ist.

Zweifellos besteht der Dropout als ein Problem für Weiterbildungsveranstalter, Pädagogen und Organisationen; pädagogische Planung und Veranstaltung selbst sind durch den Dropout vieler Teilnehmer ernsthaft in Mitleidenschaft gezogen, teilweise völlig unmöglich.

Zweifellos besteht der Dropout als ein Problem für die Teilnehmer, die einen Bildungsweg abgebrochen haben; je nach der Bedeutung des Bildungswegs für den Lebenserfolg des Teilnehmers handelt es sich um ein Problem fehlinvestierten Zeit- und möglicherweise Finanzaufwands bis hin zu einem Problem zerstörter Berufsperspektiven.

Zweifellos besteht der Dropout als ein Phänomen, das auf Probleme in der Vermittlung von Bildungsmaßnahme und Teilnehmer verweist; trotz der derzeitigen Forschungslage, die eher durch Lücken als durch Ergebnisse gekennzeichnet ist, muß ein enger Zusammenhang zwischen der Art der Bildungsmaßnahme und dem Durchhaltevermögen der Teilnehmer angenommen werden.

Nur: In allen diesen Aspekten verweist der Dropout eher auf ein Problem, für das er Ursache oder Ausdruck ist. Im Phänomen des Dropouts vereinigen sich ganz unterschiedliche Problemkomplexe, die mit großer Wahrscheinlichkeit aussagefähiger erforscht wären, ginge das Untersuchungsinteresse nicht den Umweg über das Phänomen des Dropouts.

# Zur Diskussion des Bildungsurlaubsprogramms (1980)

Von den „Mosaiksteinen für eine Theorie von Teilnehmerorientierung", die anläßlich der Bremer Theorie-Tagung der Sektion Erwachsenenbildung der DGfE m November 1979 zusammengetragen wurden, sind einige von zentraler Bedeutung. Auf drei dieser Aspekte will ich noch einmal hinweisen. Alle drei Aspekte wurden bei der Diskussion des vielschichtigen „Bildungsurlaubs-Versuchs- und -Entwicklungsprogramms" (BUVEP) der Bundesregierung, das von der Arbeitsgruppe für empirische Bildungsforschung in Heidelberg (AfeB) wissenschaftlich begleitet wurde, angeschnitten.

Der erste Aspekt betrifft die Kategorie der „Neutralität" von Forschung. Ein nicht unerheblicher Teil der Diskussion in Bremen widmete sich der Frage, ob Forschung, die sich in einem Forschungsfeld ganz unterschiedlichen und auch gegensätzlichen Interessen ausgesetzt sieht, sich nicht „neutral" verhalten müsse, und daran anschließend die Frage, ob diese „Neutralität" nicht auch bedeutet, daß diese Forschung „inhaltsleer" wird. Einmal abgesehen davon, daß beide Schlußfolgerungen nicht zwingend sind, scheint mir insbesondere die These, daß sich eine „neutralisierte" Forschung nicht an den Teilnehmern orientieren könne, sehr problematisch zu sein. „Neutralisierte" Forschung ist ja nicht schon allein deshalb, weil sie die Zielsetzungen des Veranstalters und der Pädagogen nicht teilt, „inhaltsleer" oder „nicht-teilnehmerorientiert". Sie ist erst dann inhaltsleer, wenn Ansatz, Fragestellung und Methode des Forschers „neutral" bleiben (und bleiben sollen!), und sie widerspricht erst dann dem Prinzip der Teilnehmerorientierung, wenn dieses Prinzip nicht inhaltlich und konkret im Forschungsprozeß und im Forschungsergebnis wiederzufinden ist. In der Tat ist der Bezug zwischen

Teilnehmern und Forschern in der empirischen Untersuchung doppelt „gebrochen", die Subjekt-Objekt-Dialektik des pädagogischen Prozesses besteht nicht nur zwischen Pädagogen und Teilnehmern, sondern auch zwischen Pädagogen und Teilnehmern einerseits und den Forschern andererseits. Will sich der Forscher an den Interessen und Bedürfnissen der Teilnehmer orientieren (um den Begriff der „Teilnehmerorientierung" hier in der üblichen plakativen Weise aufzufüllen), so muß er dabei die Beziehung von Pädagogen und Teilnehmern mitberücksichtigen. Es ist für den Forscher leider nicht damit getan, sich inhaltlich auf den Standpunkt der Pädagogen zu stellen, wenn er als Forscher seine Arbeit an den Teilnehmern orientieren will; leider ist es für den Forscher auch nicht möglich, sich auf den Standpunkt der Teilnehmer zu stellen, da dieser (und dies eben ist *ein* Bestandteil von teilnehmerorientierter Forschung) sich nicht artikuliert, sondern „gefunden" werden muß – einige Ansätze in der Aktionsforschung bemühen sich darum sehr plastisch. Die „Neutralisierung" des Forscherstandpunkts enthält die Chance, daß der Forscher anders als der ein bestimmtes Ziel anstrebende Pädagoge die Augen offen halten kann für die Interessen und Bedürfnisse der Teilnehmer. Sie enthält aber auch die Gefahr, daß sich der Forscher neben den Untersuchungsgegenstand stellt und damit die Subjekt-Objekt-Dialektik des Forschungsprozesses zu einem rein instrumentellen Objektverhältnis verkürzt. Darüber, ob die Chance genutzt wurde oder ob der Forscher der Gefahr seiner „Neutralität" erlag, entscheiden weitergehende Fragen an die Arbeit des Forschers, zu denen die beiden folgenden Aspekte gehören.

Ein weiterer wichtiger Aspekt ist die Frage danach, als was Teilnehmerorientierung überhaupt begriffen wird. Diese Frage scheint mir überhaupt von zentraler Bedeutung für das erreichbare Ergebnis der Diskussion um teilnehmerorientierte Forschung (und nicht nur um diese) zu sein. Der Begriff der Teilnehmerorientierung ist ja nur deshalb ein allseits akzeptiertes Postulat, weil sich in ihm völlig unterschiedliche Vorstellungen verbergen lassen. Der Begriff ist nicht zuletzt aus Ideologie-Interessen sehr stark inflationiert. Versteht man unter Teilnehmerorientierung einmal nicht die teilnehmer-„gerechte" Aufbereitung eines vorhandenen Stoffs (also: Teilnehmerorientierung als methodisch-didaktisches Prinzip), sondern als Kennzeichen von (pädagogischem) Handeln, das sich nach den Interessen und Bedürfnissen der Lernenden richtet, so kommt man zu der Frage: Wie artikulieren sich diese, wie stellt man sie fest? Hier zeigt sich rasch, daß die Diskussion um das Prinzip und die Realität der Teilnehmerorientierung auf eine konkretere Ebene verlagert werden muß: Teilnehmerorientierung wird überhaupt erst diskutierbar, wenn begrifflich beispielsweise abgeklärt ist: die Antizipation von Teilnehmerinteressen, die Fähigkeiten ihrer Artikulation, die Möglichkeiten ihrer Artikulation, die Richtung der Interpretation der Teilnehmerinteressen und die Verfahren der Überprüfung des Lerngegenstands an den Teilnehmerinteressen (um nur einige wichtige Kriterien zu nennen). Hier liegt auch eine wesentliche Möglichkeit, die Teilnehmerorientierung von Forschung zu überprüfen. Teilnehmerorientierte Forschung wird sich danach fragen lassen müssen, wieweit sie zur begrifflichen und praktischen Klärung des Prinzips der Teilnehmerorientierung in der pädagogischen Arbeit beigetragen hat. Die Gefahr einer Forschungsarbeit, in der die Interessen und Bedürfnisse der Teilnehmer interpretativ ermittelt werden müssen (oder sollen), liegt in der möglichen Tautologie dieses Interpretationsversuchs; andererseits liegt darin aber auch die Chance, die Interessen und Bedürfnisse der Teilnehmer in der konkreten teilnehmeradäquaten Artikulation „unverstellt" in den Griff zu bekommen. Das Urteil darüber, ob die Chance genutzt wurde oder nicht, wird wohl vom historischen Stand der wissenschaftlichen Diskussion entsprechender Forschungsversuche abhängen. Vom historischen Stand der Forschungsarbeit hängt jedoch auch ab, inwieweit eine „unverstellte" Analyse von Teilnehmerinteressen und -bedürfnissen notwendig ist; derzeit, meine ich, ist diese Notwendigkeit so groß, daß sie auch den Vorwurf der tautologischen Vorgehensweise rechtfertigt.

Ein dritter wesentlicher Aspekt in der Bremer Diskussion ist die Frage der Öffentlichkeit der Forschungsergebnisse. Wäre die Öffentlichkeit eines Tatbestands (oder eines Gegenstands) gleichbedeutend damit, daß er nach Prinzipien der Demokratie oder der Partizipation behandelt werden könnte, so wäre dies eine einfache Frage; dann wäre es selbstverständlich, daß die Öffentlichkeit von Forschungsergebnissen auch immer gleichbedeutend ist mit der Verwirklichung eines weiteren Kriteriums von Teilnehmerorientierung. Dem ist jedoch nicht so. „Öffentlichkeit" ist unter konkreten gesellschaftlichen Bedingungen nicht synonym mit Demokratie und Partizipation, sondern mit unterschiedlich qualifizierten Herrschaftsstrukturen. So ist die Verwertung veröffentlichter Forschungsergebnisse ebenso wenig Sache aller von der Forschung Betroffenen wie die Überprüfung dieser Verwertung. Kein Forscher kann sicher sein, daß die von ihm veröffentlichten Ergebnisse grundsätzlich oder auch nur hauptsächlich zu dem verwendet werden, was er unter Teilnehmerorientierung versteht. Soll man daraus jedoch den Schluß ziehen, daß eine Veröffentlichung nicht erfolgen soll? Vermutlich wird man diese Frage nur am konkreten Einzelfall diskutieren können. Dabei wird zu berücksichtigen sein, daß die Präsentation der Forschungsergebnisse ihre Verwertung mit beeinflußt. Dabei wird auch zu berücksichtigen sein, daß bei veröffentlichten Forschungsergebnissen immer noch eher die Möglichkeit der Diskussion und Überprüfung ihrer Verwertung besteht als bei Forschungsarbeiten, die im Arkanbereich des Auftraggebers verbleiben. Neben der Gefahr, daß Forschungsergebnisse gegen die Interessen und Bedürfnisse der Teilnehmer mißbraucht werden, liegt in der Veröffentlichung demnach auch die Chance, daß sie überprüfbar für die Interessen und Bedürfnisse der Teilnehmer überhaupt gebraucht werden. Vielleicht könnte eine Diskussion des Problems der Veröffentlichung eher zu dem Ergebnis führen, daß eine Forschung, deren Veröffentlichung aus verschiedenen Gründen abgelehnt werden muß, nicht geheim bleiben, sondern gar nicht erst betrieben werden soll.

# Lehr-Lern-Forschung für die politische Bildung (1986)

Die politische Bildung insgesamt ist zusehends in die Defensive geraten, sie stagniert im Angebot, die Teilnehmer bleiben fern, die Wirksamkeit von politischen Bildungsangeboten wird zunehmend in Zweifel gezogen.

Der unmittelbar in der pädagogischen Interaktion wirksam werdende Interessenbezug ist widersprüchlicher und schwerer zu bewältigen als bislang vermutet. Im Interaktionsgeschehen der Seminare lassen sich Brüche nachweisen, die als inhaltliche Passungsprobleme die eigentlichen politischen Ziele der Seminare in Frage zu stellen geeignet sind. Nach dem, was bislang durch die Lehr-Lern-Forschung über die Häufigkeit und auch die Untergründigkeit solcher „Passungsprobleme" bekannt geworden ist, muss wohl sehr kritisch darüber diskutiert werden, ob nicht vieles, was bislang als besonders gelungene politische Bildung galt, in Wirklichkeit nicht mehr als lediglich ein besonders gelungener Anpassungsprozeß der Teilnehmer an die Ziele der Pädagogen war. Mehr Teilnehmer als bislang vermutet haben vielleicht mitbekommen, wie fern viele Bildungsangebote ihren Interessen gewesen sind – auch und gerade, wenn das eigentliche Thema diese Teilnehmer zunächst einmal angezogen hat.

Und: Politische Bildung steht mehr als jemals zuvor in harter Konkurrenz zu anderen, besonders beruflichen Weiterbildungsangeboten; hier rächt sich, daß die politische Bildung in der Vergangenheit die stoffliche Seite des Lerngegenstandes vernachlässigt und der beruflichen Bildung zugewiesen hat, daß ihr – von ganz wenigen Ausnahmen abgesehen – die Integration beruflicher und politischer Inhalte nicht gelungen ist, vielleicht auch, weil sie nur allzu häufig gar nicht ernsthaft angestrebt war. Die Interessenten von Weiterbildung spüren die Auswirkungen der gesellschaftlichen Krisenerscheinungen – Rationalisierung, technologische Umwälzung, Arbeitslosigkeit – zunehmend in ihren zentralen Lebensbereichen. Gegenüber solchen Krisenerscheinungen tritt besonders die berufliche Weiterbildung mit dem Anspruch und Versprechen auf, individuell nützlich zu sein. Zwar dürfte in vielen Fällen fraglich sein, inwieweit berufliche Bildung dieses Nutzenversprechen tatsächlich einlösen kann, aber die politische Bildung kann mit der ihr eigenen Schwierigkeit, die Interessen der Teilnehmer zu erreichen, dieses Nutzenversprechen der beruflichen Bildung nur schwer konterkarieren.

In die gleiche Defensive, in welche die politische (Weiter-)Bildung geriet, geriet – ihrem Gegenstand folgend – auch die Lehr-Lern-Forschung zur politischen und allgemeinen Bildung.

Nun wird man realistischerweise fragen müssen: Wo liegt das Problem? Daß Forschungsfragen, Untersuchungsziele und wissenschaftliche Aufklärungsversuche stagnieren, brachliegen, versiegen, ist nicht an sich ein Problem. Zwar sind solche Restriktionen für die betroffene „scientific community" außerordentlich betrüblich, aber – zunächst – auch nur für diese. Ihre gesellschaftliche Bedeutung gewinnt die Forschung über ihren Gegenstand, und steckt dieser in einer Krise, greift diese unweigerlich auch auf die Forschung über. Es stellt sich dann die Frage, inwiefern die Forschung zur Analyse und Lösung der Krise ihres Gegenstandes beiträgt, also die Frage: Was leistet die Lehr-Lern-Forschung derzeit für die politische Bildung?

Festzustellen ist, daß sich unter den Anbietern der politischen Bildung angesichts ihrer Situation schon teilweise die Erkenntnis durchgesetzt hat, daß der praktische Interessenbezug der Bildungsangebote auf die Teilnehmer hin anders gefaßt werden muß als früher. Politische Weiterbildung heute sieht in der Mehrzahl der Fälle sehr viel anders aus als die Seminare, die Gegenstand der Lehr-Lern-Forschung der 1970er Jahre gewesen sind. Die Themenpalette ist breiter, die Konzepte sind ganzheitlicher, stärker auf die gesamte Person, stärker auf Alltagszusammenhänge orientiert, im Medienangebot kreativer und vielfältiger. Formen politischer Bildung wie Stadtteilarbeit, kulturelle Weiterbildung, kreatives erkundendes, soziales Lernen sind heute bereits sehr weit verbreitet. Vor allem aber scheint sich eine größere Bescheidenheit durchgesetzt zu haben, die politischen Ansprüche sind – verglichen mit den 1970er Jahren – sehr viel tiefer gehängt worden.

Die Leistungsfähigkeit von empirisch-pädagogischer Forschung hängt sehr stark davon ab, ob sie in der Lage ist, ihre bestehenden qualitativen und interpretativ-interessenbezogenen Untersuchungsansätze fortzuentwickeln. Angesichts des Umwälzungsprozesses in der Praxis politischer Bildung hat auch die Lehr-Lern-Forschung Kategorien zu entwickeln und auszubilden, mit denen die Interessenorientierung von Lernangeboten erfasst werden kann. Der Schlüssel zu den Interessen der Teilnehmer liegt bei der praktischen Bearbeitung von Inhalten und Themen in den Seminaren selbst, in der Einbeziehung von Problemen, Deutungsmustern, Erfahrungen und Ängsten im unmittelbaren Ablauf der pädagogischen Interaktion; mit diesen Prozessen steht und fällt die Wirksamkeit politischer Bildungsangebote. Und mit der Möglichkeit, solche Prozesse zu erfassen und zu analysieren, steht und fällt die Wirksamkeit von Konzepten empirisch-pädagogischer Forschung.

Lehr-Lern-Forschung hat demnach die entwickelten Analysekategorien zu überdenken, das methodische Instrumentarium zu reflektieren, mit dem es sich den eher kognitiv orientierten Lernprozessen der politischen Bildung in den 1970er Jahren gewidmet hat. Sie hat, wenn sie ihre Bedeutung für die pädagogische Praxis in der gegenwärtigen politischen Bildung wieder hereinholen will, von ihrer Zielsetzung und ihrer Arbeitsweise her die veränderte Realität der politischen Bildung zu berücksichtigen. Das Erfassen und Interpretieren verbaler Interaktion beispielsweise greift dann zu kurz, wenn politische Bildung Arbeitsweisen praktiziert, in denen die verbale Interaktion nur eine nebensächliche Bedeutung hat.

Damit zusammenhängend wäre auch zu diskutieren, ob die Praxisrelevanz der Lehr-Lern-Forschung im Rahmen der veränderten Situation der politischen Bildung zu gewährleisten ist. Bereits früher konzentrierte sich die Lehr-Lern-Forschung vorwiegend auf Fehleranalysen, Passungsprobleme, Defizite in der pädagogischen Praxis – mit Ergebnissen, die verständlicherweise die Pädagogen eher abschreckten als anregten und anzuleiten in der Lage waren. Verstieg sich die Lehr-Lern-Forschung zu Handlungsempfehlungen, so waren diese eher pragmatisch-technologischer oder aber geradezu abenteuerlicher Natur. Dies alles war und ist durchaus verständlich, da der Stand der Lehr-Lern-Forschung für die Ableitung von Handlungsempfehlungen derzeit noch viel zu lückenhaft ist. Mit der Veränderung der Situation der politischen Bildung ist dieses ohnehin sehr komplizierte Gefüge von pädagogischer Forschung und pädagogischer Praxis noch schwieriger geworden. Lehr-Lern-Forscher stellen fest, daß der von ihnen erreichte Erkenntnisstand zu pädagogischen Problemen nicht genügt, um der Realität der sich verändernden politischen Bildung gerecht zu werden, und Pädagogen selbst stellen fest, daß ihre bestehenden Schwierigkeiten mit den Handlungsempfehlungen der empirisch-pädagogischen Forschung schwerlich zu lösen sind. Vermutlich ist der einzig gangbare Weg, auf dem mit in der pädagogischen Interaktion aufbrechenden Problemen überhaupt erfolgversprechend umgegangen werden kann, derjenige, daß die Pädagogen möglichst autonom und reflektiert ihre eigene Praxis bewältigen; dies heißt auch, daß Handlungsempfehlungen vonseiten der Wissenschaft zwar kurzfristig einen Zugewinn an Kompetenz bedeuten, mittelfristig aber diese Autonomie und Reflexionsfähigkeit vermindern. Auch ist wohl davon auszugehen, daß ein wissenschaftlich begründetes „Rezept" zum Umgang mit einer bestimmten pädagogischen Situation im konkreten Fall immer irgendwie „falsch" ist.

So gesehen ist das Ziel der Lehr-Lern-Forschung nicht die Entwicklung von Handlungsempfehlungen und Rezepten, sondern die Erarbeitung von Analysekategorien, welche die gegenwärtige Praxis der politischen Bildung erfassen. Diese Kategorien sollten gemeinsam zwischen Wissenschaft und Praxis erarbeitet werden, um alle Beteiligten in die Lage zu versetzen, pädagogische Probleme identifizieren und bewerten zu können. Lehr-Lern-Forschung müßte sich von daher gegen die Anforderung, Handlungsempfehlungen zu geben, eher wehren und stattdessen gemeinsam mit den Pädagogen nach einem Verfahren suchen, mit dem die gegenwärtige Praxis der politischen Bildung beschreibbar und analysierbar wird.

Lehr-Lern-Forschung muß, daran besteht kein Zweifel, intensiv weiterbetrieben werden, da sie zur Lösung der Probleme politischer Weiterbildung außerordentlich viel beitragen kann. Um ihre Stagnation zu überwinden, muß sie aber auch die veränderte Situation im Bereich der politischen Bildung berücksichtigen, die neuen Ansätze von politischer Bildungsarbeit aufgreifen und die Problematik des Interessenbezugs in der politischen Bildung auch wissenschaftlich produktiv verwenden.

**Literatur**

Landesinstitut für Schule und Weiterbildung (Hrsg.). (1985). Standort und Perspektiven der politischen Bildung. Soest

Nuissl, E. & Paatsch, H.-U. (1986). Nutzt Lehr-Lern-Forschung der politischen Bildung? In H. Tietgens (Hrsg.), Reading and flexing. Frankfurt a.M.

Siebert, H. (1985). Lehr-Lern-Forschung in der Erwachsenenbildung – am Ende oder am Anfang? In H. Siebert & J. Weinberg (Hrsg.), Literatur- und Forschungsreport Weiterbildung, H. 16

# Praxisorientierte Weiterbildungsforschung (1988)

Es gilt heute als Selbstverständlichkeit, daß Praxis und Forschung nicht ohne einander auskommen können; sie sind aufeinander angewiesen. Andererseits: Forschung und Praxis sind nicht identisch. Wenn man also über die Beziehung von Praxis und Forschung spricht, dann bewegt sich dies zwischen den Extrempositionen „Wissenschaftsfreiheit" oder „Normativität des Faktischen", in einem sehr komplizierten, differenzierten Beziehungsgeflecht.

Wir in der Arbeitsgruppe für empirische Bildungsforschung befinden uns mitten in diesem Beziehungsgeflecht. Wir betreiben Forschung, indem wir Projekte bearbeiten, die von einer in der Regel genau definierten Frage über ausgewiesene Methoden hin zu einem verwendbaren Ergebnis führen, und wir tun dies „empirisch", d.h. also erfahrungswissenschaftlich, mit möglichst genauem Blick auf die Realität.

Wenn ich im Folgenden etwas zu praxisorientierter Weiterbildungsforschung sage, dann geschieht das immer unter dem Blickwinkel dieser empirischen Bildungsforschung, die notwendigerweise in einem engen Zusammenhang mit der Bildungspraxis stattfindet. Dies mag nicht alle Aspekte von Forschung und Wissenschaft im Bildungsbereich berücksichtigen, ist aber sicherlich legitim und sinnvoll, da in der empirischen Bildungsforschung eine Art Kristallisationspunkt des Bezugs von Forschung und Praxis existiert. Ich will deswegen versuchen, die folgenden Aussagen als „Empiriker" zu formulieren, also möglichst konkret, belegbar und realitätsbezogen.

Und noch eins vorweg: Mehr sozialwissenschaftliche, mehr Bildungsforschung tut dringend not. Würde nur ein Zehntel des Geldes, das in Technologie- und Rüstungsforschung gesteckt wird, auf diese Forschung entfallen, wüßten wir bereits wesentlich mehr über die Ursachen sozialer Probleme und deren Lösbarkeit (Stichwort: Technikfolgenabschätzung). Aber: Mit Geld allein ist es nicht getan; dies löst die Verständigungsprobleme von Praxis und Forschung noch nicht; auch diese aber sind zu klären, wenn wir weiterkommen wollen. Dieser Verständigung dienen die folgenden zehn Grundsätze:

*Praxis ist nicht gleich Praxis*
Dieser Sachverhalt gehört zum Alltagswissen aller Bildungspraktiker, Bildungsforscher und Bildungspolitiker. Denn: Zielkonflikte und Verständigungsschwierigkeiten, welche übrigens diejenigen zwischen Praktikern und Forschern oft noch übertreffen, bestehen etwa zwischen Verbandsvertretern und Pädagogen, zwischen Vertretern der Weiterbildung und denen anderer Bereiche in Großorganisationen (Gewerkschaften, Kirchen) und zwischen hauptsächlich organisierenden und verwaltenden HPM und nebenamtlichen Lehrkräften etwa an Volkshochschulen. Von den Teilnehmern, also den Lernern, die ja auch „Praktiker" sind, hier einmal ganz zu schweigen. Jeder meint, seine Praxis sei die zentrale; Forschung aber muß hier Widersprüche erkennen, aushalten und im Auge behalten. Forschung, die diese Unterschiede in den Tätigkeitsfeldern, Erfahrungen und Interessen der Praxis nicht berücksichtigt, wird sich schwerlich an ihr orientieren können. Der erste Grundsatz praxisorientierter Weiterbildungsforschung lautet also: Forschung bedarf eines differenzierten und ausgewiesenen Verständnisses von Praxis.

*Forschung ist nicht gleich Forschung*
Auch dies ist eigentlich bekannt. Allerdings: Ich meine hier nicht den so häufig bemühten Gegensatz zwischen quantitativer und qualitativer Forschung; die Methodenwahl ist für mich nachgeordnet und hängt vom Ziel und Gegenstand der Forschung ab. Ich meine hier Unterschiede in der Forschungsstruktur, die sich bereits nur im Bereich der empirischen Forschung feststellen lassen. Vereinfachend nenne ich einmal vier Idealtypen:

○ erstens Forschung aus Praxisanlässen; sie dient dazu, Handlungsprobleme zu lösen, und hat in der Weiterbildung in der Regel einen engen Bezug zu dem jeweiligen Träger/Veranstalter, bei dem das Problem auftritt;
○ zweitens Forschung über Praxis, die also Bereichsdefizite, Innovationsbedarf und Strukturprobleme aufdecken und lösen soll;
○ drittens Forschung zwecks Entwicklung, also der Typ empirischer Forschung, wie er in der Wirtschaft längst zu den zentralen F- und E-Abteilungen zusammengefaßt ist;
○ und viertens Forschung zur Entwicklung wissenschaftlicher Theorie- und Denkmodelle, die – bewußt – den Praxisbezug vernachlässigt, aber mittelfristig wohl wichtigste Voraussetzung für alle drei zuvor genannten Typen ist.

Es ist kein Zufall, daß sich diese Typen konstituieren durch das Kriterium der Beziehungsstruktur zur Praxis, denn dies ist – zumindest wenn es um empirische Forschung geht – Grundelement der Forschungspraxis (in diesem Sinne, dies aber zunächst nur am Rande, ist ja auch Forschung „Praxis"). Wenn das nicht klar ist, wird zu viel erwartet oder versprochen, das Ergebnis ist immer Enttäuschung. Der zweite Grundsatz praxisorientierter Weiterbildungsforschung heißt also: Forschung muß (sich) ihren Funktionszusammenhang zur Praxis klarmachen und ihn ausweisen.

*Forschungsfragen sind Praxisfragen*
Um Mißverständnissen vorzubeugen: Jeder Forscher soll prinzipiell forschen können, was er will. Einschränkungen sind forschungspolitische Entscheidungen, und sie sollten *politisch* getroffen werden (sie sollten aber auch *explizit* entschieden, nicht unter der Hand realisiert werden). Und noch etwas: Sozialwissenschaftliche Forschung wird immer in einem rigiden und existentiellen Sinn nach ihrer Praxisrelevanz befragt, während naturwissenschaftliche und technikorientierte Forschung hier für meinen Geschmack viel zu sehr verschont wird. Deshalb: Auf einer politischen Entscheidungs- und einer gesellschaftlichen Bewertungsebene müßten die Maßstäbe zurechtgerückt werden. *Aber:* Hier spreche ich von empirischer sozialwissenschaftlicher Forschung, und ihre Fragen sind immer praxisrelevant. Ich gehe einmal davon aus, daß jede Forschung die von ihr verfolgten Fragestellungen expliziert und begründet, auch wenn dies in der Realität leider nicht immer der Fall ist. Spätestens in der Begründung zeigt sich stets, daß die Fragen, die sich die Forschung stellt, ohne den Stand der Praxis und dessen Reflexion nicht denkbar wären.

Andersherum formuliert: Der Fortgang der Praxis produziert neue Forschungsfragen, nur ausnahmsweise der Fortgang der Forschung. Zwar wirkt die Forschung auf die Weiterentwicklung von Praxis zurück, sie wird aber, wenn diese nicht voranschreitet, ins Leere laufen. Dies wird vor allem dann deutlich, wenn Forschung Fragen beantwortet, die gar nicht gestellt wurden, eine nicht seltene Erscheinung. Dies heißt nicht, daß Forschung nicht innovativ sein kann und soll. Sie besitzt aber nur dann eine innovative Kraft, wenn sie an einem jeweils gegenwärtigen Stand der Praxis ansetzt und sich auf diesen bezieht. Der dritte Grundsatz praxisorientierter Weiterbildungsforschung heißt also: Forschung muß ihre Fragestellungen aus der Praxis beziehen und dies ausweisen.

*Zwischen Nähe und Distanz zur Praxis liegt ein schmaler Grat*
Erfahrungswissenschaftliche Forschung setzt voraus, daß sie an ihren Stoff, die Erfahrungen, herankommt. Dies gelingt ihr nicht oder nur verfälscht, wenn sie Ziele oder Mittel der Praxis, aus der diese Erfahrungen resultieren, ablehnt.

Sie muß sich also bis zu einem gewissen Grade mit den Zielen und Mitteln der von ihr untersuchten Praxis identifizieren. Will sie aber nicht in der Praxis aufgehen (wie dies manche Handlungsforschungsansätze tun), dann muß sie auch Distanz zu Zielen und Mitteln der Praxis wahren, sonst könnte es ihr etwa verborgen bleiben, daß ein praktisches Problem ein Zielproblem ist, nicht etwa ein Problem ungeeigneter Mittel (z.B. Arbeiterbildung). Besonders schwer ist es, den schmalen Grat zwischen Distanz und Nähe zu beschreiben, wenn es sich um eine F- und E-Forschung handelt; der zirkuläre Prozeß, in dem hier Praxis, Entwicklung, Forschung, Praxis aufeinander folgen, macht es erforderlich, daß zu jeder Zeit überprüft und kontrolliert wird, welches Ausmaß von Distanz und Nähe die Forschung gegenüber der Praxis gerade einnimmt. Der vierte Grundsatz praxisorientierter Weiterbildungsforschung lautet also: Forschung hat so viel Nähe wie möglich und so viel Distanz wie nötig zur Praxis zu haben und dies im Forschungsprozeß immer wieder zu überprüfen.

*Gegenstand und Objekt sind verschiedene Dinge*
Oft treten subjektive Interessen in einem objektivierten Gewand auf, wenn es um den Objektcharakter der Forschung geht. Praktiker beklagen häufig die Objektrolle, die sie im Forschungsprozeß einnehmen, um von vornherein möglicherweise missliebige Erkenntnisse über ihre Praxis abzuwehren; und Forscher beharren häufig auf der Notwendigkeit, Praxis zum Objekt machen zu müssen, um sich nicht mit der Praxis in eine Diskussion über ihre Ziele und Verfahren einlassen zu müssen.

Der sachliche Kern ist dabei folgender: Forschung, zumal empirische Forschung, bedarf ihres Gegenstands, um sich als Forschung zu konstituieren. Allerdings: Ein Forschungsgegenstand muß nicht notwendig einen Objektcharakter im Forschungsprozeß haben. Es gibt vielfältige Verfahren, den Forschungsgegenstand zu einem gleichberechtigten Partner zu machen; dazu gehören etwa Explikation und Diskutierbarkeit von Forschungsfragen und Zielen, diskursive Verfahren bei der Forschungsanlage, der Formulierung und Präsentation von Forschungsergebnissen. Es kann sein (und darauf wird auch immer hingewiesen), dass einige dieser Verfahren den Forschungsgegenstand so verändern, daß er nicht mehr mit sich identisch und seine Untersuchung nicht mehr valide ist. Nur: Dies zu berücksichtigen und dagegen Vorsorge zu treffen ist Aufgabe der Forschung, auch dazu besitzt sie in der Regel ein ausreichendes Instrumentarium, ohne deswegen ihren Gegenstand zum Objekt machen zu müssen. Der fünfte Grundsatz praxisorientierter Weiterbildungsforschung lautet also: Forschung hat dafür Sorge zu tragen, daß Praxis Gegenstand, nicht aber Objekt der Untersuchung ist.

*Forschungsergebnisse sind immer brauchbar und unbrauchbar zugleich*
Es ist selbstverständlich, daß die Ergebnisse von Forschung brauchbar sein sollen. Wäre dies nicht so, müßte Forschung nicht betrieben werden. Die Frage ist nur: Für wen? Wir wissen etwa, daß oft Forschungsergebnisse, die im politischen Bereich begeistert aufgenommen werden, von Praktikern als völlig irrelevant betrachtet werden. Oder daß, um einen vieldiskutierten Aspekt zu nennen, die Sprache von Forschungsergebnissen für Praktiker völlig unverständlich ist, während die *scientific community* den gleichen Text wegen seiner Präzision hoch lobt. Ganz allgemein läßt sich die hier bestehende Ambivalenz schwerlich klären; am Beispiel der Sprache: Hoch verdichtete, verwissenschaftlichte Sprache kann in der Tat der Genauigkeit dienen, kann aber auch dazu dienen, einen wissenschaftlichen Arkanbereich vor bohrenden Fragen nach der Sinnhaftigkeit der vorgelegten Ergebnisse zu schützen. Auch die Forderung, Ergebnisse sollten handlungsrelevant sein, ist noch nicht operationabel, denn Handlungsrelevanz kann ebenso darin liegen,

Grundlage für eigene Reflexion und eigene Entwicklung zu sein wie auch konkrete Empfehlungen für unterschiedliche Handlungssituationen und Personengruppen zu geben. Ebenso ist der oft vorgetragene Einwand, Forschungsergebnisse seien nicht realisierbar, mit Vorsicht zu genießen; hinter der Kritik der mangelnden Realisierbarkeit verbirgt sich oft Unbehagen von Praktikern gegenüber Änderungen und Infragestellungen.

Letztlich hängt die inhaltliche und formale Ebene, auf der Ergebnisse formuliert sind, immer davon ab, für wen sie formuliert sind und in welchem Mittelbarkeitsgrad sie für die Praxis nützlich sein sollen. Dies setzt auch voraus, daß der Bezug explizit hergestellt wird zu den aus der Praxis genommenen Forschungsfragen. Der sechste Grundsatz praxisorientierter Weiterbildungsforschung heißt also: Forschung muß den Adressat ihrer Ergebnisse nennen und den Weg reflektieren, auf dem ihre Ergebnisse praxisrelevant werden können und sollen.

*Auch Erkenntniswege sind Forschungsergebnisse*
Forschung unterscheidet sich von Praxis ja – grob gesagt – dadurch, daß sie auf Erkenntnisse abzielt, letztere auf Veränderungen. Es wäre aber verkürzt, anzunehmen, der denkbare Nutzen von Forschung für Praxis sei nur die Rezeption der gewonnenen Erkenntnisse. Wissenschaftliche Erkenntnis ist, da sie aufgrund von überprüfbaren Regeln zustande kam, immer auch reproduzierbar, und es besteht kein in der Sache liegender Grund, warum der einmal gefundene Weg zu Erkenntnissen nicht ebenso wie diese selbst in die Praxis transferiert werden könnte.

Sicherlich haben viele Forscher Vorbehalte dagegen, Regeln zum Erwerb von Wissen weiterzugeben, weil sie befürchten, dadurch ihre professionelle Zuständigkeit zu verlieren; auch haben viele Praktiker weder Zeit noch die Voraussetzungen, um sich solche Regeln anzueignen. Dennoch: In vielen Fällen kämen Forscher und Praktiker weiter, wenn in einem breiteren Umfang ein Transfer von Regelsystemen möglich wäre. Dies gilt besonders dann, wenn empirische Forschung – was häufig der Fall ist – im Ergebnis wie Beckmesserei bewertet (was natürlich nicht beabsichtigt ist) und als solche von Praktikern abgelehnt wird (z.B. Lernprozeßbeobachtung). Viele Praktiker vor allem im pädagogischen Bereich verfügen ohnehin über eine analytische Kompetenz auf hoher Ebene, und es bietet sich an, diese Klärung der jeweils eigenen Praxis zu entwickeln und Forschung nur da einzusetzen, wo sie arbeitsteilig erforderlich ist. Der siebte Grundsatz praxisorientierter Weiterbildungsforschung heißt also: Forschung muß sich darum bemühen, auch ihre Erkenntnismethoden zu transferieren und sich bis zu einem gewissen Grad überflüssig zu machen.

*Auch Legitimationsbedürfnisse sind legitime Bedürfnisse*
Im Umgang mit Praktikern stellt man als Forscher immer wieder fest, daß diese scheinbar widersprüchliche Interessen gegenüber der Forschung artikulieren: Zum einen

möchten sie auf Fehler aufmerksam gemacht und über Lösungsmöglichkeiten informiert werden; zum anderen möchten sie aber auch, mit wissenschaftlichem Gütesiegel, gerne bestätigt bekommen, daß sie eine gute Arbeit machen.

Der Forscher oder die Forscherin steht dabei immer vor der Frage, ob sie nach besten Möglichkeiten helfen sollen, die Praxis zu verbessern, oder ob sie dazu beitragen sollen, die materielle Grundlage der Praxis durch Legitimation abzusichern. Auch diese Ambivalenz läßt sich schwer abstrakt bewerten und entscheiden; es ist ja keinem Forscher damit getan, in einem konkreten pädagogischen Praxisfeld Handlungsprobleme identifiziert und Lösungsmöglichkeiten angeboten zu haben, wenn dies im Ergebnis zur Abschaffung des Handlungsfeldes führt. Andererseits kann auch eine „Hofberichterstattung" nicht nur die wissenschaftliche Identität korrumpieren, sondern letztlich auch, vom Ziel der Existenzsicherung her, dysfunktional sein. Wichtig ist, festzustellen: Weder Forschung noch Praxis finden in einem luftleeren Raum statt, und das, was Forschung über Praxis sagt, hat in der Regel bestimmte Konsequenzen. Die politische und die didaktische Ebene sind also sehr genau zu unterscheiden, und der Forscher muß da auf jeden Fall seinen Elfenbeinturm verlassen.

Es ist von daher genuiner Bestandteil von Forschung, sich auch über die Notwendigkeiten und Bedingungen von Legitimationsbedürfnissen Rechenschaft abzulegen und dies zu einem gleichberechtigten Bestandteil des Forschungsprozesses zu machen. Der achte Grundsatz praxisorientierter Weiterbildungsforschung lautet also: Forschung muß auch Legitimationsbedürfnisse der Praxis erkennen, reflektieren und in den Forschungsprozeß miteinbeziehen.

*Forschung findet nicht im luftleeren Raum statt*
Was für die Praxis gilt, gilt natürlich auch für die Forschung: Sie ist vielfältigen Einflußfaktoren ausgesetzt, die nur allzu oft schwer mit dem Grundsatz des Erkenntnisinteresses vereinbar sind. Dies gilt nicht nur für die Auftragsforschung, von der dies immer behauptet wird; bei ihr ist ja auch von großer Bedeutung, für wen und unter welchen Bedingungen man mit welchen Mitteln forscht. Dies gilt eigentlich für alle Zusammenhänge, in denen Forschung stattfindet, angefangen beim Doktoranden an der Universität und aufgehört bei den Forschungs- und Entwicklungsabteilungen großer Konzerne. Dies wird nicht zu ändern sein, und ich glaube, es sollte – zumindest im Grundsatz – auch gar nicht geändert werden.

Aber: Es ist Bestandteil von Forschung, die auf sie einwirkenden Faktoren offenzulegen, deren Wirkungen zu reflektieren und darüber in einen diskursiven Prozeß mit der Praxis einzutreten. Und dies gilt nicht erst dann, wenn das Ansetzen einer instrumentalen Sonde (z.B. Fragebogeneinsatz) auf Mißtrauen und Abwehr stößt. Der neunte Grundsatz praxisorientierter Weiterbildungsforschung heißt demnach: Forschung muß die auf sie einwirkenden Faktoren reflektieren und offenlegen.

*Auch Forschung hat Praxis*

Lassen Sie mich abschließend zurückkommen auf den Anfang: Dort habe ich von Forschungspraxis gesprochen, und dies nicht nur als Aspekt am Rande gemeint, sondern als soziale und individuelle Realität. Wer Forschung als Profession betreibt, wer nur forscht, entwickelt notwendig ein professionelles Selbstverständnis und eine professionelle Praxis. Dazu gehören – positiv gesehen – Kompetenzen in der Ziel- und Frageformulierung, der Umsetzung in Forschungsmethoden, der Entwicklung von Instrumentarien, der Strukturierung eines Gegenstandsbereichs, der Auswertung und Interpretation von Daten, der Formulierung von Ergebnissen, der Verhandlung mit Politikern, Wissenschaftlern und Praktikern.

Negativ betrachtet gehört dazu alles, was man anderen Praktikern auch unterstellt: Eine gewisse Betriebsblindheit, hier bezogen auf die Tätigkeit „Forschen", Techniken im Umgehen und Vermeiden von Konflikten, Strategien zur Legitimationssicherung, Abwehr von (scheinbaren) Angriffen und vieles mehr. Es gehört dabei wohl zum erkenntnisverheißenden Habitus dieser Profession, nur wenig von dem an sich heranzulassen, was mit dieser eigenen Praxis zu tun hat. Von außen kommt hier selten vom Forscher akzeptierte Kritik – Forschung über Forschung findet ja kaum statt. Und die Notwendigkeit, eigene Praxis im Zuge wissenschaftlicher Selbstreflexion und im kooperativen Kontrollsystem einer *scientic community* zu kritisieren, wird nicht immer eingesehen und befolgt.

Es ist also noch ein Grundsatz zu formulieren, der sich an die Forscher in ihrer eigenen Praxis richtet, und als diesen zehnten Grundsatz praxiorientierter Weiterbildungsforschung zitiere ich zustimmend den Praktiker *Günter Apsel:* „Ein abschließender Wunsch an die Praktiker: Sie mögen davor bewahrt bleiben zu meinen, sie wüßten schon alles. Ein Wunsch an die Bildungsforscher: Sie mögen davor bewahrt bleiben zu meinen, sie wüßten alles besser."

# Vermittlung im wachsenden Museum (1988)

Angesichts der aktuellen Prosperität der Museen fällt es schwer, über etwas zu sprechen, was defizitär ist; man kommt dann leicht in die Rolle des Miesmachers, des Schwarzsehers, der Probleme heraufbeschwört, die gar keine sind.

Aber erinnern wir uns: In den 70er Jahren steckten die Museen in einer nicht unerheblichen Legitimationskrise, und diese war nicht zufällig eng verbunden mit der Diskussion unter dem Motto „Lernort contra Musentempel". Damals wurden Personalstellen und Abteilungen für Museumspädagogik geschaffen, zugegeben weniger unter museologischen als unter bildungspolitischen Aspekten, aber die Antriebsfeder dafür war unzweifelhaft die Tatsache, daß die Museen ihre gesellschaftliche Rolle nur dann behaupten können, wenn sie von der Bevölkerung nicht nur akzeptiert, sondern auch genutzt werden. Mit Vermittlung ist ja die Regelung des Zusammenhangs zwischen der Institution Museum und den Menschen gemeint, die es besuchen und für die das Museum letztlich da ist.

Sicher: Museen sind auch Archive und Forschungsinstitute, aber ihr Wachstum verdanken sie nicht diesen beiden Tätigkeitsbereichen; ihr Wachstum verdanken Museen der Tatsache, daß sie öffentliche Institutionen sind, daß sie für Menschen da sein wollen und da sein sollen. Und das heißt: Die Vermittlungsarbeit ist keine nachgeordnete, sondern eine der zentralen Aufgaben der Museen. Wenn wir uns daher als erstes fragen, was Museen davon haben, wenn sie sich um Vermittlung bemühen, dann würde ich sagen: Sie weisen damit ihre politische, soziale und historische Existenzberechtigung nach.

Nun wird ja die Vermittlungsfrage immer sehr rasch verbunden mit der Museumspädagogik und diese wiederum sehr rasch damit, was an vielen Museen praktiziert wird: Museumspädagogik als nachgeordnetes Bemühen um Antwort auf die Frage „Wie sage ich es meinem Kinde?" Das ist meiner Meinung nach eine verkürzte und unzulässige Sicht der Vermittlungsaufgabe der Museen, auch eine verkürzte begriffliche und praktische Interpretation von Museumspädagogik. Bei allem, was Museen tun und was in Museen getan wird, also auch beim Sammeln, Bewahren und Forschen, handelt es sich, seit die Museen öffentliche Einrichtungen und für die Öffentlichkeit zugänglich sind, um Vermittlungstätigkeit. Es geht gar nicht um die Frage, ob Museen Vermittlungsaufgaben wahrnehmen oder nicht; sie nehmen sie, sofern sie öffentlich zugänglich sind, in jedem Falle wahr. Es geht nur um die Frage, ob sie diese Aufgaben bewußt und zielgerichtet wahrnehmen, mit ausgewiesenen Methoden und reflektierten Verfahren, wie dies die Museumspädagogik versucht; oder ob sie ihre Vermittlungsaufgabe unreflektiert und undiskutiert zur unhinterfragten täglichen Praxis machen. Ich meine: Einer wissenschaftlichen Einrichtung wie dem Museum, das ja auch ein Forschungsinstitut ist, steht es gut an, die gesellschaftliche Rolle, die sie spielt, zum Gegenstand ihrer wissenschaftlichen Vorgehensweise zu machen. Auch Universitäten bemühen sich ja, wenn auch mehr schlecht als recht, darum, wissenschaftliches Denken, wissenschaftliche Vorgehensweise und wissenschaftliche Erkenntnisse nicht nur zu erzeugen und zu behaupten, sondern gleichermaßen zu vermitteln – Einheit von Forschung und Lehre heißt es da.

Ich betone diese grundsätzliche Frage nicht nur deshalb, weil das Wachstum der Museen meiner Meinung nach mittelfristig davon abhängt, ob und wie weit es gelingt, ihre Vermittlungsaufgabe zum ausgewiesenen Gegenstand der Museumskonzeptionen und musealen Tätigkeiten zu machen; ich betone dies auch deshalb, weil wir in unserem Forschungsprojekt über den Bildungsauftrag von Museen und Kunstvereinen vielerorts auf die Auffassung gestoßen sind, daß es zu allererst um die Begründung fachwissenschaftlicher Zusammenhänge gehe, und daß die Frage der Vermittlung gegenüber den Besuchern von nachgeordneter Bedeutung sei. Der Repräsentationsboom im Kulturbereich, von dem die Museen derzeit profitieren, wird nicht automatisch anhalten; irgendwann wird die Frage nach dem Nutzen dieser Einrichtungen für die Bevölkerung auftauchen, und es bedarf keiner großen prognostischen Kompetenz, um vorauszusehen, daß die Museen dabei – verglichen etwa mit Bundesbahn und Müllabfuhr – Legitimationsprobleme haben könnten. Aber noch ein anderer Aspekt ist wichtig: Hilmar Hoffmann hat vor kurzem den millionsten Besucher des Museums für Kunsthandwerk in Frankfurt zum Anlaß genommen, darüber zu räsonieren, daß Museen im Rahmen eines zunehmenden Freizeitangebots eine andere Rolle als früher spielen werden; aber wem kann daran gelegen sein, Museen in eine Reihe mit Fußballplätzen, Aquadroms, Fitnesscentern und Spielhallen zu stellen?

Unsere Auffassung ist die, daß Museen nicht einfach ein zusätzliches Freizeitangebot, sondern Institutionen von hoher gesellschaftlicher Relevanz sind. Dies setzt voraus, daß wir uns darüber verständigen, was die gesellschaftliche Relevanz dieser Institutionen ausmacht. Wir meinen: Es ist eben diese Vermittlungsaufgabe, die Vermittlung – um es ganz weit zu definieren – von kulturellen Objektivationen an die Bevölkerung. Diese Vermittlungsaufgabe heißt, formuliert man sie zielgerichtet, Bildungsaufgabe. Und uns geht es vor allem darum, daß Museen in ihrer Vermittlungsarbeit dieser Bildungsaufgabe gerecht werden.

Nun sind wir in unserem Projekt wiederholt auf Vorbehalte gegenüber einer postulierten Bildungsaufgabe von Museen gestoßen. Diese Abwehr einer Bildungsaufgabe kristallisierte sich vor allem auch am Begriff der Museumspädagogik und kreiste hauptsächlich um zwei Positionen, die aus unserer Sicht ein Mißverständnis der Bildungsaufgabe von Museen darstellen.

Die erste Position lehnt eine Betonung des Bildungsauftrags von Museen ab, weil sie darin zu viel Belehrung sieht, zu viel Indoktrination, letztlich eine Verschulung des Museums. Ich will nicht bestreiten, daß es vielfältige Beispiele gibt, die eine solche Kritik an der Bildungsaufgabe der Museen rechtfertigen. Auch ich bin nicht der Meinung, daß es eine angemessene Realisierung des Bildungsauftrags der Museen ist, wenn Schüler während oder nach dem Museumsbesuch auf einem – womöglich noch benoteten – Fragebogen erworbenes Wissen dokumentieren. Schulisches Lernen ist biographisch wie pädagogisch alles andere als unumstritten, und das letzte, was man sich wünschen kann, ist eine Überfremdung des Museums durch diese Art von Lernorganisation. Das Museum ist keine Schule, sondern eine Einrichtung mit Kunst- und Kulturobjekten, die eigenständige Ansatzmöglichkeiten für Bildung ergeben, sinnliche, ästhetische, für Wahrnehmungen offene und Denken fördernde Lernanlässe. Auch die Pädagogik hat hier eine große Aufgabe; für das, was an Bildung im Museum möglich und sinnvoll ist, muß sie erst Begriffe finden, Verfahren klären, Konzepte und Theorien entwickeln, kurz: ihren Beitrag zu einer noch fehlenden Museumsdidaktik liefern.

Die zweite Position geht davon aus, daß eine Orientierung am Bildungsauftrag der Museen sich darin erschöpfen könne, die selbstevidente Vermittlungstätigkeit der Objekte zuzulassen und in Anspruch zu nehmen. Ich meine aber, daß dies eine Illusion ist. Es gibt keine Selbstevidenz von Objekten im Bildungszusammenhang, und der sicherste Beweis dafür, daß dem so ist, ist die Praxis der Museen selbst; alle Museen tun ja – wie auch immer – irgendetwas, um die Vermittlung zu unterstützen, angefangen bei allerknappsten Objektbeschriftungen und aufgehört bei der Überlegung, wie und warum welche Objekte in einen inhaltlichen und räumlichen Bezug zu stellen sind. Auch das, was man über das Besucherverhalten weiß und auch darüber, wie man sich selbst in Museen verhält, die nicht dem eigenen Fachgebiet zuzuordnen sind, bestätigt, daß es keine Selbstevidenz gibt. Die Frage ist daher nicht, ob sich Objekte selbst vermitteln, sondern, was notwendig ist, Objekte in der Vermittlung zu unterstützen oder Vermittlung durch die Objekte zu stützen!

Allerdings: Welche Objekte welche Bedeutung haben, welche Rolle sie in der Vermittlung spielen und welchen Beitrag sie zu einer richtig verstandenen Bildung der Besucher leisten, ist eine offene Frage, bei der man in jedem konkreten Einzelfall geteilter Meinung sein kann. Es fehlen Erfahrungen, Wege und Erkenntnisse darüber, wie hier im Einzelnen zu verfahren, zu bewerten und zu entscheiden ist. Wir haben in den vergangenen zwei Jahren, in denen wir die Realisierung des Bildungsauftrags in den bundesdeutschen Museen untersucht haben, eine Fülle von traditionellen und innovativen Vermittlungsformen und die ihnen zugrundeliegenden Überlegungen, Theoreme und Positionen kennengelernt. Viele davon haben wir in unseren Publikationen („Wege zum lebendigen Museum" und „Bildung im Museum") auch benannt und erörtert. Und bei vielen Vermittlungstätigkeiten, die zwischen den Polen Selbstevidenz auf der einen Seite und schulischem Lernen auf der anderen Seite liegen, haben wir doch einige Zweifel, ob sie wirklich ins Museum gehören; etwa Kurse zum Töpfern und Aquarellieren, Vorortseminare zu ökologischen Fragen, historische Kostümschauen und vieles andere mehr. Einiges davon gehört vielleicht in andere Institutionen wie etwa Volkshochschulen, Kulturinitiativen usw., einiges davon sollte eher Gegenstand einer Kooperation zwischen Museen und anderen Institutionen sein. Allerdings: So leicht zu beantworten ist die Frage nach der Angemessenheit solcher Vermittlungsformen nicht. Sie steht im engen Zusammenhang mit dem Sammlungsbestand des Museums, mit der sinnlichen und ästhetischen Substanz der Objekte, mit den Besucherinteressen und vor allem mit Bildungsziel und Bildungskonzeption des jeweiligen Museums.

Und hier liegt das zentrale Problem einer weiterführenden Diskussion über den Bildungsauftrag und die Vermittlungstätigkeiten an Museen:

Die meisten Museen verhalten sich zwar als bildende Institutionen, formulierte Bildungsziele und deren Umsetzung sind in Museums- und Ausstellungskonzeptionen aber die Ausnahme. Bildungsaufgaben werden eher additiv zu den bestehenden Institutionen wahrgenommen, ausgelagert oder einigen Ausstellungen übertragen. Aber das Wichtigste, die Integration der Bildungsaufgabe in die Diskussion über Profil und Konzept des Museums, ist nach wie vor die Ausnahme. Diese fehlende Integration der Bildungsaufgabe in den Museumskonzepten wirkt sich auf mancherlei Weise aus; wir haben in unserer Untersuchung zum Bildungsauftrag von Museen eine große Zahl der Probleme, die dadurch entstehen, beschrieben und analysiert. Die wichtigsten Auswirkungen dieser fehlenden Integration des Bildungsgedankens in die Museumskonzepte sind zusammengefasst folgende:

1. Bis heute gibt es keine ausgewiesene Museumsdidaktik; Texte z.B. sind zwar weit verbreitet, oft ist aber unklar, welches Ziel mit ihnen verfolgt wird und welche Informationen sie enthalten sollen; oft beantworten sie Fragen, die gar nicht gestellt wurden. Die Ziele von Führungen sind oft unklar, häufig wird in ihnen versucht, sich ohne erkennbares Konzept gegen die Struktur der Schausammlungen und Ausstellungen durchzusetzen. Technische Medien (sie sind überall auf dem Vormarsch) entwickeln eine nicht immer beherrschte eigene ästhetische Qualität und erfordern professionelle Methoden, über die die Museumsleute oft nicht verfügen; zudem stellen sie sich häufig zwischen das Objekt und den Besucher, entwerten das Objekt geradezu. Eine Diskussion dieser Probleme ist meist nicht möglich, da mangels einer Museumsdidaktik Ziele, Inhalte und Methoden der Vermittlungstätigkeit nur selten aufeinander bezogen werden.

2. Die Bedürfnisse der Besucher spielen nur allzuoft eine Nebenrolle bei der Planung und Gestaltung von Schausammlungen und Ausstellungen; dies mag daran liegen, daß es bis heute kaum pädagogisch relevante Daten über die Besucher, über deren Motive, Wahrnehmungs- und Verhaltensweisen, Interessen und Ziele gibt. Dies gilt sowohl generell als auch, was noch wichtiger ist, für die einzelnen Museen, bei denen sich ja Besucherstruktur und -interessen jeweils erheblich unterscheiden.

3. Das Problembewußtsein des Museumspersonals in Bezug auf den Bildungsauftrag seiner Institution ist außerordentlich gering. Dies liegt einmal an einer ungenügenden Qualifizierung des Personals in Bezug auf den Bildungsauftrag, aber auch an einer unzureichenden Arbeitsteilung und Kooperation im Museum. Es gibt zu wenig Museumspädagogen, ihre Stellung in den Häusern ist eher schlecht, für ihre Aufgaben sind sie in der Regel eher unzureichend vorgebildet und sie haben auch zu wenige Fortbildungsmöglichkeiten.

4. In der Kooperation der Museen mit anderen gesellschaftlichen Organisationen und Einrichtungen wie etwa Volkshochschulen, Schulen, Kirchen, Betrieben, Gewerkschaften, Vereinen und Bürgerinitiativen, insbesondere aber mit den Einrichtungen des Bildungsbereichs, lassen sich erhebliche Probleme und Defizite feststellen.

Kooperation findet nur im Einzelfall statt, oft sind Museen in ihrem Umfeld geradezu isoliert. Einer angemessenen Kooperation stehen unterschiedliche Finanzierungsmodi, Konkurrenzprobleme und knappe Mittel entgegen, aber auch Verständigungsprobleme.

Dies sind nur einige und hier in der Kürze notwendigerweise verallgemeinerte Aussagen. Deutlich wird aber immerhin, daß sich das grundlegende Defizit einer mangelnden Integration des Bildungsgedankens in die Museumskonzeptionen und in die Museumspraxis auf allen Ebenen auswirkt. Es ist aber, wie bereits betont, im Sinne der Existenzsicherung und des weiteren Wachstums der Museen außerordentlich wichtig, daß diese ihre Beziehung zu den Menschen, für die sie da sind, genauer reflektieren und zu einem zentralen Bestandteil ihrer Konzeption und ihres Selbstverständnisses machen. Was tut also not?

Das Allerwichtigste scheint mir zu sein, daß die Diskussion über die Bildungsaufgabe in Museen intensiviert und in jedem einzelnen Museum von allen dort Beschäftigten konkret geführt wird.

Museumskonzeptionen müssen als Bildungskonzeptionen verstanden und diskutiert werden. Das Museumsprofil ist nicht die Frage des Sammlungsbestandes, sondern der Beziehung zwischen der Institution Museum und den Besuchern, denen gegenüber das Profil ja bestehen soll. Bei dieser Diskussion müssen insbesondere folgende Aspekte aufgegriffen und bei der Konzeption der Museen berücksichtigt werden:

1. Die Interessen, Motive und Erwartungen der Besucher müssen geklärt und mit dem in Beziehung gesetzt werden, was das Museum an Objekten anbietet; dies hat nicht allgemein zu erfolgen, sondern konkret im jeweiligen Museum, am jeweiligen Sammlungsbestand und am jeweiligen Ort.
2. Jedes Museum muß sich in seiner Region, an seinem Standort, in seiner Kommune und bei seinen Besuchern verankern; Heimatmuseen haben es dabei sicher leichter, aber im Grunde gilt dies als Aufgabe für jedes Museum gleich welchen Typs.
3. Das gesamte an den Museen tätige Personal muß seine Rolle und seine spezifische Aufgabe im Rahmen der Vermittlungstätigkeit reflektieren und annehmen; dazu gehören Qualifizierung des Personals, Diskussion und Kooperation. Es ist nicht falsch, daß es Museumspädagogen gibt, aber sie dürfen nicht als Feigenblatt dafür benutzt werden, daß das gesamte übrige Personal keinen Gedanken an die eigene Vermittlungstätigkeit verschwendet.
4. Die Zahl der Museumspädagogen an den Museen muß erhöht werden, sie müssen für ihre Aufgabe besser qualifiziert sein, in den Museen akzeptierter werden. Museumspädagogen – dies sage ich bewußt als Erziehungswissenschaftler – dürfen sich nicht bescheiden als defizitäre Fachwissenschaftler verstehen, sondern müssen offensiv ihre Kompetenz und ihre Funktion als Experten für alle öffentlichen Aktivitäten des Museums vertreten.

Ich habe nun – notwendigerweise verkürzt und verallgemeinernd – die aus unserer Sicht wichtigsten Aspekte des Bildungsauftrags von Museen genannt. Natürlich sind die angesprochenen Punkte immer dann, wenn es konkret um einzelne Museen geht, unterschiedlich zu gewichten und zu bewerten. Insgesamt aber scheint es mir doch notwendig zu sein, daß wir gemeinsam darüber diskutieren, wie die Kulturinstitution Museum ihre gesellschaftliche Rolle, die auch eine Bildungsfunktion mit einschließt, bewußt und selbstbewußt übernehmen und weiterführen kann. Die Tatsache, daß ich dies als Erziehungswissenschaftler anmahne, sollte nicht zu fachspezifischen Vorbehalten in der Diskussion führen; immerhin haben wir in unseren Forschungsarbeiten in der interdisziplinären Zusammenarbeit einer aus dem Museumsbereich kommenden Kunsthistorikerin, eines Soziologen und eines Erziehungswissenschaftlers die immer wieder fruchtbare Erfahrung gemacht, daß es wichtig ist, unterschiedliche Kompetenzen, Sichtweisen und Positionen auszutauschen. Und ich bin davon überzeugt, daß für die in den Museen hauptsächlich vertretenen akademischen Fachrichtungen, wie z.B. Kunstgeschichte und Völkerkunde, der Nutzen, der in einem Gespräch mit Erziehungswissenschaftlern liegt, noch lange nicht ausgereizt ist.

Die Ergebnisse dieser Untersuchung sind ausführlich dargestellt in „Bildung im Museum. Zum Bildungsauftrag von Museen und Kunstvereinen" (Nuissl, Paatsch, & Schulze, 1988).

## Markt oder Staat in der Weiterbildung (1991)

Wir haben in der Weiterbildung sehr deutlich ein System der „Mischfinanzierung", was heißt, daß viele Stellen zur Finanzierung des Gesamtbereichs wie auch einzelner Maßnahmen beitragen. Wer zahlt alles in der Weiterbildung?
o   Dies sind zunächst die *Unternehmen und Betriebe*.
o   Sodann finanzieren *gesellschaftliche Organisationen* wie Parteien, Kirchen und Gewerkschaften die Weiterbildung.
o   An der Finanzierung beteiligt sind *der Bund und die Länder* in unterschiedlicher Höhe.
o   Es finanzieren zudem *die Kommunen,* worunter ich auch Landkreise subsumiere.
o   Seit Anfang der 70er Jahre ist mit einem hohen Anteil die *Bundesanstalt für Arbeit* an der Weiterbildungsfinanzierung beteiligt.
o   Schließlich finanzieren die *Teilnehmerinnen und Teilnehmer* die Weiterbildung, indem sie Kursentgelte übernehmen, auf Lohnfortzahlung verzichten, Fahrten und Reisen bezahlen etc.

Betrachtet man die Mischfinanzierung insgesamt, läßt sich feststellen, daß bereits de facto das sogenannte *Nutzenprinzip* existiert, das vor allem von Unternehmerseite oft gefordert wird: Wer den Nutzen hat, soll auch bezahlen.

Die Frage ist natürlich, wie sich bei einer solchen Finanzierungsstruktur öffentlich begründete, sozialstaatlich abgeleitete Ziele realisieren lassen wie etwa *Gleichheit der Bildungschancen, Qualität des Angebots* oder *Verwertbarkeit des Gelernten* und andere mehr? Da der Staat die Weiterbildung nicht finanziert, kann er solche Ziele ordnungspolitisch nur über *Sanktionen* regeln oder durch *Anreize* steuern. Es gibt, soweit ich das sehe, keinen Ansatz in der Diskussion, die „subsidiären" Möglichkeiten des Staates, Zielsetzungen in der Weiterbildung zu realisieren, in Richtung auf eine „Zentralverwaltungswirtschaft" aufzulösen. Das Weitestgehende in dieser Richtung sind Überlegungen, für die Weiterbildung eine Art Verbraucherschutzgesetz zu erlassen, das eine ähnliche Funktion erfüllen könnte wie etwa das Fernunterrichtsschutzgesetz aus dem Jahre 1975, das vorsieht, daß alle Fernunterrichtsangebote durch eine zentrale Prüfstelle (ZFU in Köln) genehmigt werden müssen. Die Realität in der Weiterbildungspolitik heißt: Es gibt eine Subsidiarität des Staates in einem mischfinanzierten Weiterbildungsmarkt, wobei diese Subsidiarität einmal weiter und einmal enger definiert ist.

Darüber hinaus ist darauf hinzuweisen, daß die Steuerung des Weiterbildungsbereichs durch den Staat in allen Fällen nur für einen Teilbereich der Weiterbildung gilt, nicht also z.B. für die *betriebliche Weiterbildung*, die *kommerzielle Weiterbildung* oder die Weiterbildung innerhalb von *Organisationen und Institutionen*. Die staatlich gesteuerte Weiterbildung und ihre Träger befinden sich also auf einem Markt, der durch vielfach starke, finanziell durchsetzungsfähige und anderen Regeln folgende Träger ausgefüllt wird. Die Weiterbildung ist völlig anders strukturiert als etwa Schule und Hochschule, es existiert ein *Weiterbildungsmarkt*.

Fünf Begriffe sind immer dann in der Diskussion, wenn es um Geld und Markt geht. Diese Begriffe sind: Bedarf, Nachfrage, Bedürfnis, Kosten und bildungspolitische Aufgabe.

Der Begriff des *Bedarfs* wird am häufigsten genannt, ist aber am wenigsten präzise. Die Unternehmen reden immer von der Bedarfsorientierung, die in der Weiterbildung erforderlich sei. Für den Betrieb ist dies sicherlich eine richtige Prämisse: Dort gibt es einen Bedarf, der sich vom Unternehmensziel ableiten läßt und von der Unternehmensleitung aufgrund einer Analyse gesetzt wird; diesem Bedarf hat die betriebsbezogene Weiterbildung zu folgen. Ein analoges Verfahren geht jedoch auf dem Bildungsmarkt nicht. Dort tritt der Bedarf nur als *artikulierter* Bedarf auf, der letztlich synonym ist mit der *Nachfrage*. Der Begriff des Bedarfs ist ein verobjektivierter Begriff, der die Interessen der Menschen ausblendet. Bedarf wird den Menschen als Äußerliches entgegengesetzt. In der Erwachsenenbildung wird – begriffsimmanent – von bedarfsdeckend und bedarfsweckend gesprochen als den gleichrangigen Aufgaben, womit nichts Anderes gemeint ist als die Deckung des artikulierten Bedarfs – also der Nachfrage, und die Weckung des nicht-artikulierten Bedarfs, also dessen, was ich unter *Bedürfnis* verstehen würde. Im Grunde ist der Begriff des Bedarfs außerhalb „geschlossener" Institutionen (wie der Betriebe) auflösbar in die Begriffe „Nachfrage" und „Bedürfnis". Wichtig ist dabei ein Blick auf die Frage, wie der Bedarf – wiederum außerhalb geschlossener Institutionen – überhaupt festgestellt wird; trotz vielfältiger Analysen und Verfahren und wissenschaftlichen Untersuchungen kann man bis heute feststellen, daß die begründetste Form der Bedarfsanalyse im Weiterbildungsbereich immer noch das Vorhalten von Angeboten ist, auf das hin sich eine Nachfrage erst beziehen kann („Versuch und Irrtum").

Der Begriff der *Nachfrage* ist somit bereits eingeführt, er ist für mich synonym mit dem artikulierten oder „manifesten" Bedarf und damit ein in der Angebots-/Nachfrage-Systematik genauer, wenn auch nicht voraussehbarer Faktor. Der Begriff des *Bedürfnisses* wird in der Diskussion (leider) selten genannt, ist in der pädagogischen Arbeit aber am wichtigsten: das Bedürfnis der Menschen nach Bildung, nach *ihrer* Bildung. Der Begriff des Bedürfnisses ist weitgehend identisch mit dem nicht-artikulierten oder „latenten" Bedarf, den es in der Weiterbildung zu aktivieren gilt.

Kommen wir zu den *Kosten*; sie sind eine wichtige Größe für jeden, der rechnen muß. Man kann sie ändern, etwa mit der Ausstattung mit Lehrmitteln, in der Raumwahl oder in der Bezahlung der Dozentinnen und Dozenten (die beliebteste Variante der Kostenreduktion). Leider werden Veränderungen des Kostenfaktors immer wieder auf Kosten der Qualität gemacht, auch übrigens mit Unterstützung der Zuschlags-Regelungen nach dem Arbeitsförderungsgesetz, das häufig statt nach „preiswerten" nach „billigen" und damit scheinbar kostengünstigen Aspekten Zuschläge erteilt.

Schließlich haben wir die bildungspolitische Setzung von *Aufgaben*; sie bedeuten in der Regel, daß der Staat eine besondere Aufgabe für besonders wichtig erachtet und diese – bei welchem Träger und in welcher Weise auch immer – zur Auflage macht und letztlich in der Regel auch voll finanziert. Allerdings gibt es in einigen Gesetzen auch Bestimmungen, die eine generellere bildungspolitische Setzung für die Arbeit von Anbietern im Weiterbildungsbereich bedeuten.

Ich habe diese Begriffe genannt, weil sie bei der Angebotsgestaltung, bei der Programmplanung und der Programmrealisation eine wichtige Rolle spielen. Jeder Träger kann und muß sich letztlich an diesen Faktoren orientieren, sie beeinflussen (oder: *induzieren*) meist den Preis.

Die erforderlichen bildungspolitischen Aufgaben ergeben sich aber nicht aus dem Markt alleine, hier muß bildungspolitisch gehandelt werden. Was ist zu tun? Der Staat muß Anreize schaffen für die Menschen und die Organisationen, um diejenige Weiterbildung voranzutreiben, die auf dem Markt nicht realisierbar ist, solange nur Marktgesetzlichkeiten gelten. Der Staat muß Regelungen finden, die die unterschiedlichen Träger in die Lage versetzen, Weiterbildung zu veranstalten, die im Interesse der Menschen liegt. Diese Aufgaben liegen auf einer „unteren" Ebene, die nicht mehr mit der Antithese „Staat oder Markt" beschreibbar ist.

Es gibt ja Vorschläge, auf dieser Ebene tätig zu werden. Ich erinnere dabei an insbesondere von Wirtschaftsbetrieben vertretene Gedanken, Bürgerinnen und Bürger über Steuerregelungen oder Bildungsgutscheine zu einem selbstverantworteten Verfahren bei der Teilnahme an Bildungsangeboten zu befähigen. Ich halte diese Gedanken für sehr richtig, sofern sie eingebettet bleiben in eine Gesamtreflexion des Verhältnisses von Bedürfnis, Nachfrage und bildungspolitischer Zielsetzung. Auch ein Weiterbildungsschutzgesetz, in dem qualitative Standards festgeschrieben werden, die für alle Veranstalter von Weiterbildung gelten (warum nicht auch für Betriebe?), hielte ich für sinnvoll. Die bestehenden Finanzierungsgesetze sind meiner Meinung nach völlig unzureichend, sowohl unter strukturellen Gesichtspunkten (auch hier greift der Aspekt der mangelnden Teilnehmerorientierung) als auch unter quantitativen Gesichtspunkten. Dort, wo keine Gesetze existieren, ist auch die Finanzierung unzureichend, dies sage ich auch und gerade mit Blick auf die Freie und Hansestadt Hamburg, die sich nach einem zehnjährigen Moratorium jetzt in einer zwar anerkennenswerten, aber doch langsamen Aufholjagd befindet. Das Wichtigste an der gewerkschaftlichen Interessenpolitik gegenüber der öffentlichen Weiterbildung scheint mir, daß dieses Feld der politischen Einflußnahme (nicht der direkten Mitbestimmung) ausgefüllt werden müßte mit einem integrativen Blick auf das Bildungssystem, also unter Einbezug der Situation in den Betrieben, und ausgefüllt werden müßte mit einem Blick auf die tatsächlichen Interessen von Arbeitnehmerinnen und Arbeitnehmern nicht an der Existenz von Trägern, sondern an geeigneten Angeboten für ihr Bildungsinteresse.

Die subsidiäre Rolle des Staates ist unstrittig, nur in der Ausfüllung verschiedener Steuerungs- und Regelungsinstrumente begrenzt. Wenn es um die Rolle der Gewerkschaften geht, so ist festzustellen: Gewerkschaftspolitik ist auf der instrumentellen Seite vorrangig Tarifpolitik. Deshalb ist es wichtig, daß die Gewerkschaften sich um die Gestaltung der Weiterbildung in den Betrieben sehr intensiv und sehr bewußt kümmern. Aber Gewerkschaftspolitik ist auch Politikbeeinflussung; deshalb ist es wichtig, daß Gewerkschaften auf die Regelungen und die Ordnungspolitik einwirken, welche die Gestaltung der Weiterbildung im Rahmen des bestehenden Weiterbildungsmarktes steuern. Gewerkschaften sollten dazu beitragen, ein gesamtes öffentlich verantwortbares Weiterbildungssystem zu entwickeln; deshalb sind gerade auch sie diejenige Organisation, die betriebsinterne Weiterbildung und in dieser Gesamtsicht ein für die Menschen zusammenhängendes Weiterbildungssystem entwickeln kann.

# Lernort Alltagsleben (1992)

Das Alltagsleben als Ort des Weiterlernens ist erst wieder seit einigen Jahren Gegenstand einer intensiveren Diskussion. Sie entstand im Zusammenhang mit Initiativen und Versuchen, Alltagskultur auch auf dem Wege der Weiterbildung mit neuen Lernformen wiederherzustellen. Lernorte können hier alles sein, die Nachbarschaft, der Stadtteil, die Bürgerhäuser, die Kneipe, Begegnungsstätten, Museen, der Sportplatz und vieles mehr. Das Hauptproblem dabei ist, daß der Alltag als Lernort (…) noch wenig realisiert, daß eine Verbindung von Weiterbildung mit sozial-kulturellen Handlungsfeldern noch kaum gelungen ist. Gerade sozial-kulturelle Handlungsfelder des Alltags sind als Kristallisationspunkte der sozialen Identität der Arbeitnehmerinnen und Arbeitnehmer erst seit kurzem ins Blickfeld gewerkschaftlicher Überlegungen geraten.

Gelernt wird im Alltagsleben von jeher, mehr oder weniger zufällig, mehr oder weniger intensiv, mehr oder weniger erfolgreich. Neu ist seit Ende der 1970er Jahre ein zunehmender Bedarf an veränderten Lernformen und Lernorten der Weiterbildung im Alltagsleben, die in Form von Initiativen, Institutionen und Organisationen Alltagsleben zunehmend strukturieren: Kulturinitiativen, sozial-kulturelle Zentren, Kommunikationszentren, Kulturläden, Kulturwerkstätten, Bürgerzentren und Bürgerhäuser, Stadtteilprojekte und vieles andere mehr. In diesen alltäglichen Lebenszusammenhängen, in diesen sozial-kulturellen Handlungsfeldern, befinden sich vielfältige Ansätze für Weiterbildung und von Weiterbildung.

Die zunehmende Bedeutung sozial-kultureller Aktivitäten sieht Alheit (1988, S. 80) im Zusammenhang mit einem Modernisierungs-, Qualifizierungs- und Politisierungsbedarf, sie sei „in ihrer Substanz nichts Anderes als der sich entfaltende Partizipations- und Gestaltungswille der Menschen in ihrer Lebenswelt". Die Betonung sozial-kultureller Handlungsfelder im Alltag ist zugleich immer verbunden mit einem Rückzug auf den Nahbereich, das lokale und soziale Umfeld; Krisen der Arbeitsgesellschaft, die Verarmung der Lebenswelten, die Verschandelung der Umwelt haben zu einem „merkwürdig gewachsenen Interesse am Lokalen" geführt (Rogge, 1988, S. 30). Als Beweggründe sind auszumachen aktuelle Herausforderungen aus dem nahen gesellschaftlichen Umfeld der Lebens- und Arbeitswelt, Bewußtwerden des Verlustes vom Sinn der Wirklichkeit, Erkennen des Mangels an Selbstvertrauen beim einzelnen, Bewußtwerden von Wünschen, die nicht gemäß ihrer Verwertbarkeit für die Gesellschaft zurechtgebogen werden, das Bedürfnis, der Aufdringlichkeit eines von Technik durchsetzten Alltags zu entgehen, das Bewußtwerden von Einsamkeit, welches ein Bedürfnis nach Kommunikation, Geselligkeit hervorruft, das Aufkommen eines ökologischen Bewußtseins, das Bedürfnis eigener Auseinandersetzung mit der Umwelt, das Erkennen der geschlechtsspezifischen Instrumentalisierung mit ihren fremd- und eigenunterdrückenden Momenten (Rohlmann, 1986, S. 302).

Im Rahmen der sich solcherart konstituierenden und strukturierenden sozial-kulturellen Handlungsfelder entstanden und entstehen zahlreiche Initiativen, Arbeitskreise und Zentren, in denen nicht nur alltagsweltliche Identität, sondern auch Bildung angestrebt und betrieben wird. Dies geschieht meist ganz bewußt in Abgrenzung zur organisierten Weiterbildung, zur Weiterbildung in Institutionen. In den vergangenen Jahren hat die Arbeit dieser Initiativen, Gruppen und Gesprächskreise mit ihren unstrittigen Erfolgen die herkömmlichen Bildungseinrichtungen, vor allem aber die Volkshochschulen, in eine Legitimationskrise und Konkurrenzsituation gebracht. Es konnte nicht einfach mit einer nur formalen Dezentralisierung ein Lernen vor Ort realisiert werden. Notwendig war ein Umdenken im Hinblick auf den Lernbegriff (Lernen orientiert an sozialen Problemen und nicht an Fachdisziplinen und Gegenständen); notwendig war die ständige Rückkopplung mit den Bedürfnissen und Problemen der Teilnehmer und Teilnehmerinnen an Bildung. Besonders hinderlich für die institutionellen Träger erwies sich „die Inflexibilität eines Bildungsapparates, der sich sehr viel mehr als eine informelle Gruppe an gesetzliche Vorgaben, an Vorschriften der Haushaltsführung, an vielen organisatorischen Begrenzungen orientieren muß" (Baacke & Brücher, 1986, S. 313f.).

Für viele Bildungspolitiker und Praktiker stellt die Bildungsarbeit in sozial-kulturellen Handlungsfeldern das tradierte Bildungsverständnis in Frage: „Inwieweit findet in den freien Initiativen überhaupt Lernen statt? (…) Wirkt die kurzgeschlossene Handlungsorientierung einer Initiative nicht als Blockade für das Lernen? Tritt eine Bildungswirkung ein, wenn die Betroffenen in der Gruppe unter sich bleiben und die bei den Teilnehmern vorherrschenden Denkgewohnheiten wechselseitig gestärkt anstatt in der Auseinandersetzung mit Sachverhalten, mit anderen Erklärungsmustern der Realität überprüft werden?" (Rohlmann, 1986, S. 303). In der Tat entwickelte sich hier ein Verständnis von Lernen, das neu war, „das seine Antriebskräfte aus einer vom sozialen Umfeld ausgelösten Betroffenheit speiste. Bei diesem Lernen durch soziales Tun wurde dem einzelnen gar nicht immer bewußt, daß er überhaupt lernte. Das organisierte Tun verband sich so selbstverständlich mit dem Alltag, daß es sich nicht als ein besonderer Vorgang abhob. Bildungsarbeit im Stadtteil, verstanden als Verbindung von Lernen und Handeln, hat also spezifische Eigenschaften, die damals neu entdeckt wurden (…) Dieses Lernen war sozial orientiert, ganzheitlich und angelegt auf unmittelbare Anwendung" (Baacke & Brücher, 1986, S. 315).

Lernen und Lernprozesse, Bildung und Bildungsprozesse finden hier in Handlungszusammenhängen statt, in denen auch Gefühle bestehen, in denen Solidarität und Betroffenheit herrscht. Sie sind „also nicht in pädagogische Curricula gepresst, in systematisch zu bearbeitende Lernschritte zergliedert oder mit methodischen Raffinessen organisiert (…) Dabei kann auf den belehrenden Experten ebenso verzichtet werden wie auf Vorgaben nach dem richtigen Lernweg, denn es sind gerade die Umwege, Abwege, Seiten- und Irrwege, die ein anderes Lernen erst möglich machen" (Heger, 1986,

S. 306). Merkmale wie Entprofessionalisierung, Lebensnähe, Praxisnähe und Natürlichkeit bestimmen dieses Lernen in sozial-kulturellen Handlungsfeldern, dieses Lernen an Lernorten des Alltagslebens.

Aus den vielfältigen Ansätzen, die das Landesinstitut für Schule und Weiterbildung vor zwei Jahren dokumentiert hat, sind die wichtigsten:
- Zukunftswerkstätten, die thematisch hauptsächlich durch persönliche, lokale oder regionale Probleme bestimmt sind; sie wollen passive, gleichgültige Betroffene zu aktiven, anteilnehmenden Planern und Gestaltern machen, indem ihnen Möglichkeiten und Selbstvertrauen zu Kreativität und selbständigem Denken gegeben werden;
- Kulturläden: Sie richten ihr Angebot weder spartenorientiert noch alltags- und gruppenfixiert an alle Stadtteilbewohner; sie laden ein zu Gespräch, Unterhaltung, kreativem Lernen und Geselligkeit. Sie knüpfen Verbindungen zu Vereinen, Initiativen und anderen sozial-kulturellen Einrichtungen vor Ort, denen sie kulturelle Dienste und eventuell Räume für Veranstaltungen und Gruppentreffen anbieten;
- Freizeithaus (in Hamburg); es will die Ideen des Lernorts Studio und der freizeitkulturellen Breitenarbeit verknüpfen. Aufbauend auf der Annahme, daß die Menschen für Bildung und Kultur am ehesten über den Erlebniswert ihrer Freizeit zu motivieren sind, will dieses kulturelle Weiterbildungsangebot anstelle von passiver Konsumhaltung aktiven Lebensstil setzen, und zwar durch Selbermachen und Aktivität, Sozialkontakte und Gemeinsamkeit, Spontaneität und Kreativität, Sich-Entspannen und Wohlfühlen, Spaß und Lebensgenuß (so aus der Konzeptbeschreibung);
- das WERK in Stuttgart; es verbindet die Begriffe Gewerkschaft, Werkstatt und Kunstwerk und versucht, über künstlerische und kulturelle Aktivitäten zu einer Erneuerung der lebensweltlichen Arbeiterkultur beizutragen. Es mischt sich über eine Stadtteilzeitung in das lokale Geschehen ein und bietet in einzelnen Arbeitsgruppen allen Bewohnern des Stadtteils die Möglichkeit, ihre künstlerischen und kulturellen Interessen (Malen, Musizieren, Modellieren, Photographieren, Tanzen etc.) zu realisieren und auf Probleme der gemeinsamen Alltagswelt zu beziehen. So hat beispielsweise eine Arbeitsgruppe im WERK ein alternatives Brunnenprojekt gestaltet;
- die Landesarbeitsgemeinschaft für eine andere Weiterbildung (LAAW) in Nordrhein-Westfalen: Sie verfolgt das Ziel, die Trennung zwischen politisch-sozialem Handeln und politisch-sozialer Bildungsarbeit ansatzweise aufzuheben und in Zusammenarbeit mit sozialen Bewegungen (Frauenbewegung, Ökologiebewegung, Arbeiterbewegung, Friedensbewegung, Selbsthilfegruppen) Konzepte des Überlebens und Besserlebens zu erarbeiten. Die Weiterbildung soll für neue Zielgruppen geöffnet werden, die am Ort ihrer Probleme aufgesucht werden und zu deren Orientierung und Selbstverständigung beigetragen werden soll. Die Bildungsarbeit will den ganzen Menschen zum Gegenstand machen, all seine Fähigkeiten freilegen und berücksichtigen. Dabei soll eine selbstbestimmte Bildungsarbeit ohne Zensur durch

politische Instanzen oder gesellschaftliche Großorganisationen geschaffen und gewährleistet werden.

Die vielen genannten Ansätze zur Konsolidierung und Konstituierung von Lernorten im Alltagsleben der Menschen erwecken insofern einen falschen Eindruck, als es sich hier nach wie vor um ein quantitativ kleines und qualitativ noch nicht weit entwickeltes Spektrum handelt. Insbesondere die Gewerkschaften selbst tun sich außerordentlich schwer, arbeitnehmerorientierte Weiterbildung in sozial-kulturellen Handlungsfeldern als selbstverständlich zu sehen und zu initiieren. Über Emanzipationsinteressen und Organisationsphantasie schreibt Oskar Negt (1989) am Beispiel der DGB-Ortskartelle dazu folgendes: „Es ist daher notwendig, daß die Gewerkschaften aus eigenem Interesse den Arbeitern und überhaupt der arbeitenden Bevölkerung dorthin folgen, wo sie einen wachsenden Teil ihrer Lebenszeit verbringen und wo die Orte ihres Aufenthaltes sind. Hier wird ja, um den Hauptgesichtspunkt noch einmal hervorzuheben, nicht nur reproduziert, was anderswo produziert wird, sondern hier wird sehr viel produziert, was für die Lebensverhältnisse der Menschen fundamental ist. Hier findet Produktion des Bewußtseins, des Verhaltens, der Arbeitsqualifikation, der sinnvollen Freizeitgestaltung und schließlich auch die Produktion gesellschaftlicher Fähigkeiten statt. In einem Wort: Es ist die Produktion von Leben und Lebensfähigkeit unter veränderten Bedingungen in einer hochtechnisierten Gesellschaft". Und weiter: „Zweifellos darf das nicht zu einer Überforderung der Organisation führen, aber es ist anzunehmen, daß die erst in ihren Anfängen steckende Strukturkrise dieser Arbeitsgesellschaft eine ganze Reihe von Umorientierungen erforderlich macht, die von seiten der Gewerkschaften nur durch eine Erweiterung und Neubegründung sozial-kultureller Handlungsfelder angemessen verarbeitet werden können. Eine solche politische Strategie setzt allerdings eine differenzierte Entwicklung der Gewerkschaftsöffentlichkeit und der Kommunikationsformen politischer Kultur voraus, ohne die sich Widerstandspotentiale weder mobilisieren noch auf Dauer stabilisieren lassen" (Negt, 1989, S. 43f.).

Gewerkschaftlich orientierte Bildungspolitik heißt in diesem Zusammenhang also, sich stärker einzumischen in die Gestaltung der sozial-kulturellen Handlungsfelder der Beschäftigten und dabei auch weiterzuarbeiten an der Entwicklung eines Bildungsbegriffs, in dem die Interessen der Beschäftigten aufgehoben sind. Gewerkschaftliche Bildungspolitik, die an den Toren des Betriebes endet, vernachlässigt in unzulässiger Weise den Zusammenhang zwischen betrieblichem Geschehen und alltagsweltlicher Kulturproduktion. Am Beispiel der längerfristig Arbeitslosen läßt sich leicht zeigen, welche Konsequenzen ein solch verkürztes Verständnis arbeitnehmerorientierter Bildung für die Beschäftigten hat. Gewerkschaftliche Bildungspolitik in den 1990er Jahren muß verstärkt am Aufbau sozial-kultureller Handlungsfelder und mit ihnen verbundener alltagsweltlicher Lernorte arbeiten, um den Zusammenhang von privatem Leben und beruflicher Arbeit im Betrieb als einen auch kulturellen Zusammenhang wiederherzustellen.

## Literatur

Alheit, P. (1988). Soziokultur zwischen Institutionalisierung und Innovation. In P. Alheit, Soziokultur. Bonn

Baacke, D. & Brücher, T. (1986). Lernen durch soziales Tun – Bildungsarbeit im Stadtteil Mitte der 80er Jahre. Hessische Blätter für Volksbildung, 4

Heger, R.-J. (1986). Zwischen Vision, Traum und Realität: Das Lernen in freien Initiativen. HBV, 4

Kejcz, Y. & Nuissl, E. (1987). Lernen in Bildungsstätten. Ms. Heidelberg

Negt, O. et al. (1989). Emanzipationsinteressen und Organisationsphantasie. Eine ungenutzte Wirklichkeit der Gewerkschaften? Köln

Rogge, K. (1988). Kultur- und Bildungsarbeit vor Ort. In Landesinstitut für Schule und Weiterbildung (Hrsg.), Kultur vor Ort. Soest

# Person und Sache (1992)

„Die Menschen machen ihre Geschichte nicht aus freien Stücken, aber sie machen sie selbst" – so ist eine bildhafte „Einladung zur Geschichte des Volkes in Nordrhein-Westfalen" vor einigen Jahren betitelt gewesen. Ein Satz, der anschaulich das Spannungsverhältnis zwischen äußeren Zwängen einerseits und individuellen und kollektiven Handlungen andererseits charakterisiert. Wie auch immer man Eigengesetzlichkeiten der natürlichen Umwelt und gesellschaftlicher Gestaltungsprinzipien (wie etwa der kapitalistischen Marktordnung) bewerten will – es sind immer die Personen, die in ihnen handeln und sie mit Leben füllen. Einzeln oder gemeinsam: Es sind die Menschen, welche die Dinge gestalten, interpretieren, bewegen und erleiden.

Der Sammelband „Person und Sache" ist zugleich eine Festschrift. Er ist die Festschrift zum 70. Geburtstag von Hans Tietgens, der seit mehr als 30 Jahren die deutsche Erwachsenenbildung gestaltet, beeinflußt und interpretiert hat. Dieser Sammelband wurde „komponiert" (um einen Begriff von Hans Tietgens zu gebrauchen) unter der Leitidee, daß die Person und ihre sachliche Position im Verlaufe dieser Zeit im sachlichen Diskurs wie auch im Umgang und in der Begegnung mit anderen Personen Wirkung entwickelt hat, gestaltet hat.

Festschriften, vor allem im wissenschaftlichen Bereich, konzentrieren sich oft ausschließlich auf das Sachliche. Das inhaltliche Spektrum der Beiträge umreißt dann das Arbeitsfeld des oder der Geehrten. Die persönlichen Antriebskräfte, Berührungspunkte und Bewegungen sind dabei nur zu erahnen. Gelegentlich sind Festschriften auch auf die Personen konzentriert, würdigen diese und entfalten mehr oder weniger eine Art „Personenkult"; die sachlichen Zusammenhänge, in denen die gewürdigte Person ihr Werk entfaltet hat, verblassen dabei in der Regel.

Personenkult und reine Sachlichkeit sind die beiden Extreme; Hans Tietgens aber war und ist ein Mann des Ausgleichs, ein Mann, der zwischen Extremen vermittelt. Ein Mann, der seine Sache persönlich vertritt und seine Person mit der Sache identifiziert. Ein Mann, der sich dem persönlichen Zugriff entzieht und zugleich persönlichen Zugriff ausübt. In kaum einem der Beiträge dieses Sammelbandes wird nicht auf die Schwierigkeit hingewiesen, sich der Person von Hans Tietgens zu nähern, obwohl in vielfältiger Form von persönlichen Kontakten die Rede ist. Gerade bei Hans Tietgens ist der Grat, auf dem die Vermittlung zwischen Person und Sache erfolgt, sehr, sehr schmal. Und gerade dies macht das Ziel, Person und Sache aus der Sicht unterschiedlicher Beitragenden zusammenzubekommen, so schwierig wie auch reizvoll.

Persönliche Eitelkeiten gibt es nur zu viele; deshalb ist es oft angebracht, sich der Sache zu widmen, sachlich zu sein. Aber ein Sich-Verstecken hinter der Sache ist ebenfalls häufig genug, deshalb ist es nur zu angebracht, die Person hinter der Sache zu orten. Die Dialektik zwischen Person und Sache ist für mich das eigentlich Interessante im historischen Bewegungsprozeß. Diese Dialektik ist ebenso interessant wie diejenige zwischen Inhalt und Methode im Lernprozeß; und sie ist, genau genommen, auch Voraussetzung für ein zielgerichtetes Verständnis von Wirklichkeit.

Bei den meisten Sammelbänden stehen interessante Aspekte, oft die interessantesten Aspekte überhaupt, gar nicht im schließlich erscheinenden Buch. Es handelt sich dabei in der Regel um das, was in den Vorgesprächen mit den Autorinnen und Autoren geklärt wird, was an Abstimmung zwischen den Beiträgen erforderlich ist, was sich an Kontroversen und offenen Fragen ergibt. Vorgespräche für Sammelbände ergäben, wenn sie denn dokumentiert wären, oft einen wesentlich realeren Zugriff auf die jeweils laufende Diskussion, als dieser sich aus den schließlich veröffentlichten Beiträgen ergibt. In dem hier vorliegenden Sammelband „Person und Sache" ist weit mehr als üblich von solchen Vorgesprächen, Vorklärungen und Überlegungen in den schließlich wiedergegebenen Texten enthalten. Die notwendige Konsequenz, aus dem Sprechen über den Zusammenhang einer Person zu einer Sache auch selbst Persönliches beitragen zu müssen, wurde in den Beiträgen in unterschiedlicher Weise durchweg eingelöst.

Die Konzentration auf bestimmte sachliche Aspekte, das Abwägen von inhaltlichen Positionen des Hans Tietgens mit Blick auf eigene Vorstellungen, die Bezüge zu historischen und persönlichen Begegnungen und Konfrontationen ergeben nicht nur ein Bild des Jubilars, sondern auch einen Eindruck derjenigen, die sich der schwierigen Aufgabe gestellt haben, Aussagen über den komplexen Zusammenhang zwischen einer Person wie Hans Tietgens und der von ihm vertretenen Sache zu machen. Nachfolger im Amt haben oft Abgrenzungsprobleme gegenüber dem Vorgänger, Vorgänger oft Sorge, daß ihr Werk vom Nachfolger nicht wertgeschätzt oder gar zerstört wird. Beides habe ich zwischen Hans Tietgens und mir nicht wahrnehmen können.

Letztlich ist meine Rolle als Nachfolger von Hans Tietgens Grund genug, diese Festschrift herauszugeben; mit dem Einrücken in das Tietgens'sche Amt der Institutsleitung habe ich in den letzten Monaten sehr intensiv viele Aspekte der Person und der sachlichen Arbeit von Hans Tietgens wahrnehmen können, die mir (und sicherlich vielen anderen) verborgen geblieben waren. Hans Tietgens begegnet mir in der Pädagogischen Arbeitsstelle nach wie vor in vielen Dingen, bei den Menschen, bei der Wahrnehmung des Instituts, in der Ausrichtung der Arbeit und in den Anforderungen an mich als Person. Ja, Persönlichkeit und sachliche Position von Hans Tietgens kenne ich auch aus meiner Tätigkeit in den letzten Monaten im Institut sehr gut, besser vielleicht, als wenn er selbst mir darüber berichten würde.

## Leben und Lernen als Wagnis (1993)

Menschen lernen in Umbruchsituationen. Lernen muß Spaß machen. Menschen lernen nur bei Leidensdruck. Lernen muß weh tun. Dies sind einige Annahmen darüber, wann Menschen lernen, warum sie lernen und unter welchen Umständen sie dies tun. In der Regel werden diese Positionen immer mit dem Pathos vorgetragen, der jeweils die anderen Positionen ausschließt. Das macht die Diskussion nicht leichter.

Ebenfalls nicht leichter wird die Diskussion dadurch, daß Leben und Lernen in der Geschichte der Menschen aufs engste miteinander verbunden sind. Das, was wir Menschen heute sind, sind wir durch das Lernen. Das Lernen hat uns von einem Teil der Natur zu deren Beherrschern gemacht, und das Lernen ist in der sozialen Binnenstruktur der Menschen immer schon verbunden gewesen mit Einfluß, Macht, Gewalt und Weisheit. All dies gilt auch heute noch, zu Zeiten, in denen Lernen zu hohen Anteilen institutionalisiert, professionalisiert und kanalisiert ist.

Was wir positiv wissen ist, daß Lernen in der Weiterbildung mehr oder weniger freiwillig erfolgt, dass der- oder diejenige, der oder die lernt, die Zukunft im Blick hat und daß Lernen mit Veränderung verbunden ist. Lernen ist Bewegung, Leben auch. So gesehen gehören Leben und Lernen eng zusammen.

Wieso aber „Wagnis"? Beim Leben mag das noch angehen; das sicherste am Leben ist der Tod, unsicher schon sein Zeitpunkt. Alles andere ist Wagnis. Wer von uns hätte schon vor 20 Jahren gedacht, heute so zu sein wie er ist?

Aber wieso sollte Lernen ein Wagnis sein? Was wage ich denn, wenn ich lerne? Und wo liegen die Handlungsspielräume, die das Wagnis verstärken oder mildern?

(…) Lernen ist Verlernen. Besser sollte es heißen: Lernen ist auch Verlernen. Damit meine ich nicht die (auch vertretene) Auffassung von der Lernkapazität in Form einer schwarzen Tafel, bei der man auswischen muß, bevor man neu schreiben kann. Es geht mir hier eher um Identität, also die Folge des Lernens für die Person. Meistens handelt es sich dabei um Lernprozesse, die eng an der Person liegen, individuelle Ziele, Einstellungen und Verhaltensweisen betreffen. Und es gibt, wie wir wissen, Lernprozesse, die scheinbar nicht so eng an der Person liegen, vor allem im berufsqualifizierenden Bereich. Allerdings: Umschulungsprozesse und betriebliche Anlernprozesse machen deutlich, daß auch hier die individuelle Identität intensiv betroffen ist.

Eine Hamburger Kursleiterin von Alphabetisierungskursen erzählte mir folgende Geschichte: Ein Mann, etwa 35 Jahre alt, hatte in der Beratung unter Tränen von der Wichtigkeit des Lernens gesprochen und war schließlich in der ersten Sitzung mit höchstem Eifer dabei. Die nächsten beiden Male fehlte er. Die Kursleiterin, am Lernprozeß ihres Teilnehmers interessiert, erkundigte sich nach seinem Verbleib und erfuhr, daß er im Anschluß an die erste Sitzung unter das Auto gekommen und gestorben war. Sie sah noch einmal in sein Arbeitsheft hinein, das bei ihr geblieben war, und las dort den Satz, an dem er zwei Stunden gearbeitet hatte: Lernen ist das Schönste, was es gibt.

Dieses Beispiel ist sicher übermäßig dramatisch und tragisch zugleich. Aber es kann vielleicht deutlich machen, wie tiefgreifend Identitätsänderung auch Identitätszerstörung ist. Das Lernen von Schreiben, Lesen und Rechnen bei einem Analphabeten bedeutet ja beispielsweise nicht nur, daß er diese Kompetenzen besitzt, sondern bedeutet mit Sicherheit eine Veränderung seiner familiären, seiner sozialen und seiner persönlichen Situation. Er wird beginnen, selbständig zu lesen, selbst Formulare auszufüllen, ist weniger auf fremde Hilfe angewiesen, muß sich nicht mehr verstecken, erschließt sich völlig neue gesellschaftliche Aktionsfelder. Verändert sich seine Ehe? Ist er mit seinem Arbeitsplatz noch zufrieden? Entwickelt er gänzlich neue Interessen? Wird er seine Möglichkeiten überschätzen, Enttäuschungserlebnisse haben?

Der Zuwachs an Kompetenzen ist, wie dieses Beispiel zeigt, immer zugleich eine Veränderung der individuellen Identität, eine Veränderung der sozialen Rolle und möglicherweise eine Veränderung des Lebens. Lernen enthält hier nicht nur das Wagnis, möglicherweise zu scheitern – erneut zu scheitern, muß man hier wohl sagen –, Lernen enthält hier in einem sehr weitreichenden Sinne das Wagnis, in ein neues, noch unbekanntes Leben vorzudringen.

Dies gilt, wie wir heute deutlich sehen, nicht nur individuell, sondern auch gesellschaftlich: Verfolgt man die Diskussion um multikulturelle Bildung im zusammenwachsenden Europa, läßt sich leicht feststellen, daß auch kulturelle Identitäten sich verändern und verändern werden. Ein hoher Anteil multilingualer Deutscher wird sicher nicht nur die Relevanz der deutschen Sprache differenzierter wahrnehmen, sondern auch eine andere kulturelle und soziale Verhaltensweise an den Tag legen. Und sie wird die tradierte kulturelle Identität der Menschen verändern.

Leider sehen wir heute jeden Tag, welches Wagnis im individuellen und gesellschaftlichen Lernen kultureller Identitäten liegt. Fremdenhaß ist ja nicht nur ein Ausdruck fundamentaler Angst und Hilflosigkeit, sondern auch ein Ausdruck mangelnder Akzeptanz der eigenen Identität. Es ist immer das Fremde in uns selbst, das wir hassen. Nur so läßt sich doch erklären, daß gesamtgesellschaftlich die Ablehnung des Fremden offenbar zunimmt, obwohl die Kenntnisse über fremde Menschen und Kulturen medial und über die ungeheure Reisefreudigkeit immer stärker wachsen.

*Lernen ist Mehr-Lernen*
Wir wissen, daß in praktisch allen Lernprozessen mehr gelernt wird als das, was auf dem Lehrplan steht. Einiges davon wurde in dem berühmten „verborgenen Lehrplan" schon angesprochen, vieles aber harrt noch der Darstellung und Analyse. Viele Kolleginnen und Kollegen aus dem Bereich der allgemeinen und politischen Bildung waren überrascht, als seit Beginn der 80er Jahre die berufliche Bildung begann, die traditionell abgesteckten Claims zu verlassen und – insbesondere unter dem Stichwort „Schlüsselqualifikation" – in allgemeine und politische Bildungsbereiche hinein zu agieren. Es war auch die berufliche Bildung, die seit Mitte der 80er Jahre immer energischer auf eine Integration der Bildungsbereiche hin argumentierte. Der Fehler war aber schon viel früher: Die Abgrenzung allgemeiner und politischer Bildung gegenüber beruflicher Bildung war bezogen auf die Lernenden immer schon unpädagogisch, auch in der klassischen beruflichen Bildung wurden immer schon politische Lernprozesse organisiert: Interessen- und Problemartikulation bezogen auf individuelle Handlungsabläufe, Kooperation und Kommunikation bei gemeinsamen Tätigkeiten, Verständnis privater Arbeit und öffentlicher Demokratie und vieles andere mehr. Der überschießende Gehalt von Lernprozessen hat immer schon einen enormen Anteil an dem ausgemacht, was Menschen beim Lernen lernen.

Ein Kursleiter aus dem Fremdsprachenbereich erzählte mir, daß seine Teilnehmerinnen und Teilnehmer (er unterrichtete Wirtschaftsenglisch) mit einem ganz neuen Selbstbewußtsein zu einem Nachfolgekurs gekommen seien. Sie hätten bei Auslandsaufenthalten und Arbeitskontakten festgestellt, daß das fachsprachlich Notwendige maximal 20 Prozent der Arbeitskontakte ausmache und daß die gelernten allgemeinen und kulturell bedingten Umgangsformen (z.B. Höflichkeit, angemessene Geschwindigkeit des Vorgehens etc.) wesentlich bedeutsamer seien. Fachsprachliches Lernen war also kulturelles Lernen und allgemeinsprachliches Lernen in einem sehr viel höheren Maße als dies früher angenommen wurde. Diese Menschen hatten ein verwertungsbezogenes fachsprachliches Lerninteresse, sie haben jedoch hauptsächlich kulturelle, allgemeine und persönliche Dinge gelernt. Und in der Tat sind diese mindestens ebenso wichtig wie die fachlichen Lernergebnisse. So wird ein fremdsprachiger Geschäftskollege bei einer ersten Begegnung sicher weniger anecken, wenn er statt des Genitivs den Dativ anwen-

## „Qualität" – pädagogische Kategorie oder Etikett? (1993)

In den vergangenen Jahren wird der Begriff der pädagogischen Qualität in den Einrichtungen öffentlich verantworteter Weiterbildung, insbesondere in den Volkshochschulen, immer häufiger genannt. Das Wort „Qualität" hat sich im Sprachgebrauch ähnlich entwickelt wie das Wort „Kritik": von einer ursprünglich neutralen Kategorie hin zu einem bewertenden Etikett. Kritik wird allgemein synonym mit „negativer Kritik" gebraucht, Qualität synonym mit „guter Qualität". Wer heute von pädagogischer Qualität spricht, meint also: pädagogisch gut.

Bewertende Aussagen dieser Art dienen in der Regel der Abgrenzung, letztlich gewinnen sie ihren Sinn *nur* in der Abgrenzung. Mit dem Gebrauch des Begriffs der pädagogischen Qualität ist auch immer die Gegenseite mit gemeint; wenn sich öffentlich verantwortete Weiterbildung gegenüber kommerziell oder privat organisierter Weiterbildung über die Argumentationsfigur bei der pädagogischen Qualität abgrenzt, dann behauptet sie zugleich immer eine schlechte Qualität der kommerziellen und privaten Angebote und Anbieter.

Der zunehmende Hinweis auf „pädagogische Qualität" läßt vermuten, daß es *notwendig* ist, sich abzugrenzen und andere abzuwerten. Diese Beobachtung korrespondiert mit der Tatsache, daß mittlerweile der weitaus größere Teil der Weiterbildung – Schätzungen gehen von zwei Dritteln aus – nicht mehr öffentlich verantwortet (wenn auch teilweise öffentlich finanziert!) ist und darin ein rapider materieller und ideeller Bedeutungsverlust der öffentlich verantworteten Weiterbildung liegt bzw. liegen könnte. Der rapide Bedeutungszuwachs von Weiterbildung insgesamt hat den Stellenwert öffentlich getragener Weiterbildung in den vergangenen Jahren relativiert.

„Pädagogische Qualität" kann vielerlei Aspekte betreffen: etwa in Bezug auf Stoffreduktion und -rekonstruktion, auf didaktische Organisation des Lehrlernprozesses, auf Zugang, Verwertbarkeit, Transparenz, letztlich auf alle Aspekte der didaktischen Mikro-, Meso- und Makrobereiche. In der öffentlichen Diskussion wird vor allem der Makro-Bereich thematisiert, die organisatorische und institutionelle Ebene. Gerade auch dies macht deutlich, daß die Auseinandersetzung um pädagogische Qualität" vielerorts ein Ringen um institutionelle Profile, um Anerkennung und – auch – Marktanteile ist, weniger um einen Fortgang erwachsenenpädagogischer Didaktik.

In diesem Zusammenhang gewinnt „pädagogische Qualität" den Charakter von Beschwörung und ideologischer Auseinandersetzung. Dies wird umso deutlicher, je mehr sie als Argument gebraucht und je seltener sie konkretisiert wird. Zum ideologischen Topos wird die Kategorie der pädagogischen Qualität in dem Maße, in dem sie die Realität nicht oder nicht mehr trifft. Mit dem Argument der besseren eigenen Qualität grenzen sich Vertreter und Vertreterinnen öffentlich verantworteter Weiterbildung bemerkenswerterweise nicht per se gegen private Weiterbildung ab, sondern gegen eine solche mit kapitalistischen Zielen, vor allem dem, Gewinne zu erwirtschaften.

Dem Argument der Qualität liegen verschiedene Motive zugrunde: Manchmal ist es ein *Widerwillen* gegen das Gewinnprinzip, das zwar gesellschaftlich gültig ist, aber als bildungsfeindlich und inhuman eingeschätzt wird. Manchmal auch ein *Unbehagen* gegenüber der Fremdheit solcher Kategorien wie Markt, Kosten und Ertrag, das in pädagogischen Kreisen öffentlich Erwachsenenbildung weit verbreitet ist. Gelegentlich liegt darin auch *Überheblichkeit*, sowohl gegenüber den Institutionen und Pädagog/inn/en, die „schlechtere" Bildung anbieten, als auch gegenüber den Teilnehmenden, die bei ihrer Wahl eines Angebots scheinbar so wenig auf die pädagogische Qualität achten. Und schließlich liegt darin auch eine bequeme *Schwarzseherei*, die es überflüssig macht, sich mit den Angeboten anderer Einrichtungen und vor allen Dingen auch der eigenen Wirklichkeit auseinanderzusetzen und zu einer kritischen Profilbildung zu kommen.

Aber es ist zu fragen, mit welcher Intention der Begriff der pädagogischen Qualität gebraucht wird und welche Ursachen sich dahinter verbergen. Es ist sinnvoll das zu tun, bevor sich als Qualitätskriterien nur noch solche von Waren behaupten, die ja z.B. im Sprachen-Bereich längst angewandt werden. Qualität ist immer aus der Sicht der Teilnehmenden zu definieren; denn nur so kann Qualität auch angemessen bewertet werden.

In Sachen Qualität werden vor allem folgende Aspekte genannt:

o  Die *Kontinuität des Angebots:*
Hier kommt zum Ausdruck, daß einzelne Maßnahmen über längere Zeiträume angeboten, nur behutsam verändert und neuen Erkenntnissen angepaßt werden. Gemeint ist auch, daß aufeinander systematisch bezogene Angebote wie etwa im Bereich zertifikatsorientierter Kurssysteme (Fremdsprachen) über einen ausreichend langen Zeitraum bestehen, um Teilnehmenden das „Durchlaufen" dieser Systeme zu ermöglichen. Für die Lernenden bedeutet dies eine *Angebotssicherheit*.

o  Die *Professionalität* der Lehrenden und der Lehre:
Die „Professionalität" der Lehrenden (und anderer am Erstellen von Bildungsangeboten Beteiligter) ist nur ein Aspekt von oder ein Faktor für Qualität (und nicht, wie vielfach suggeriert, mit ihr identisch). Hierzu zählen die Qualifikation und die Kompetenz der Lehrenden in fachlicher sowie pädagogischer Hinsicht, aber auch die (idealtypisch) in jeder Maßnahme wieder zu entdeckende verdichtete Erfahrung der Weiterbildungsinstitution, die sich im Lehr-Lern-Prozeß, in der Kursorganisation, in den äußeren Rahmenbedingungen und im methodischen Instrumentarium widerspiegelt. Dazugehört auch eine Qualifikation des Lehrpersonals, die über grundständige Ausbildung, jeweils einschlägige berufliche Tätigkeit und gezielte Fortbildung erreicht wird. Für die Teilneh-

menden bedeutet dies eine fachlich und pädagogisch „auf dem neuesten Stand befindliche" Lehr-Lern-Situation.

○   *Alltagsbezug und Teilnehmerorientierung:*
Der Alltagsbezug ist ein Qualitätsmerkmal nicht aller öffentlich verantworteter Weiterbildung generell, sicherlich aber derjenigen an Volkshochschulen. Die Auslegung des Inhalts auf die Verwendungszusammenhänge der Menschen ist dort eine spezifische Prämisse der Bildungsarbeit (idealtypisch!). Damit verbunden ist auch die Teilnehmerorientierung, die sich in kommunikativ angelegten Lehr-Lern-Prozessen ausdrückt. *Kommunikatives Lernen* als ein Hören auf die Teilnehmenden, ein Eingehen auf ihre Interessen und Bedürfnisse und ein Gespräch der Teilnehmenden untereinander sind auch zugleich Qualitätsmerkmale für die Teilnehmenden selbst. Die „Hörer" sind in diesem Verständnis nicht mehr – wie früher – die Lernenden, sondern die Lehrenden und all diejenigen, die das Bildungsangebot erstellen: Sie „hören" auf die Bedürfnisse der Teilnehmenden.

○   Die breite *Angebotspalette:*
Die breite Angebotspalette gilt in vielen Volkshochschulen, die als kommunale Einrichtungen der Weiterbildung schlechthin agieren, als ein institutionelles Qualitätsmerkmal. Aus der Sicht der Teilnehmenden ist dies der Aspekt der generellen Zuständigkeit der Institution, der früher zum synonymen Gebrauch der Begriffe „Volkshochschule" und „Erwachsenenbildung" geführt hatte.

○   Das *Bildungsangebot „vor Ort":*
Gerade dieses Qualitätsmerkmal ist für Volkshochschulen kennzeichnend; es bezeichnet nicht nur die Zugänglichkeit innerhalb einer Kommune an vielen verschiedenen Stellen, sondern auch ein gewisses Maß an Vergleichbarkeit von Kommune zu Kommune, was auch durch die Zusammenarbeit der Volkshochschulen miteinander und nicht nur durch die Namensidentität unterstützt wird. Aus der Sicht der Teilnehmenden bedeutet dies eine Erleichterung des Zugangs, einen Bezug zum sozialen regionalen Umfeld und eine klare Erwartungssicherheit.

○   Die geringen *Kosten der Teilnahme:*
Öffentlich verantwortete Weiterbildung ist fast durchweg öffentlich gefördert, was bedeutet, daß die „Eintrittspreise" in Maßnahmen öffentlicher Erwachsenenbildung nicht kostendeckend oder gar gewinnorientiert kalkuliert sein müssen, sondern meist „politisch" gesetzte Preise sind. Für die Teilnehmenden bedeutet dies, an Erwachsenenbildung partizipieren zu können, ohne allzu viel Entgelt zahlen zu müssen.

Eine beeindruckende Sammlung idealtypischer Qualitätsmerkmale, die in der Tat in gewisser Weise für öffentlich verantwortete Weiterbildung gültig sind. Es ist wichtig für pädagogisch Tätige, sich diese konkret immer wieder ins Bewußtsein zu rufen. Und sich zu vergegenwärtigen, daß es keine abstrakten Qualitätsmerkmale gibt, sondern immer nur solche, die auf die Ziele bezogen sind – in diesem Fall also die Lerninteressen und -bedürfnisse der Teilnehmenden. Andererseits, um immer konkret Anlaß dazu zu haben, die idealtypisch formulierte Qualität zu überprüfen. Auch diese Reflexion ist Teil pädagogischer Professionalität.

Interessant ist auch ein Blick auf die Tendenzen zur Umbewertung der Merkmale pädagogischer Qualität. Dabei ist noch einmal wichtig, sich vor Augen zu halten, daß Qualitätskriterien immer nur mit Blick auf das Ziel definierbar sind; wenn man in diesem Fall – was für öffentlich verantwortete Weiterbildung naheliegt – die Teilnehmenden nimmt, dann sind mehrere Tendenzen feststellbar, die auch dann gelten, wenn einschränkend zu sagen ist, daß die Teilnehmenden gelegentlich unrealistische Vorstellungen von Möglichkeiten der Pädagogik haben:

Immer häufiger erwarten Teilnehmerinnen und Teilnehmer von ihrer Weiterbildung ein Stück *Verwertbarkeit*. Dies gilt für den berufsbezogenen Bereich (nicht nur in Scheinen, Nachweisen, Papieren, Zertifikaten etc., sondern auch in tatsächlichen Kompetenzen), aber auch für den persönlichen Bereich. Immer mehr Menschen wollen etwas anfangen können mit dem, was sie sich über mühevolle Investition von Zeit und Energie angeeignet haben. Viele Weiterbildungseinrichtungen haben diese Tendenz erkannt und bemühen sich zielgerichtet um verwertbare Abschlüsse und Lernergebnisse.

Der kommunikative, alltagsbezogene und sozialorganisierte Lehr-Lern-Prozeß vor allem an Volkshochschulen entspricht in vielen Fällen nicht mehr den Interessen und Erwartungen der Teilnehmenden; sie wollen effektive, effiziente, dichte Lernsituationen. Diese Tendenz wird unterstützt durch das allgemein gestiegene Bildungsniveau der Bevölkerung, durch das die Fähigkeit zur konkreten Beurteilung pädagogischer Prozesse gestiegen ist.

Der geringere oder niedrigere Preis der Bildungsmaßnahme spielt für die bildungsaktive Mittelschicht immer seltener eine Rolle; dies liegt am verbreiteten Wohlstand von zwei Dritteln der Gesellschaft, aber sicher auch an einer anderen *Bewertung von Preis und Leistung*. Für das benachteiligte Drittel der Gesellschaft bilden die bestehenden Entgelte oft schon eine Hürde, die an der Teilnahme an Bildungsmaßnahmen hindert.

Eine breite Angebotspalette als Qualitätskriterium hat im Bewußtsein der Bevölkerung in den letzten Jahren an Bedeutung verloren, vor allem dann, wenn nicht eine neue Qualität integrativer Maßnahmen entsteht, sondern eher die Parallele zum Warenhaus naheliegt. Tendenzen des allgemeinen Konsumverhaltens – weg vom Warenhaus, hin zum Spezialisten und zur Marke – gelten im Großen und Ganzen, wie auch immer man das bewerten mag, ebenso für das Bildungsverhalten.

Auch das scheinbar sichere Merkmal der *Kontinuität* erfährt derzeit eine schleichende Umbewertung, vor allem, wenn es dem gewachsenen Interesse an einer kurzfristigen, kompakten und intensiven Bildungsmaßnahme widerspricht. Kontinuität ist unter diesem Blickwinkel uninteressant, wichtiger sind kurzfristig verwertbare und abrufbare Einzelmaßnahmen.

Erkennbar ist zudem die Tendenz, auch im Bildungsbereich das *Primat des Inhalts vor der Form* zu relativieren. Was wir bei Konsumgütern als wachsende Bedeutung der Warenästhetik kennen, erscheint in der Bildungsarbeit als Interesse an ästhetisch anspruchsvollen, technisch gut ausgestatteten Räumen, in denen neben einer Tasse Kaffee oder Tee neueste Medien und Materialien verwendet werden können.

Gewiss, Tendenzen sind erst feststellbar, wenn sie sich über einen längeren Zeitraum verfestigen – zuvor sind es eher Eindrücke von Entwicklungen, die sich ihrerseits ändern können. Wichtig jedoch: Veränderungen sind wahrzunehmen und daraufhin zu überprüfen, ob sie neue Qualitäten erfordern.

## Fernsehpreis und Bildung (1994)

Was hat das Fernsehen, was hat ein Fernsehpreis mit Erwachsenenbildung zu tun? Nun, rein formal betrachtet kann man antworten: Der Adolf-Grimme-Preis, um den es hier geht, wurde gestiftet vom Deutschen Volkshochschul-Verband und wird nunmehr bereits zum 30. Mal vergeben. 30 Jahre also, in denen der Deutsche Volkshochschul-Verband Fernsehpreise vergibt. Und Volkshochschulen sind unzweifelhaft *die* Einrichtungen der Erwachsenenbildung – zumindest in Deutschland.

Die *formale* Antwort befriedigt aber nicht ganz. Symptomatisch ist etwa die Tatsache, daß in der Öffentlichkeit nur wenig bekannt ist, dass der Adolf-Grimme-Preis vom Verband der Volkshochschulen gestiftet wurde. Und dies liegt sicher nicht nur daran, daß sich der Stifter aus guten Gründen bei den konkreten Entscheidungen über die Preisvergabe zurückhält.

Erwachsenenbildung und Medien sind zwei gesellschaftliche Handlungsbereiche, die von ihren Werten und Zielen, ihren Arbeitsformen, ihren materiellen Möglichkeiten und ihren Strukturen heute zunächst wenig Ähnlichkeiten haben. Neben diese „phänomenalen" Differenzen treten gesellschaftlich gesetzte Bewertungen, etwa die, daß das Fernsehen ein „prestigeloses Medium" oder die, daß Pädagogenprosa „schulterklopfend" oder „pädagogischer Mief" sei (so Donnepp & Janke, 1994).

Die Situation hat sich insofern gegenüber den 50er, frühen 60er Jahren einigermaßen geändert. Damals hatten Bildung und Rundfunk (noch mit dem Hauptmedium Radio, dem Fernsehen erst in den Anfängen) ein gemeinsames Hauptziel: die Demokratisierung der Gesellschaft. Gewiß, auch Unterhaltung und Information waren bereits

„Funktionen" des Medienbereiches, den – noch verstand sich dieser in gewisser Weise – zumindest auf der ideellen und legitimatorischen Ebene – als technisch verlängerter Arm eines Bildungsauftrags. Bildungs- und Medienbereich waren daher früher über ein gemeinsames Ziel verbunden.

Man mag darüber streiten, ob es heute noch ebenso wie zu Zeiten von Adolf Grimme möglich wäre, daß ein und dieselbe Person unmittelbar hintereinander Intendant der größten deutschen Fernsehanstalt und Kultus- und Bildungsminister eines Bundeslandes sein kann. Man mag darüber streiten, ob tatsächlich das Fernsehen in seiner Anfangszeit in Deutschland die Nähe zum gesellschaftlich geachteten Bildungswesen suchte oder ob sich heute die Volkshochschulen und ihr Verband bei den Anstalten „anbiedern". Man mag darüber streiten, ob es Bildungseinrichtungen heute noch gelänge, einen bei den Medien akzeptierten Preis zu stiften – als ob ein Zwerg kompetent wäre, über die Kräfte eines Riesen zu urteilen. Möglich wäre es immerhin, die „griesgrämige Bildungsvermessenheit", von der ein Professor der Erwachsenenbildung (!) spricht (vgl. Knoll, 1994), mag wohl nach wie vor existieren. Allerdings ist auch den Verantwortlichen im Bildungsbereich nicht verborgen geblieben, daß das, was bei den einzelnen Menschen „Bildung" heißt, mittlerweile in hohem Maß durch die Medien gefüllt wird – die Diskussion um die „Medienbiographien" liefert hier anschauliche Beispiele; die „Bildungslücke" ist voll besetzt (vgl. U. Holbein: Die vollbesetzte Bildungslücke, Hildesheim 1993).

Ganz sicher hat sich der Medienbereich in den vergangenen 30 Jahren rapide verändert, aber auch der Bildungsbereich. Haben sich Bildung und Medien auseinanderentwickelt? Man könnte meinen: ja. Der Professionalisierungsschub in der Erwachsenenbildung und der Professionalisierungsschub im Medienbereich, verbunden mit wissenschaftlichen Paradigmen, Ausbildungsstätten, eigenen sozialen Systemen, hat die Eigenständigkeit der Bereiche bestärkt. Beide Bereiche folgen eigenen Gesetzen. Im Medienbereich, vor allem bei den Fernsehanstalten, führte dies etwa in den letzten Jahren zu einem systematischen Abbau expliziter Anteile von Bildungssendungen, während in vielen Erwachsenenbildungseinrichtungen, auch an Volkshochschulen, die Beschäftigung mit den Medien mehr und mehr zurückging.

Ist der Adolf-Grimme-Preis, der „zweifellos wichtigste deutsche Fernsehpreis" (vgl. den Beitrag von Schloz), der „Oscar der Fernsehintelligenz" (vgl. den Beitrag von Conrad), das letzte Bindeglied zwischen Bildungs- und Medienbereich?

Als ich die Beiträge im Buch von Hachmeister 1994 „am Stück" las, hintereinander weg, war mein Eindruck widersprüchlich. Zum einen schienen mir die immer gleichen Fragen und Probleme bearbeitet worden zu sein, beschlich mich schon ein unbehagliches Gefühl bei der immer wieder betonten Dominanz der Gruppensituation in den Jurys, schien mir das Problem der „intersubjektiven Gültigkeit" nach dem dritten Mal ausreichend benannt zu sein. Andererseits: Die Beiträge benennen jeweils unterschiedliche Blickwinkel, unter denen die einzelnen Elemente der Preisvergabe gesehen werden, und kleine Variationen in iterativen Folgen enthalten, wie man aus der Welt der Comics weiß, einen hohen Aufmerksamkeitswert. Auch tauchen, so kurz das auch jeweils nur angesprochen ist, die Filme, um die es geht, die Medienproduktionen, in einer Weise auf, die eine eigene Beschäftigung in der Erinnerung an eigene Medienerfahrung und darüber hinaus ermöglicht.

Es sind vor allem Medienleute, die hier zu Wort kommen, Medienkritiker, und ich stelle als Erwachsenenbildner fest, daß die Professionalität der Medienkritik so weit entwickelt ist, daß mit wenigen Federstrichen das *Bild* eines Medienprodukts gezeichnet werden kann. Auch skizzieren die Beiträge an der einen oder anderen Stelle eigene „Bildungsbiographien", etwa in dem Bericht über den Juror, der ursprünglich gegen Dieter Wielands Film „Grün kaputt" ist, sich aber in der Schlußabstimmung dafür ausspricht, den Film zu „preisen" – er habe etwas gelernt und wolle künftig die Krüppelkoniferen, eingeflogene exotische Pflanzen nach Katalog, aus seinem Vorgarten entfernen.

Mit etwas Abstand verdichten sich die widersprüchlichen Eindrücke und akzentuieren sich anders. Ergeben nicht doch die Beiträge, die immer wieder den Preis und seine Vergabe umkreisen, ein Netz von Diskussionspunkten, wie sie ähnlich in der Erwachsenenbildung existieren und dort auch nicht anders behandelt werden? Auf einige dieser Punkte möchte ich jedenfalls im Folgenden hinweisen.

Zunächst geht es generell um die Kommerzialisierung des Medienbereichs, die in den meisten der hier versammelten Beiträge vor allem als quantitatives Problem beschrieben wird. Kommerzialisierung insofern, als seit Anfang der 80er Jahre private Fernsehsender und -angebote in immer stärkerem Ausmaß realisiert und akzeptiert worden sind. Am Rande der Berliner Funkausstellung 1993 stellt RTL-Geschäftsführer Thoma fest, daß RTL eigentlich zu früh zum Marktführer geworden sei, damit habe man erst in zwei Jahren gerechnet. In der Tat spielt das öffentlich-rechtliche Fernsehen (ARD und ZDF) im Konzert der Fernsehanstalten in der Bundesrepublik Deutschland heute keine dominierende Rolle mehr. Als quantitatives Problem bezeichnen dies die Juroren vor allem deshalb, weil aus der ständig wachsenden Zahl von Fernsehproduktionen nur ein relativ immer kleinerer Teil in die Auswahl einbezogen werden kann.

Strukturell gesehen hat sich durch die zunehmende Privatisierung des Fernsehens natürlich einiges auch grundsätzlich geändert; im politischen Umfeld (bekommen die öffentlich-rechtlichen oder die privaten Sender mehr Preise? Wo liegen die größeren finanziellen Ressourcen? etc.), im „Arbeitsmarkt" (immer mehr Menschen verdienen ihr Brot im Medienbereich, ganze Regionen setzen auf Medientechnologie als Investition der Zukunft, z.B. Nordrhein-Westfalen, Hamburg, Potsdam), bei den Geldströmen, die fließen. Der betriebswirtschaftliche Aspekt, unter dem mittlerweile auch öffentlich-rechtliche Anstalten ihre Arbeit sehen, ist erzwungen durch die private Konkurrenz, vor allem aber auch durch die Rücknahme gesellschaftspolitischer Zielvorstellungen. Der

Verlust kommunistischer Ideologien (auch im eigenen Land) hat auch zu einem Verlust an Legitimationsbedarf für marktwirtschaftliche Fragen und Probleme geführt. Die mit dem Ziel des erhöhten Profits konkurrierenden anderen Ziele, die gesellschaftlichen Ziele insgesamt sind merkwürdig nebulös und kraftlos geworden. Das Fernsehen kann (und will vielleicht) sich dieser Situation nicht entziehen.

Im Bildungsbereich ist eigentlich eine ähnliche Entwicklung zu verzeichnen. Seit Anfang der 80er Jahre wächst in einem großen Maß die Zahl der privaten Anbieter von Weiterbildung, wird mit Weiterbildung immer mehr Geld verdient, wird für Weiterbildung immer mehr Geld ausgegeben. Im „wilden Bildungsosten" etablierten sich in den letzten Jahren in manchen Städten mehrere 100 private Weiterbildungsanbieter. Naturgemäß veränderte sich dadurch die Rolle der öffentlich verantworteten Weiterbildung, insbesondere der Volkshochschulen, die in ihrem kommunalen Status den öffentlich-rechtlichen Fernsehanstalten ähnlich sind. Auch sie sind auf Profilsuche, decken nur noch Teile des Weiterbildungsangebots ab, stehen vor Legitimationsproblemen. Aus meiner Sicht sind die Parallelen zwischen Medien- und Bildungsbereich hier deutlich, wobei seitens der Erwachsenenbildung der Vorteil besteht, daß die Privatisierungsprozesse im Medienbereich schneller vonstatten gehen, also auch eher die Chance besteht, Vor- und Nachteile zu beobachten und eigene Strategien zu entwickeln. Dies allerdings nur dann, wenn man, was leider nur zu selten geschieht, den Medienbereich intensiver beobachtet.

Eine weitere wichtige Parallele ist die der „Qualität". Die – in den Beiträgen ablesbar – in den letzten Jahren gestiegene Betonung des Qualitätsbegriffs steht sicherlich in engem Zusammenhang mit der wirtschaftlichen Konkurrenz öffentlicher und privater Anbieter. Die öffentlich-rechtlichen Anstalten behaupten in gewisser Weise, sie böten *Qualitätsfernsehen,* ganz im Gegensatz zu den privaten Anbietern, denen es um den reinen Profit gehe. Allerdings: Die Preisvergabe in Marl bestätigt dies nicht. Zwar hat sich der Stellenwert des Adolf-Grimme-Preises im Konkurrenzsystem von öffentlichen und privaten Anbietern verändert, ist hier die Betonung von Qualitätsfernsehen auch Ausdruck der Profilsuche in einem bestehenden Markt. Aber deutlich wird auch, daß es an Kriterien dafür fehlt, was Qualität eigentlich ist, und daß Qualität als abstrakter Begriff ganz sicherlich nicht den Unterschied zwischen öffentlichen und privaten Rundfunkanstalten ausmacht.

Die Kategorie der Qualität ist auch im Weiterbildungsbereich, getragen von Betrieben und öffentlich verantworteten Weiterbildungseinrichtungen, zu einem wichtigen Argument im Kampf um Legitimation und Anteile geworden. Auch hier ist es außerordentlich schwierig, die Qualitätskriterien zu definieren, auch hier ist es schwierig, Qualitätssicherung im Wortsinne zu betreiben. Die in den letzten Jahren verstärkte Diskussion zur *Qualität in der Weiterbildung* (vgl. DIE Zeitschrift für Erwachsenenbildung IV/1993) macht aber eine Annäherung der Problemlage bei Fernsehen und Bildung deutlich. Natürlich bestehen dennoch große Unterschiede. So ist unübersehbar, daß das Fernsehen etwa die Aufgabe des „Agenda-Settings" vollkommen übernommen, Funktionen wie die der „Moderation" besetzt und weiterentwickelt hat. Das Fernsehen zeigt, daß unterschiedliche Methoden der Moderation auch unter Bildungsgesichtspunkten oft wirksamer sind als explizite Meinungsbildung. An vielen Stellen entsteht der Eindruck, daß es notwendig wäre, Qualitätsstandards aus dem Medienbereich in den Bildungsbereich zurückzuübersetzen.

Eine wichtige Parallele ist auch die Entwicklung zur *Professionalität*. In der Tat gibt es nicht nur eine fernseheigene Qualität, sondern auch eine eigenständig entwickelte Professionalität im Umgang mit Fernsehprodukten. Man mag darüber streiten, ob die Arbeit von Fernsehkritikern in der allgemeinen Öffentlichkeit überhaupt in nennenswerter Weise wahrgenommen wird. Ganz sicher aber leistet Fernsehkritik ein Stück Evaluation von Medienproduktion, liefert also auch für die Fernsehschaffenden das Kriteriengerüst, nach dem Professionalität beschrieben und bewertet werden kann. Über die Fernsehkritik haben damit die Fernsehanstalten eine Art dauerhaft institutionalisierter Evaluationsinstanz. Ein Jammer eigentlich, daß es eine solche Evaluation im Bildungsbereich – eine Gruppe von „Bildungskritikern" – nicht gibt, hauptsächlich wohl, weil organisierte Bildungsprozesse so schwer zugänglich sind. So muß sich und so hat sich die Professionalisierungsdiskussion in der Erwachsenenbildung in den vergangenen zehn bis 15 Jahren ohne solche Instanzen entwickeln müssen, aber: Sie *hat* sich entwickelt. Professionalität im pädagogischen Handeln, die Beziehung von Lehrenden, Teilnehmenden und Lerngegenstand, die Entwicklung methodischer Verfahren, die didaktische Reduktion und Rekonstruktion sind Elemente einer solchen pädagogischen Professionalität. Vergleicht man diese mit den Elementen der Professionalität im Medienbereich, lassen sich bemerkenswerte Ähnlichkeiten feststellen. Nun mag eingewandt werden, daß dies zwar richtig sei, die Ziele professionellen Handelns seien jedoch unterschiedlich. Dies mag auf einer globalen Ebene zutreffen, ich bin mir jedoch nicht sicher, ob nicht manches von dem, was medienbezogene Professionalität ist, gleichermaßen für die lehrende Tätigkeit gelten könnte und umgekehrt.

Ein vierter Punkt, den die Beiträge zum Grimme-Preis immer wieder ansprechen und der in ähnlicher Weise in der Bildung eine Rolle spielt, ist die *Dialektik von Inhalt und Form* (oder Methode). In den Beiträgen hier geht es beispielsweise um eine vermutete Bilderfeindlichkeit bei manchen Juroren oder die Notwendigkeit einer historischen Relativierung vor allem bei politischen Sendungen um den mehrfach angesprochenen Themenbonus (Knoll: „Thematische Stereotype") und um die fernseheigene Gestaltungsmöglichkeit. In jeder Jury und nahezu zu jedem zu beurteilenden Produkt wird das Verhältnis von Inhalt und Form neu gewichtet. Es ist in den Beiträgen nicht immer deutlich, welche Auffassung über die Dialektik von Inhalt und Methode vertreten wird – zwei Seiten einer Medaille, Abhängigkeitsverhältnisse, hierarchische Unterordnung. Einige heben Fernsehproduktionen heraus, indem sie auf die Bedeutung des Themas hinweisen, andere betonen das bildhaft Gestaltete. Ein Stück weit drückt sich hier jene Suchbewegung aus, die mit dem Vergabeprozeß eines Grimme-Preises beginnt und mit der Preisverleihung selbst endet – mehr oder wenig befriedigend gelöst. In der Weiterbildung ist dies nicht viel anders. Auch hier stehen Methode und Thema, Form und Inhalt in einem dialektischen Verhältnis. Auch hier sollen Lehrende gleichermaßen über Methoden- und Fachkompetenz verfügen. Und auch hier geht es darum, Inhalt und Form in eine angemessene und passende Relation zu bringen. Allerdings spielen – im didaktischen Dreieck – die Lehrenden und die Teilnehmenden eine deutlich größere Rolle als in der Diskussion gewissermaßen „fertiger" medialer Produkte.

Auch die verschiedentlich in den Beiträgen thematisierte Problematik der *Spartenzuordnung* von Fernsehprodukten kommt Erwachsenenpädagogen merkwürdig bekannt vor. Sparten wie Unterhaltung, Fernsehspiel, Information, kulturelle Sendungen sind im Einzelfall ebenso unscharf wie problematisch. Sie haben eine ähnliche Qualität wie etwa die Bereiche der allgemeinen, beruflichen und politischen Bildung, was ihre Aussagefähigkeit über den jeweiligen Gegenstand angeht. Und in einigen der Beiträge wird angesprochen, was auch in der Erwachsenenbildung gilt: daß die Zuordnung zu Sparten aus der Sicht der Rezipienten/Teilnehmenden unwichtig, vielleicht sogar störend ist, während sie für die Produzierenden/Lehrenden aus organisatorischen, professionellen und materiellen Gründen einige Bedeutung hat. Dies gilt in den Rundfunk- und Fernsehanstalten ebenso wie in Volkshochschulen und betrieblichen Bildungseinrichtungen. Noch mehr: Es gilt auch für den Grimme-Preis, wenn man liest, daß die Zuordnung zu einer bestimmten Sparte die Chancen einzelner Produktionen, einen Preis zu erhalten, verbessert oder verschlechtert.

Und schließlich wird immer wieder auf den *politischen Kontext* verwiesen, den der Grimme-Preis als Institution sowie die einzelne Preisvergabe hat. Überlegungen der Jurys, ob ein bestimmter Sendetyp unterstützt werden solle, ob antizyklisch Entwicklungen in der Medienproduktion befördert oder gebremst werden sollen, ob der Preis richtungweisend ist für ein zukünftiges, anderes, besseres Fernsehen – all dies sind Reflexions- und Entscheidungszusammenhänge, die gleichermaßen bei der Programmplanung von Erwachsenenbildungseinrichtungen gültig sind.

Nun ist dies weniger ein Merkmal der Fernsehprodukte, sondern ein solches des Preises. Inwieweit bei der Erstellung und Ausstrahlung von Fernsehprodukten politischer Kontext berücksichtigt wird – was also gesellschaftspolitisch bezweckt wird mit Fernsehprogrammen oder nicht –, dies läßt sich nur vermuten, wird auch nicht „gepreist". Hier liegt wohl ein deutlicher Unterschied zwischen Medienprodukten und Bildung: Was Ziele von Bildung in einer Gesellschaft sind, dies war und ist für alle und allemal Gegenstand heftigster Auseinandersetzungen. Bei Fernsehprodukten wird allgemein weniger diskutiert mit dem Argument des Ziels, sondern stärker mit dem Argument der Qualität (z.B. Realitätsgehalt, Alltagsbezug, innovative Formensprache).

Eigentlich ist es erstaunlich, wie weitgehend die *Zieldiskussion* aus dem Medienbereich (Ziele der Rundfunkanstalten, Ziele der Sendungen) verschwunden ist, während sie im Bildungsbereich nach wie vor eine gewisse Dominanz besitzt.

Und schließlich enthält auch diejenige Seite des Grimme-Preises, die von nahezu allen Beitragenden betont wird, die der *sozialen Jury-Situation,* einen bemerkenswerten Bezug zur Erwachsenenbildung: die besondere Bedeutung der sozialen Interaktionen bei Verständigungsprozessen, Diskussionen, Entscheidungs- und Lernsituationen. Was hier immer wieder beschrieben und betont wird, die Dynamik der Situation in der Gruppe, kann ich aus eigener Erfahrung bestätigen: Die Situation einer einwöchigen Jurysitzung ist vergleichbar etwa der Situation eines einwöchigen Bildungsurlaubs in Internatsform. Gruppenprozesse intensivster Art laufen ab, auch wenn sich die Aufmerksamkeit hauptsächlich auf etwas Drittes (den Lerngegenstand, das Fernsehgerät) richtet. Und das erlösende Gefühl, eine Entscheidung bei der Preisvergabe gefunden zu haben, auch wenn sie vielleicht nicht der eigenen Auffassung entspricht, ist durchaus vergleichbar mit der bekannten Schlußeuphorie in Bildungsveranstaltungen, in der entspannte Euphorik verklärt, was gemeinsam an Spannung, Kontroversen und Konflikten in den vergangenen Tagen erlebt wurde. Darin liegt auch eine eigene Qualität: Die zunehmende Entwicklung des Fernsehens vom Gruppenfernsehen (in der Familie) zum Individualfernsehen, mit der auch das existierende Bild der friedlichen Konsumgemeinschaft Familie zerstört ist, steht im Gegensatz jenem fast archaischen Gruppenerlebnis des Fernsehens in der Jury. Man beginnt, der schönen Situation nachzutrauern, die bestand, als man noch gemeinsam abends im Familienkreis die Unterhaltungsshow im ZDF oder den amerikanischen Spielfilm in der ARD (oder umgekehrt) betrachten konnte – oder musste, weil nicht in jedem Raum ein Fernsehgerät stand, nicht einmal jede Familie über ein solches verfügte.

## Management von Bildungseinrichtungen (1995)

Dass Erwachsenenbildung in Deutschland spätestens seit den 70er Jahren in Organisationen stattfindet, die mehrere Menschen umfassen und arbeitsförmig organisiert sind, also in richtigen „Erwachsenenbildungs-*Betrieben*", das ist lange übersehen oder verdrängt worden. Organisation und Betrieb wurden und werden von Pädagoginnen und Pädagogen als entfremdete Strukturen, potentielle Gegensätze zu menschlichen Bedürfnissen und Interessen gesehen. Autonomie der Lernenden, Freiheit der Lehre scheinen kaum verträglich zu sein mit Strukturen und Regeln formaler Organisationen, schon gar nicht verträglich mit Konzepten von „Führung" und „Leitung". Entsprechend dürftig sind organisationsbezogene Analysen und Erkenntnisse aus dem Bereich der Erwachsenenbildung; einzig Arbeiten von Klaus Senzky und Ortfried Schäffter haben bis Ende der 80er Jahre etwas Licht in dieses Dunkel gebracht.

Aufgrund der weitgehenden Ignoranz der Erwachsenenbildung gegenüber ihrer betriebsförmigen Verfassung ist es notwendig, sich in anderen wissenschaftlichen Bereichen kundig zu machen. Dabei geraten vor allem Betriebswirtschaft (Managementlehre), Soziologie (Organisationssoziologie) und Psychologie (Organisationspsychologie) in den Blick. Wie nicht anders zu erwarten, konzentrieren sich deren Aufmerksamkeiten vor allem auf Organisationen und Betriebe in der *Wirtschaft,* weniger und nur am Rande auf kulturelle und pädagogische Einrichtungen. Dennoch ist – auch das überrascht gelegentlich – ein Transfer vieler Erkenntnisse auch auf pädagogische Non-Profit-Einrichtungen möglich und sinnvoll. Häufig ist aber auch Vorsicht geboten, da vor allem die bewertenden Axiome teilweise zu überprüfen sind.

Für die Leitung von Erwachsenenbildungseinrichtungen besonders bedeutsam ist zunächst ein Blick in die „Managementforschung". Sie verweist auf die wesentlichsten wissenschaftlichen Ansätze zum Management- und Leitungswissen und auch ihre jeweilige Modifikation entsprechend gesellschaftlicher Situationen.

Heutzutage existieren vor allem „interpretative und radikal-konstruktivistische Ansätze", welche die Leitungs- und Managementdiskussion dominieren. Auch O. Schäffter verweist auf diesen Sachverhalt und betont die größere Nähe dieser Ansätze zu pädagogischen Blickwinkeln.

Die betriebswirtschaftliche Management-Forschung ihrerseits orientiert sich an vielfältigen Bezugswissenschaften, zu denen auch die Pädagogik (Erwachsenenpädagogik und Berufspädagogik) gehört.

Wenn es um Leitung von Organisationen und Betrieben geht, dann ist viel Operationales und viel Handlungswissen gefragt. Vorausgeschickt werden müssen aber drei Aussagen, die weniger mit dem Handlungswissen in Leitung und Management zu tun haben als vielmehr mit den sozialen und gesellschaftlichen Rahmenbedingungen, in denen geleitet und gemanagt wird, auf die jedoch nicht immer wieder neu Bezug genommen werden kann.

Die *erste* Aussage betrifft die Tatsache, daß Leitende und Geleitete *Menschen* sind. Dies gilt zunächst für diejenigen, die diesen Studienbrief lesen und bearbeiten. *Sie* sind Mensch, *Sie* haben bestimmte Interessen und Motive, sich ein Wissen über die Leitung von Bildungseinrichtungen anzueignen. Vielleicht sind Sie selbst in einer leitenden Funktion, vielleicht streben Sie eine solche an. Sie sollten sich Rechenschaft darüber ablegen, warum Sie Leitung von und in Erwachsenenbildungseinrichtungen interessiert.

Die *zweite* Aussage betrifft das Menschenbild, das den handelnden Personen in Einrichtungen als Grundlage dient und in der Regel nicht expliziert wird. Dieses Menschenbild – das in der Regel aus eigenen persönlichen und beruflichen Erfahrungen kommt und auf die eigene Person ebenfalls angewandt wird – entscheidet ganz grundsätzlich über Sichtweise und taktische sowie strategische Verfahren innerhalb des Betriebs und in der Leitungsfunktion.

Die *dritte* Aussage betrifft die Bedeutung, welche die Zugehörigkeit zu Ihrer Einrichtung, die Mitarbeit an der Einrichtung für Sie selbst und für Ihre Kolleginnen und Kollegen hat. Jede und jeder sind Mitglied in mehreren Organisationen, sozialen Systemen, verbindlichen Zusammenhängen. Derjenige, um den es hier geht, ist ein *Arbeitszusammenhang*. Arbeit ist wichtig und gilt nach wie vor als sinnstiftend. Arbeit hat sich aber in den vergangenen Jahrzehnten aufgrund eines grundlegenden gesellschaftlichen Wertewandels auch in ihrer Bedeutung für die Menschen geändert.

Auch wenn es also um Organisationen, organisatorische Strukturen, formale Aufgabendefinitionen und Arbeitsabläufe geht: Im Mittelpunkt dabei steht immer der Mensch! Dies sind zunächst Sie selbst, dann sind es die Mitglieder Ihrer Organisation, dann die Menschen der Umwelt dieser Organisation. Wie auch immer Ziel- und Strukturentscheidungen ausfallen mögen, in Einrichtungen der Erwachsenenbildung sollten sie so sein, daß sie dem Wohle der Menschen dienen und nicht überwiegend fachlichen sachlogischen Vorteilen.

## Die Männerfrage als Bildungsfrage (1995)

Geteilt wird aktuell sicher von vielen die Auffassung von Naomi Wolf: „Das männliche Geschlecht ist in Gefahr, seine Stellung als Mittelpunkt des Universums zu verlieren, und dies kommt einer kopernikanischen Wende gleich. Wir sind an einem Punkt angelangt, an dem Männer, zumal die traditionelle Elite weißer Männer, ihre Autorität eingebüßt haben, die Macht jedoch noch ausüben. In einem ungerechten System kündigt der Verlust der Autorität unweigerlich den Verlust der Macht an" (Psychologie heute, 1/1994, S. 22).

Mit dem Anspruch der Frauen auf Gleichberechtigung hat sich die Konkurrenz für Männer mit einem Schlag verdoppelt, und Männern steht danach – zumindest von den Zielen her – nur noch die Hälfte möglicher Machtpositionen zur Verfügung. Wenn es eine gleichberechtigte Beteiligung von Frauen auf allen Ebenen von gesellschaftlicher Macht und gesellschaftlicher Arbeit gibt, müssen sich Männer ihrerseits in gesellschaftliche Bereiche hineinbegeben, die sie bislang großmütig der Zuständigkeit von Frauen überlassen haben: Beziehungsarbeit, Hausarbeit, soziale Arbeit, Fürsorge, Vorsorge und Nachsorge. Hier haben Männer wenig Erfahrungen, wenig gelernt, können auch oft mit sich selbst nicht viel anfangen. Männer haben, wenn man dies als Zielgruppendefinition nähme, enorm viel zu lernen, um ein gleichberechtigtes Nebeneinander der Geschlechter nicht nur zu akzeptieren, sondern auch leben zu können.

Viele Männer verzweifeln und werden wütend, schreibt Naomi Wolf, „weil sie kein alternatives, positives Bild vom Mann haben. Sie haben auch keine andere ausgeformte männliche Sprache, in der sie sich zu Hause fühlen und mit der sie nach Liebe suchen, kommunizieren und sich selbst als erfolgreiche Angehörige ihres Geschlechts begreifen können" (ebd.). Das ist richtig. Bildungsarbeit, wenn sie nicht von einem Defizitmodell ausgehen soll, sondern positiv definiert wird, bedeutet, am Bestehenden anzuknüpfen und Neues zu entwickeln. Männer müssen, ob sie wollen oder nicht, sich entwickeln, sich selbst finden, Perspektiven definieren, gesellschaftliche Ziele mit Perspektiven des eigenen Geschlechts verbinden. Dies nicht so sehr wegen des Erstarkens der Frauen und deren Forderungen nach Gleichberechtigung, sondern weil die Zielperspektiven der von den Männern gestalteten Welt brüchig geworden sind. Fortschrittsglaube, Wachstumsideologie und Naturbeherrschung als seligmachende Zieldefinitionen von Gesellschaft werden fraglich. Fürsorge, Pflege, Grenzen des Wachstums, Umgang statt Herrschaft werden die zielbestimmenden Werte der Zukunft sein. Die Postmoderne, die postmodernen theoretischen Ansätze, sind vor allem männliche Versuche, dieser Umwertung rational Herr zu werden.

In der pädagogischen Diskussion wird oft wenig berücksichtigt, daß sich eine „Defizitannahme" zwar mit Pädagogik, weniger aber mit Bildung verträgt. Die Defizitannahme geht davon aus, daß den Menschen etwas fehlt, was ihnen beigebracht werden sollte oder was sie sich selbst beibringen sollten. Dies ist in „Bildung" eigentlich nicht enthalten. Auch wird in der pädagogischen Diskussion, vor allem bei vielen Zielgruppendefinitionen, die Defizitannahme formuliert, ohne daß das positive Gegenbild (das überhaupt erst eine Defizitannahme ermöglicht) explizit wird. Hier liegt eine Herrschaftsvariante im Bildungssystem, auf die wir auch im Zusammenhang mit Männerbildung sehr genau achten müssen.

*Warum soll gebildet werden?*
Nun, Männern geht es individuell und gesellschaftlich nicht ganz so gut, wie sie es sich und anderen glauben machen wollen. Ich will hier nicht wiederholen, was Walter Hollstein so eindrucksvoll zusammengefaßt hat, z.B. die gesundheitlichen, die psychischen und die Identitätsprobleme von Männern ab der frühesten Jugend. Ich möchte lieber noch einmal die politische Dimension betonen, die eine Reflexion von Identität und Rolle der Männer erforderlich macht. Diese politische Dimension umfaßt

- eine Gleichstellung von Mann und Frau, die in dieser Form gemessen am Zustand der letzten Jahrhunderte neu ist,
- den Abbau von „Herrschaft" als – wie der Name schon sagt – ausdrückliche Ausübung gesellschaftlicher Macht durch ein Geschlecht,
- die Fragwürdigkeit des Prinzips der Aufklärung, das davon ausging, daß man nur immer mehr wissen müsse, um zu immer mehr Wohlbefinden zu gelangen.

Diese gesellschaftlichen Werte der Moderne stehen in Frage. Sie stehen nicht nur in Frage, sie befinden sich in einer existentiellen Krise, die durch politische Grundströmungen verschoben, aber nicht gelöst wird. So ist etwa mit der Wagenburg Europa die Wohlstandswanderung nur befristet einzudämmen, und der Wohlstand selbst wird nur befristet möglich sein in der bisherigen Form. Es lassen sich zwar historische Entwicklungen denken, in denen die Herrschaft der Männer erhalten bleibt und die Herrschaft ihres rationalen Systems, dies wäre aber nur für einen Preis möglich, den beim jetzigen moralischen System nur wenige zu zahlen bereit sind – wenn man etwa das grundlegende Prinzip des Menschenrechts anschaut.

Aber, dies ist meine feste Überzeugung, diese Bildungsaktivität soll nicht im persönlichen Raum stehenbleiben. Es ist nicht Ziel von Männerbildung, daß es einigen Männern bessergeht oder sie das Gefühl haben, die „besseren" Männer zu sein. Dies wäre nur ein Zirkelschluß im bestehenden System. Es geht darum, die individuelle Situation mit der gesellschaftlichen Rolle des Geschlechts in Beziehung zu setzen. Und deshalb ist Männerbildung politische Bildung reinsten Wassers.

*Mit welchem Ziel soll (sich) gebildet werden?*
Oft wird in der Diskussion die Zielfrage dadurch umgangen, daß auf individuelle und gesellschaftliche Ursachen verwiesen wird. Etwa in der Weise, daß das Ziel der individuellen Gesundheit klar sein müsse, wenn als Ursache von Bildung Krankheit diagnostiziert wird. Manchmal sind Ursache und Ziel auch tatsächlich deckungsgleich. Aber grundsätzlich sind sie nicht identisch. Es ist deshalb immer wichtig, sehr präzise das Ziel zu klären. Im Falle der Männerbildung etwa stellen sich bezüglich des Ziels widersprüchliche Fragen:
- Geht es um den Erhalt der Macht oder um Abgabe der Macht?
- Geht es um neue Dimensionen männlicher Identität oder darum, alte zu „verbessern"?
- Geht es um höhere Funktionsfähigkeit auf der Basis gleicher Werte oder um andere und neue Werte?
- Geht es nur darum, Wissen zu erweitern (eine Art „Narzißmus", wie Walter Hollstein formulierte), oder darum, Handeln zu verändern?

Dies ist alles weniger eine pädagogische als vielmehr eine gesellschaftliche und persönliche Diskussion. Wenn sie nicht ehrlich und präzise geführt wird, wird es mit der Bildung auch recht schnell hapern.

Darüber hinaus ist aber auch das Verhältnis von Subjekt und Objekt zu klären. Wer bildet wen? Das reflexive Moment des Bildungsbegriffs (bilden/sich bilden) ist gerade in pädagogischen Zusammenhängen, in denen der Bogen der Person zur Gesellschaft so eng gezogen ist, außerordentlich brisant. Wenn es denn „Bildner" gibt, wie sind sie legitimiert? Sind sie die besseren Männer oder die mehr Wissenden? Mit welcher Motivation und zu welchem guten Ende agieren Lehrende und Lernende im Zusammenhang mit Männerbildung?

*Was und wie soll vermittelt werden?*
Mir ist es wichtig, daß Männerbildung darauf abzielt, daß Männer eine ganze Person sind, gleichzeitig aber gesellschaftlich nur halbe Menschen. Das Berkeley-Manifest formuliert dies eigentlich schon sehr deutlich und treffend.

Mir persönlich wären als Inhalte von Männerbildung daher folgende Punkte am wichtigsten:
- die Probleme der Trennung von Privat und Öffentlichkeit einzusehen,
- die Notwendigkeit von Pflege, Hege, Vorsorge, Fürsorge und Nachsorge zu lernen,
- das Vatersein auszufüllen,
- zuhören zu lernen und Gefühle ausdrücken zu können,
- geschlechtsspezifisch wahrzunehmen und eigene Geschlechtlichkeit auszuhalten,
- Ängste eingestehen zu lernen und Schwächen zuzulassen,
- Werte männlicher Arbeit zu verändern (weg mit der allgültigen Dominanz von Produktivität und Wachstum),
- den Umgang mit der eigenen Aggressivität zu lernen.

Und wie soll das gehen? Wir wissen, daß der Angstabbau ganz wichtig ist, das Schaffen von Vertrauen, der geringere Wert von Konkurrenz zwischen Männern. Wir wissen, das haben auch die Praxisberichte dieser Veranstaltung gezeigt, daß der Angstabbau am ehesten dadurch erfolgt, daß positiv an den bestehenden Werten und Normen von Männern angeknüpft wird. Wir müssen in der Männerbildung weg von einem Defizitmodell, müssen positive Gegenbilder formulieren und formulieren lassen und positive Alternativerfahrungen zulassen. Diese Postulate formuliere ich in Richtung all derjenigen, die sich hier als Teilnehmende oder Lehrende, als Beteiligte oder Betroffene und Interessierte in Männerbildungsfragen aufhalten. Ich richte sie nicht an die Lehrkräfte ausschließlich, denn ich denke, in solchen identitätsbezogenen gesellschaftsrelevanten politischen Bildungsprozessen müssen immer alle zusammenwirken.

# Expansionsbereich der Zukunft – Erwachsenenbildung (1995)

Eigentlich wollte ich Dichter werden. Aber ich brauchte Geld. Und, um ehrlich zu sein, mein Talent reichte auch nicht. Aber ich schrieb gern, ging gern mit Sprache um, teilte gern etwas mit. Also machte ich nach dem Abitur ein Zeitungsvolontariat, bei einer Lokalzeitung. Nach vielzähligen Artikeln über neue Wartehäuschen und Buslinien, Eröffnungsfeiern von Boutiquen, Vereinsjubiläen und Intrigen bei Bürgermeisterwahlen gewann ich aber den Eindruck, daß Journalismus nicht das Richtige für mich ist. Ein Teil meines Unwohlseins bei dieser Arbeit lag wohl, wie ich später in der wissenschaftlichen Aufarbeitung feststellte, in der Tendenz zu einer verdinglichten Sprachkompetenz. Ich begann zu rechnen: Ein Stipendium nach dem „Honnefer Modell", regelmäßig nebenher jobben – es könnte doch zum Studium reichen, trotz Frau und Kind.

„Soziologie" sage ich, wenn man mich heute nach meinem Studienfach fragt. Eigentlich war es insgesamt mehr ein Studium der „Gesellschaftswissenschaften". Aber „Soziologie" ist klarer und war damals ja auch als Studienfach gerade en vogue. Ich begann mit Germanistik (Sprachinteresse) in einer Lehramtskombination mit Geschichte und Politik, um mich selbst und meine Familie in Sicherheit zu wiegen. Das Schlimmste für einen verhinderten Dichter ist es aber, Germanistik zu studieren. Man verliert die eigene Freude an der Sprache.

Und Lehrer wollte ich, je näher die Gefahr des Referendariats rückte, umso weniger werden. Dann schon lieber Politik. Medienpolitik, um eigene Erfahrungen einzubringen. Ich verlagerte mein Studium, weg von der Germanistik. Und entdeckte viele interessante Seminare und Vorlesungen in anderen Disziplinen: in der Kinder- und Jugendpsychiatrie, in der Rechtswissenschaft, in der Kunstgeschichte, in der Soziologie und in der Philosophie. Statt eines „Pädagogikums" machte ich das „Philosophikum", das schien mir interessanter zu sein. Angebote zur Erwachsenenbildung gab es damals nicht, eigentlich an kaum einer deutschen Universität. Aachen, Bochum, Berlin und Hamburg hatten in den späten 60er Jahren ein Angebot in Erwachsenenbildung. Heute kann man Pädagogik (mit Abschlußdiplom oder Magister) an vielen deutschen Universitäten mit dem Schwerpunkt Erwachsenenbildung studieren. Allerdings: Das Lehrangebot ist nur an einigen Hochschulen breiter ausdifferenziert, etwa in Bremen, Hannover, Berlin. Übrigens gab es damals auch noch keine systematischen Angebote in Sachen „Journalistik" an den Universitäten.

Hätte es Vorlesungen und Seminare in Erwachsenenbildung gegeben, wäre ich sicher allenfalls aus inhaltlichen Interessen hingegangen; Erwachsenenbildung als Berufsfeld war mir völlig fremd. Es gab auch Ende der 60er Jahre nur wenige hauptberufliche Erwachsenenpädagoginnen und -pädagogen; der systematische Ausbau der Volkshochschulen und anderer Einrichtungen erfolgte erst in den 70er Jahren – nach dem Strukturplan für das Bildungswesen und dem Bildungsgesamtplan der Bund-Länder-Kommission.

Natürlich war das Studium damals und schon gar in Heidelberg nur zum Teil im offiziellen Lehrprogramm verortet. Diskussionszirkel und Schulungen in historischem Materialismus, gemeinsame Lektüre und Diskussion des „Kapitals", Hochschulpolitik und Reform des Bildungswesens bestimmten den Alltag. Dort habe ich – informell, heißt das heute – alles gelernt, was man zur Leitung von Einrichtungen benötigt: Form und Inhalt von Kommunikation, Mehrheiten für Ziele finden, Kompromisse abwägen. Das war mir damals überhaupt nicht klar.

Ich übernahm eine Stabsstelle im Rektorat, diejenige für Öffentlichkeitsarbeit, und beteiligte mich an der Hochschulreform. Aber sie neigte sich schon dem Ende zu: Die Koalitionen von Gesellschaftsreformern mit Kapitalinteressen, Mitte der 60er Jahre heimlich eingegangen, zerbrachen. Der Bildungsnotstand war erkennbar behoben, die Wirtschaft florierte, und die weitergehenden Forderungen nach einer sozialistischen Gesellschaft störten zunehmend.

Ich wollte forschen, wissenschaftlich meine Erfahrungen verarbeiten, eine Position finden. Und wieder half ein Stipendium: Das damalige „Graduiertenförderungsgesetz" ermöglichte mir zu akzeptablen Bedingungen, zwei Jahre an einer Dissertation zu arbeiten. Schließlich promovierte ich über „Massenmedien im System bürgerlicher Herrschaft"; hier hatte ich als Journalist und Pressereferent viele eigene Erfahrungen und konnte somit empirische Daten kenntnisreich zusammentragen.

So war es dann: 28 Jahre alt, promoviert, Experte in Journalistik (heute würde man „Kommunikationswissenschaft" sagen) und mit soliden Kenntnissen in empirischer Sozialforschung. Mein Ziel war klar: Hochschullehrer und Wissenschaftler im Bereich Massenkommunikation. Es sollte anders kommen: Verschiedene berufliche Stationen, in denen sich exemplarisch das Feld der Erwachsenenbildung auffächert, faszinierten mich mehr und mehr an diesem pädagogischen Tätigkeitsfeld.

*Forschungen zur Erwachsenenbildung*
1974 begann ich in der „Arbeitsgruppe für empirische Bildungsforschung" (AfeB) in Heidelberg zu arbeiten. Das Institut war 1966 – zusammen mit einigen anderen – gegründet worden von der Stiftung Volkswagenwerk. Es sollte in Zeiten des Bildungsnotstands zuverlässige Daten zum Aus- und Aufbau des Bildungswesens liefern: Schülerströme, Lehrerbedarf, Ausbildungskapazitäten usw. Doch Bildungsplanung und Bildungsreform waren 1974 schon wieder zu Ende; das Institut hatte sich daher auf Erwachsenenbildung und Weiterbildung konzentriert, den einzigen Bildungsbereich, der sich noch erkennbar bundesweit entwickelte. Das Institut erforschte Lehr- und Lernprozesse in der Erwachsenenbildung, Teilnehmerstrukturen, Teilnahmemotive, didaktische Konzepte, Handreichungen und Lehrmaterialien.

Als Übergangszeit hatte ich meine Arbeit in diesem Institut geplant, ich blieb dort über zehn Jahre. Es gab zwei Dinge, die mich faszinierten: das ungeheuer breite, differenzierte, lebensnahe und bewegliche Feld der Erwachsenenbildung einerseits und der analysierende, reflektierende und ergründende Zugang zu diesem Feld andererseits. Ich lernte viele Felder von Erwachsenenpädagogik kennen und ihre jeweilige Wichtigkeit, aber auch Abhängigkeit von materiellen Strukturen und politischen Entscheidungen:

o die Arbeiterbildung, in der Kirchen, Volkshochschulen, vor allem aber die Gewerkschaften und die Bildungsvereinigung „Arbeit und Leben" gesellschaftliche Interessengegensätze und persönliche Sichtweisen in Bildungsprozessen zusammenbrachten;

○ schließlich die Leitung, zu der auch Stabsstellen wie Öffentlichkeitsarbeit und betriebswirtschaftliche Planung gehören, wenn es sich um einen größeren Betrieb handelt. (...)

*Fortbilden und Entwickeln*
Heute arbeite ich im Deutschen Institut für Erwachsenenbildung in Frankfurt am Main, vielen noch bekannter als Pädagogische Arbeitsstelle des Deutschen Volkshochschul-Verbandes. Es ist ein Institut für die gesamte Weiterbildung, in dem zwischen Wissenschaft und Praxis der Erwachsenenbildung vermittelt wird, Fragen und Probleme der Praxis an die Forschung, Ergebnisse der Forschung an die Praxis weitergeleitet werden. Es ist eine Einrichtung, die für den gesamten Bereich der Weiterbildung Qualität und Professionalität zu erreichen und zu bewahren sucht. Hier wird bundesweit Fortbildung betrieben, Material entwickelt, werden in Konferenzen und Tagungen Positionen und Linien diskutiert. Hier werden die Zertifikate der Volkshochschulen entwickelt, überarbeitet und abgenommen, mit den Kammern, dem Goethe-Institut und anderen Trägern der Erwachsenenbildung über den Abgleich der Zertifikate gesprochen. Hier werden die Kolleginnen und Kollegen in den einzelnen Bildungseinrichtungen beraten, informiert und unterstützt – jeweils natürlich im Rahmen der vorhandenen Möglichkeiten. Das Institut ist staatlich finanziert über eine Förderung von Bund und Ländern und bearbeitet zielgerichtet Projekte zur Entwicklung in Bereichen der kulturellen Bildung, der beruflichen Bildung, der Fremdsprachen, der Alphabetisierung, der Umweltbildung und der zielgruppenbezogenen Bildungsarbeit (z.B. Frauen, Ältere).

Die Arbeit des Instituts ist wichtig, um einen Diskussionsprozess der praktischen Innovationen und der wissenschaftlichen Erkenntnisse zu organisieren. Sie ist gerade im Bereich der Erwachsenenbildung wichtig, weil dies ein sehr differenziertes, wenig übersichtliches und wenig standardisiertes Feld ist. Und sie ist auch deshalb wichtig, weil – so ähnlich wie ich – die meisten Kolleginnen und Kollegen, die in der Erwachsenenbildung arbeiten, sogenannte „Quereinsteiger/innen" sind. Für die Erwachsenenbildung sind meine Ausbildung und mein beruflicher Werdegang ein Stück „Normalität". (...)

Weiterbildung und Erwachsenenbildung sind Expansionsbereiche der Zukunft, sie sind es bereits jetzt. Es ist ein abwechslungsreiches Berufsfeld, lebendig, anspruchsvoll und kommunikativ. Ich schreibe gern, kommuniziere gern und denke auch gerne nach. Dass dies am fruchtbarsten ist, wenn es sich mit dem eigenen ständigen Weiterlernen verbindet, habe ich in der Erwachsenenbildung positiv erfahren, und dass dies mit humanen Zielen im direkten Umgang mit den Menschen möglich ist, das macht für mich den Bereich der Erwachsenenbildung insgesamt so attraktiv.

# Fremdsprachen in der Erwachsenenbildung (1995)

Ohne zu übertreiben kann man sagen, daß Fremdsprachenvermittlung der quantitativ bedeutsamste Bereich der Erwachsenenbildung in der Bundesrepublik Deutschland ist. Dies gilt jedenfalls dann, wenn man andere große Bereiche der Erwachsenenbildung – etwa die berufliche Bildung – inhaltlich differenziert, also etwa von Informatik, Betriebswirtschaft oder anderen Sparten spricht. Als Beispiel mögen die Volkshochschulen gelten: An den über 1.000 Volkshochschulen in der Bundesrepublik Deutschland, den kommunalen öffentlichen Weiterbildungszentren, machen Angebote in den Fremdsprachen mindestens ein Drittel, oft sogar die Hälfte des gesamten Weiterbildungsangebots aus.

Die Rolle der Fremdsprachen ist aber nicht nur quantitativ bedeutsam; auch qualitativ heben sich Fremdsprachen in mancher Weise von anderen Bereichen ab. Die Fremdsprachdidaktik gehört – zumindest in der Bundesrepublik Deutschland – zu den entwickeltsten Didaktikbereichen der Erwachsenenpädagogik, und die begründete Lernzielbestimmung (mit Verweis auf das Lernergebnis) sowie der curriculare Aufbau des Fremdsprachenlernens sind in mancher Hinsicht richtungweisend.

Der Bezug des Fremdsprachenlernens in der Erwachsenenbildung zu demjenigen in der Schule ist vielfältig: Fremdsprachenlernen in der Erwachsenenbildung

- baut auf schulisch Gelerntem auf; dies gilt nicht nur für diejenigen Sprachen, die in der Schule bereits gelernt und in der Erwachsenenbildung aufgefrischt oder spezialisiert werden (vor allem Englisch und Französisch), sondern für alle Sprachen, da sie sich auf Grundstrukturen sprachlichen Wissens (Grammatik, Terminologie etc.) beziehen können. Nach der Regel, daß jede weitere Fremdsprache leichter gelernt wird, bedeutet das zunehmende Niveau von Sprachkenntnissen bei allgemein erhöhtem Bildungsniveau der Bevölkerung für die Erwachsenenbildung andere Angebote;
- greift Lernerfahrungen aus der Schule auf oder muß sie konstruktiv bearbeiten. Lernerfahrungen aus der Schule sind oft negativ, dies gilt auch für den Fremdsprachenbereich. In der Erwachsenenbildung ist es daher wichtig, Angstfreiheit und Lernfreude mit Lernergebnissen zu verknüpfen;
- ergänzt die „Schulsprachen" um die vielen sogenannten kleinen Sprachen, die anzubieten in der Schule organisatorisch und materiell unmöglich wäre. Die „kleinen" Sprachen, also die Sprachen, welche seltener gelehrt werden, sind nur in Formen der Erwachsenenbildung vermittelbar und werden immer häufiger nachgefragt – dies vielleicht eine Folge der Verkürzung internationaler Wege;
- hat größere Möglichkeiten der Flexibilität, des Experimentierens und des Blickwechsels vom Stoff zum Lernerinteresse. Darin liegt auch eine große Möglichkeit des Fremdsprachenlernens zur Innovation, die ihrerseits wieder auf schulisches Lernen zurückwirkt;

○ steht auch aus der Sicht der Lernenden in einem Wechselverhältnis vom schulischen Sprachunterricht bis hin zu der Nutzung als Nachhilfestunde und Ergänzungsunterricht.

Weitere wichtige Unterschiede zwischen dem Fremdsprachenlernen in der Erwachsenenbildung und dem in der Schule sind feststellbar. So dauert etwa der Fremdsprachenunterricht in der Schule in der Regel mehrere Jahre. Auch besteht in der Schule eine andere Lerngruppe, eine altershomogene Lerngruppe, während die Lerngruppe in Angeboten der Erwachsenenbildung nur homogen hinsichtlich der Vorkenntnisse ist – oder zumindest aufgrund der Eingangstests sein sollte. Auch die Lernziele zwischen Schule und Erwachsenenbildung unterscheiden sich, z.B. in der Lektüre von Literatur. Und das Verhältnis zwischen Lehrenden und Lernenden ist in der Schule und in der Erwachsenenbildung erkennbar verschieden.

Interessant ist auch, daß Lernende mit Erfahrungen aus Schule und Erwachsenenbildung an der Schule vor allem die „Künstlichkeit" beim Aufbau des Sprachunterrichts, die Trennung von Grammatik, Lexik und dem eigentlichen Sprechen und den relativ späten Zeitpunkt, zu dem man sprechfähig ist, kritisieren. Demgegenüber biete die Erwachsenenbildung eher ganzheitliche Aneignungsformen von Sprache, während andererseits auch wieder die systematische Arbeit an und mit der Sprache zu kurz komme. Auch der Unterschied in Lerntempo und Lernform zwischen Schule und Erwachsenenbildung, vor allem auch die Möglichkeit, beides zu beeinflussen, gelten als wichtige Kriterien.

Dennoch kann man sagen, daß die bildungspolitische Behandlung des Verhältnisses von Sprachenlernen in der Erwachsenenbildung und Sprachenlernen in der Schule unzureichend ist. Die entwickelten Curricula in Schule und Erwachsenenbildung sind zu wenig aufeinander abgestimmt, das Angebot an Fremdsprachen zu wenig koordiniert, die sprachdidaktische und sprachenpolitische Diskussion zu wenig verknüpft. Dies mag daran liegen, daß die Bildungsbereiche – wie gesellschaftliche sektorale Trennungen immer – die Tendenz zum Eigenleben und zur Abschottung haben, oder, um es positiv zu sagen: die Tendenz zur inneren Professionalität. Es kann aber hier auch daran liegen, daß Sprachenlernen in der Erwachsenenbildung und in der Schule einen ganz wesentlichen Unterschied aufweist, der weder sprachdidaktisch noch sprachpolitisch gänzlich aufhebbar ist: die Freiwilligkeit. Aus (mehr oder weniger) freiem Willen wird in der Erwachsenenbildung, nicht aber in der Schule gelernt.

Die Motive von Fremdsprachen-Lernenden in der Erwachsenenbildung sind vielschichtig. Man will einmal Gelerntes wieder auffrischen, beim Urlaub im Ausland nicht ganz „sprachlos" sein, seine Lernfähigkeit testen, mit anderen Menschen zusammen sein, berufsbezogene Qualifikationen erweitern, gebildet sein und vieles mehr. Dabei sind drei Beobachtungen wichtig:

○ Erstens sind Motive nur in Ausnahmefällen eindimensional, in der Regel kommen mehrere Motive zusammen; daraus entstehen sogenannte Motivationskomplexe, die schwer durchschaubar sind und vielfach auch durch eine unzureichende Passung zwischen Lernangebot und Teilnahmemotivation zum Dropout führen.
○ Zweitens lassen sich personengruppenspezifische Unterschiede in den Motivationskomplexen feststellen; so haben etwa jüngere Teilnehmer und Teilnehmerinnen andere Interessen als ältere, Arbeiter und Arbeiterinnen andere als Lernende aus dem Beamtenbereich. Auch bei gleichen Vorkenntnissen können diese Interessenunterschiede im Kurs „auseinanderlaufen".
○ Drittens gibt es typische Unterschiede in der Motivation des Lernens jeweils spezifischer Fremdsprachen; so überwiegt etwa, was nicht überrascht, beim Englischen das Motiv des Nutzens der „Lingua franca", während Japanisch und Chinesisch eher gelernt werden unter dem Aspekt speziellen beruflichen Nutzens.

In der Schule mag die Frage der Lernmotive weniger bedeutsam sein; hier ist die Sprachvermittlung Bestandteil des Lernprogramms, das zum Erwerb allgemein qualifizierender Abschlüsse führt. Erst die Oberstufenreform in Deutschland, mit der erweiterte Wahlmöglichkeiten der Schülerinnen und Schüler eingeführt wurden, zeigte eine Differenzierung des Sprachenlernens und auch die Abnahme der Quantitäten in Sprachkursen, insbesondere im Französischen. In der Erwachsenenbildung ist die Motivationsfrage von entscheidender Bedeutung. Aus diesem Grunde werden vielfach Befragungen von Lernenden in Kursen vorgenommen, vor allem in Volkshochschulen, aber auch in anderen Bereichen der Erwachsenenbildung. Der Aussagewert dieser Befragungen ist in der Regel begrenzt, bezogen auf das konkrete Angebot und meist nicht tragfähig für allgemeine Rückschlüsse auf den Bezug von Lernenden und Lehrangebot im Sprachenbereich der Erwachsenenbildung.

Aussagekräftiger und als Indikator wesentlich häufiger genutzt ist die Tatsache, daß Fremdsprachenangebote in der Erwachsenenbildung *verkauft* werden. Motive und Bedürfnisse sind hier also feststellbar als Nachfrage auf einem Markt, dem ein entsprechendes Angebot gegenübersteht.

Wir wissen, daß es unzulässig ist, Nachfrage auf dem Markt gleichzusetzen etwa mit Lerninteressen und Lernbedürfnissen, mit Motiven und Motivationskomplexen. Ergebnisse von Marktanalysen sind daher unter bildungspolitischen Gesichtspunkten mit Vorsicht zu genießen. Dennoch: Sie weisen auf Tendenzen hin, die auch rückübersetzbar sind in Kategorien von Lernmotivation und Lerninteresse. Und vor allem: Sie haben materielle Bedeutung für das, was bildungspolitisch durchsetzbar ist in der Erwachsenenbildung, die staatlich nicht voll finanziert ist.

Auf dem „Markt" der Fremdsprachenbildung im Erwachsenenalter lassen sich in den vergangenen Jahren einige Dinge beobachten. Die wichtigsten von ihnen sind:

- Es sinkt offenbar die Bereitschaft, sich freiwillig auf längerfristige „Lernverträge" einzulassen. Dies stellen insbesondere die Volkshochschulen fest, deren Fremdsprachenangebote, sofern sie mit dem Zertifikat abgeschlossen werden sollen, oft über einen Zeitraum von fünf Jahren gehen. Das traditionelle Kursangebot der Volkshochschule in diesen Bereichen, die abendliche Zwei-Stunden-Veranstaltung einmal die Woche, stagniert oder geht zurück, der „Dropout" nach dem zweiten oder dritten Semester scheint zu steigen.
- Das Interesse an kompakten, effizienzversprechenden Seminaren scheint zu wachsen. Darauf gehen insbesondere kommerzielle Sprachlehranbieter ein, aber auch Volkshochschulen offerieren vermehrt Wochenendseminare, Wochenkurse und Intensivformen.
- Das Interesse an berufsbezogenem Sprachunterricht scheint stärker zu werden. Dies ist vor allem in personengruppenspezifischen Angeboten (z.B. English for business purposes) und in branchenspezifischen Angeboten (z.B. Englisch fürs Hotelgewerbe) feststellbar. Ein großer Bereich dieser Entwicklung ist nur schwer abschätzbar, da er innerhalb von Betrieben abläuft, die eine arbeitsplatzbezogene Fremdsprachenqualifizierung vornehmen.
- Die Bereitschaft, für Fremdsprachenlernen auch viel Geld zu bezahlen, nimmt offenbar zu. Natürlich ist diese Bereitschaft auf diejenigen beschränkt, die über solche Mittel verfügen; von daher entwickelt sich hier eine Schere zwischen Lerninteressierten, die viel Geld investieren für teure Angebote, und Lerninteressierten, die diese auf dem Markt inzwischen geforderten Preise nicht mehr zu zahlen in der Lage sind. Dabei spielen auch die an den Volkshochschulen in den vergangenen Jahren enorm gestiegenen Entgelte für Fremdsprachenkurse eine sehr fragwürdige Rolle.
- Die Möglichkeiten für kleine Lerngruppen scheinen zuzunehmen. Während früher die Zahl der Belegungen pro Kurs in Volkshochschulen bei etwa 20 lag, liegt sie heute durchschnittlich bei zwölf. Intensives Lernen 1:1 oder 1:2 wird immer häufiger nachgefragt.
- Damit verbunden ist eine beobachtbare Tendenz, daß der Wert sozialkommunikativer Lernprozesse gegenüber stofforientierter und scheinbar effizienterer Lernprozesse höher gewichtet wird.
- Das Interesse an Spezialangeboten (fachlich, personell, örtlich) scheint zu wachsen, entsprechend existiert auch eine zunehmende Konkurrenz von Spezialanbietern.

Diese Beobachtungen auf dem Fremdsprachenmarkt in der Erwachsenenbildung lassen sich unterschiedlich interpretieren. Vor allen Dingen lassen sie sich unterschiedlich bewerten. Sicherlich wäre es verkürzt, Erklärungen dieser Phänomene nur im Bereich der Fremdsprachenentwicklung zu suchen. Allgemeine gesellschaftliche Tendenzen wie Isolierung und Privatisierung, eine wachsende Schere zwischen öffentlicher Armut und privatem Reichtum, eine sich entwickelnde, amerikanischem Muster folgende Zweidrittel-Gesellschaft und anderes mehr sind den konkreten sprachbezogenen Erklärungsmustern zu unterlegen. Auf die Sprachen selbst bezogen wird man sagen können, daß sich das Verhältnis von Preis und Leistung, daß erhöhte Verwertungs- und Nutzeninteressen sowie die veränderte Bedeutung von Sprachenkompetenz in der Gesellschaft eine große Rolle spielen.

Generell aber muß man sagen, daß diese Beobachtungen auf dem Markt einen bildungspolitisch wichtigen Bereich von Fremdsprachenlernen in der Erwachsenenbildung ausblenden, der perspektivisch vermehrt bedeutsamwerden könnte; zu diesen bildungspolitischen Anforderungen und Setzungen an Fremdsprachenvermittlung gehören etwa:

o  der Bezug des Inhalts und Ziels von Fremdsprachenvermittlung zu Politik, in Deutschland etwa aktuell: das Verstehen und Akzeptieren fremder Kulturen, der Kampf gegen Rechtsradikalismus und Ausländerhaß;
o  die Bedeutung der Fremdsprachenvermittlung in einem sich entwickelnden gesellschaftlichen System von Multikulturalität; in Deutschland vor allem ein bewußtes und tolerantes Umgehen mit den vielfältigen neuen kulturellen Einflüssen, welche durch ausländische Mitbürgerinnen und Mitbürger hineingetragen werden;
o  das Verständnis von Sprachenlernen als einer interdisziplinären Arbeit, in der nicht nur die funktionale Bedeutung von Sprache bei der Verständigung, sondern auch die identitätsstiftende Rolle von Sprache beim Erkennen und Verstehen von Welt bedeutsam ist;
o  die Rolle von Fremdsprachenlernen als einem sozialen Lernen, in dem nicht nur Stoff angeeignet, sondern auch der Umgang miteinander und die gemeinsame Bewältigung des Lernziels geübt wird;
o  die Bedeutung des Zugangs finanziell schwächerer Bevölkerungsgruppen in Bildungsangebote, das Erinnern an heute so selten genannte Begriffe wie Chancengleichheit und Recht auf Bildung;
o  die Bedeutung der Innovation, des Experimentierens mit Neuem, und der Evaluation, der Überprüfung erreichter Lernergebnisse nicht an abstrakten Effizienzkriterien, sondern am Bildungsverhalten der Menschen;
o  die Notwendigkeit, auch „kleine" Sprachen, deren Angebot vom Markt in der Regel nicht honoriert wird, fortbestehen zu lassen und qualitativ weiterzuentwickeln, um keine sprachenpolitische Verödung zu akzeptieren;
o  das Prinzip einer wissenschaftlich begründeten Lernzieldefinition, die Sprachenlernen in einen ausgewiesenen Diskurs von Fachlichkeit und Professionalität stellt, aber teuer ist;
o  das Prinzip der übergreifenden Gültigkeit des Lernangebots, das einen Abschluß und seine curricularen Voraussetzungen nicht nur vor Ort, sondern auch in ganz Deutschland und auch in anderen Ländern Europas gewährleistet;

○ und schließlich die politische Abstimmung mit Schule und Hochschule bei der Fremdsprachenvermittlung, die schwierig genug ist, aber wesentliche bildungspolitische Voraussetzung für eine Weiterentwicklung des Sprachlernangebots insgesamt darstellt.

All dies scheint nicht über den Markt regulierbar zu sein, sondern nur über Bildungspolitik. Eine Bildungspolitik, die sich auch nur dann durchsetzen kann, wenn sie mit öffentlichen Finanzen verbunden wird.

# Lebenslanges Lernen in der Erwachsenenbildung (1997)

„Weiterbildung ist eine Investition in die Zukunft des Industriestandorts Deutschland" – so heißt das zentrale Motto der Veranstaltung, für die wir heute und morgen zusammengekommen sind. Ich teile diese Auffassung und auch den Begriff der Investition. Investition bedeutet, materiell und ideell etwas in eine Sache einzubringen. In der Weiterbildung bedeutet dies, daß alle Beteiligten etwas einzubringen haben, alle diejenigen, die ein Interesse am Gedeihen des „Standorts Deutschland" haben: der Staat, die Wirtschaft, die Verbände, die Kommunen und – natürlich – die Lernenden.

Weiterbildung ist aber auch eine Investition in die Menschen. Wenn Personen zu Persönlichkeiten werden, Begabungen entfaltet, Interessen artikuliert und durchgesetzt werden, dann realisiert sich das humane Ziel von Weiterbildung, das wir zu allererst im Auge haben und haben sollten. Investition von Weiterbildung und in Weiterbildung ist nicht nur eine Frage materieller Ressourcen, sondern mindestens gleichrangig auch eine Frage der Bedürfnisse, der Kreativität und der besonderen Fähigkeiten der Menschen.

Daß es beim „Industriestandort Deutschland" nicht nur um Fragen der Industrie geht, versteht sich von selbst. Wenn wir heute von sogenannten „harten" und „weichen" Standortfaktoren sprechen, dann tauchen unbedingt Standortfragen auf, die mit der kulturellen, sozialen und lebensweltbezogenen Vielschichtigkeit des materiellen und geistigen Lebens zu tun haben. Ebenso wie „Wirtschaft" weiter definiert zu verstehen ist als Summe von Dienstleistungen, Arbeitsproduktivität und Entwicklung, so ist die wirtschaftliche Produktivität eines Standorts abhängig von der kulturellen und sozialen Basis, auf der sie beruht und in die sie eingebettet ist. Dies ist auch nicht nur eine Frage der Zukunft, damit bezüglich der Dringlichkeit der notwendigen Investitionen keine Illusionen auftauchen, sondern eine Frage der Gegenwart.

Weiterbildung ist keine normative Setzung, kein Zeigefinger des Lehrers Lämpel, sondern ein diskursiver Umgang mit erwachsenen Menschen, der viele Elemente von Prozeß, von Entwicklung, von Diskurs und Erfahrung enthält. Weiterbildung ist nicht einseitig die Vermittlung bestehenden Wissens an eine zu definierende Gruppe von Empfängern, sondern die vermittelnde Aufgabe zwischen menschlichen Erfahrungen und Interessen einerseits und objektivierten Inhalten und Bildungsbedarfen andererseits. Diese vermittelnde Rolle von Weiterbildung, die sich deutlich von Vorstellungen des Nürnberger Trichters abhebt, ebenso deutlich aber auch von antipädagogischen Tendenzen, nach denen Lehre oder Bildung gar nicht nötig und die Gesellschaft „überpädagogisiert" sei, diese vermittelnde Rolle von Weiterbildung umfaßt ein breites Spektrum mit den Polen Wissensvermittlung einerseits und selbstgesteuertem Lernen (ein moderner Begriff) anderseits. In diesem Spektrum ist vielerlei denkbar und möglich und – zur Verzweiflung der Systematiker – auch Realität. Nicht zuletzt deshalb ist es so schwierig, klare Konturen von Erwachsenenbildung zu beschreiben.

Noch etwas anderes macht Erwachsenenbildung oder Weiterbildung – ich gebrauche die Begriffe synonym – schwer zu fassen: Es ist die enge Integration in gesellschaftliche Strukturen, wirtschaftliche Erfordernisse und individuelle Lernbedürfnisse. In diesem Geflecht entstanden vielfältige Institutionen und Strukturen von Weiterbildung, von Zugangswegen und Lernverfahren. Weiterbildung ist von daher nicht nur ein differenziertes, buntes und vielschichtiges Gebilde, sondern auch eines, das – ob institutionell verankert oder nicht – immer in Bewegung ist, sich immer verändert und weiterentwickelt.

1. Wir sind im europäischen Jahr des lebenslangen Lernens. Das Konzept des lebenslangen Lernens ist nicht neu, insbesondere im angelsächsischen Sprachraum als *continuing education* und als *recurrent education* wohlbekannt. Der Deutsche Bildungsrat sprach 1970 von der „ständigen Weiterbildung", der Europarat blieb bei seinem Begriff der *permanent education*. Wichtig ist die Grundidee: Bildung und Weiterbildung sind ein lebenslanger Prozeß, wobei der dieses Jahr aufgekommene Begriff des „lebensbegleitenden Lernens" mir persönlich zu passiv ist. Lebenslang aber bedeutet, daß sich Bildung nicht auf Weiter- und Erwachsenenbildung beschränkt. Lebenslanges Lernen ist ein Begriff, der sich an dem Lebensweg und dem Lebensschicksal von Menschen orientiert, nicht aber an Lebensabschnitten oder gar auf Lebensabschnitte hin orientierten Institutionen.

Sicherlich hat Erwachsenenbildung dabei schon rein quantitativ den größten Anteil. Auch qualitativ spielen sich hier die meisten Prozesse der Weiterbildung ab, berufliches Umlernen, technisches Neulernen usw. Dieser Tatbestand wird durch die pädagogische Diskussion der „Komplementarität" des Weiterbildungssystems gegenüber dem primären, sekundären und tertiären Bildungssystem erfaßt. Die Spannungen sind sehr wohl bekannt, die sich aus dem Blick vom menschlichen Lebensweg aus einerseits und dem Blick von den auf Lebensabschnitte konzentrierten gesellschaftlichen Strukturen andererseits ergeben. In der Bildungsdiskussion ist dies etwa eine Frage der Entschlackung von Ausbildungsinhalten im allgemeinen und berufsbildenden System, eine stärkere systematische Vernetzung von Lerninhalten und aufbauenden Strukturen zwischen allen vier Bildungs„bereichen".

Wie wenig davon bislang realisiert worden ist, brauche ich Ihnen nicht zu sagen. Wie schwierig es ist, hier vernetzte und integrative Systeme zu entwickeln, vermutlich auch nicht. Wir haben daher eine Aufgabe zu meistern in der Zukunft, die menschliche Lebensschicksale einerseits und Bildungssysteme andererseits verknüpft: die Passung lebenslanger Lernprozesse zu den disparaten und heterogenen Strukturen des Bildungssystems. Das Naheliegendste ist dabei eine vernetztere Struktur der einzelnen Teile des Bildungssystems.

2. Wir haben historisch mit einem „Schisma" zwischen beruflicher und allgemeiner Bildung zu tun, also zwei relativ unabhängig voneinander agierenden Teilsystemen. Dies drückt sich in sozialen, institutionellen, lerntheoretischen und praktisch-pädagogischen Aspekten aus. Hintergrund davon ist – grob gesagt – die Vorstellung, berufsbezogenes und ökonomisch bedingtes Lernen sei von außen gesetzt und Menschen abverlangt, allgemeines und politisches Lernen erwachse aus der Neugierde, den Interessen und Bedürfnissen der Menschen.

Dieses tradierte „Schisma" befindet sich in Auflösung – in der pädagogischen Praxis vielleicht schon seit längerem – in der theoretischen Diskussion ist es eine Auseinandersetzung der vergangenen Jahre. Das europäische Weißbuch „Auf dem Weg zu einer kognitiven Gesellschaft" geht von einer zunehmenden Annäherung dieser beiden Teilsysteme aus. Stichworte für den gemeinsamen Nenner sind etwa das Konzept der „Schlüsselqualifikationen", der betrieblichen Umgestaltung, des Lean-Managements und des erhöhten Stellenwerts menschlicher Kreativität.

Dennoch ist davor zu warnen, hier vorschnell Gemeinsamkeiten zu beschwören, die möglicherweise noch gar nicht existieren. Auf einer allgemeinen, bildungstheoretischen Ebene lassen sich solche Gemeinsamkeiten eher verhandeln und behaupten als in der konkreten pädagogischen Praxis. Menschliches Lernvermögen hängt – gerade im Erwachsenenalter – mehr als von Begabungspotentialen von den Lerninteressen der Menschen ab. Gegen seinen Willen lernt niemand, höchstenfalls Frustrationstoleranz und Abwehrtechniken. Es geht also, dies ist eine weitere pädagogische und politische Aufgabe, darum, im konkreten pädagogischen Alltag die Lerninteressen der Menschen und die ökonomisch bedingten Anforderungen an Bildungsgehalte so miteinander zu vermitteln, daß nicht Widerstandspotentiale, sondern Begabungsreserven geweckt werden. Dies ist nicht nur eine Frage von Lerntechnologie, sondern auch eine von Lerninhalten.

3. Wir haben – nicht nur in Deutschland – die historische Erfahrung gemacht, daß zwischen der wirtschaftlichen Grundlage einer Gesellschaft und dem „Output" ihres Bildungssystems eine mehr oder weniger lockere, schwierige Beziehung besteht. Die schwierige Beziehung zwischen Bildungssystem und Interessen der Abnehmer, der wirtschaftlichen Betriebe, der öffentlichen Verwaltungen, der Verbände und anderen Arbeitgeber, liegt in mehreren Punkten.

   Der wichtigste Punkt dabei ist zunächst die Zeitungleichheit zwischen Bildungsbedarf und Bildungsangebot. Es dauert jeweils eine benennbare, mehrjährige Zeit, bevor definierte Qualifikationsbedarfe in angemessene Bildungssysteme und -gänge umgesetzt sind. Diese Zeitungleichheit wird in der Regel überbrückt durch betriebliche und freie Qualifizierungssysteme, die aber insofern von begrenzterer Reichweite sind, als sie kein ausgestattetes Zertifizierungssystem und keine Kontinuität haben. Auch machen die Heterogenität der jeweiligen einzelnen Ausbildungsverfahren und die auf die qualifizierenden Betriebe entfallenden Kosten diese Zeitdilatation zu einem suboptimalen System. Dieses Problem erhöht sich in dem Maße, in dem veränderte Qualifikationsbedarfe einen immer schnelleren Wechsel von systematisierten Bildungsangeboten erfordern; so schnell kann ein strukturiertes Bildungssystem die Bedarfe nicht qualitativ angemessen in Angebote umsetzen. Der zweite Punkt ist die Unberechenbarkeit der abgerufenen Qualifikationsbedarfe. Wir können vielfach beobachten, daß Qualifikationen in größerem Umfang erwartet und verlangt werden, die dann, wenn entsprechend qualifiziertes Personal vorhanden ist, schon nicht mehr gebraucht werden. Dies gilt sogar in eher berechenbaren Bereichen wie dem Bildungswesen selbst, wo wir den „Schweinezyklus" auch in der Produktion von Lehrpersonal beobachten können.

   Es ist also nach wie vor unsere Aufgabe, die ökonomisch begründeten Qualifikationserfordernisse mit den Möglichkeiten und Grenzen des Bildungssystems zu vermitteln. Die Aufgabe wird zunehmend schwerer, weil die Qualifikationsbedarfe differenzierter werden und die Zeiträume, in denen sie umgesetzt werden können, sich verkürzen.

4. Immer häufiger wird auch wegen der soeben beschriebenen Probleme von Qualifikationserwerb am Arbeitsplatz und im Alltagsleben gesprochen. Dabei ist auch der Begriff des „selbstgesteuerten Lernens" von einiger Bedeutung. Die Hoffnung, die sich oft daran bindet, daß das eigentliche Lernen der Menschen in ihrem unmittelbarsten Lebensumfeld stattfinden könnte, ist aber eher skeptisch zu beurteilen. Es ist keineswegs so, daß die Arbeitsplätze sich bezüglich bildungsrelevanter Anteile generell erweitert hätten. Untersuchungen über die Veränderungen von Arbeitsanforderungen und Arbeitsplatzstrukturen zeigen, daß der Optimismus, der vor allen Dingen mit dem Siegeszug der neuen Technologien verbunden war, nicht generell greift. Zwar lassen sich Sektoren feststellen, eher „moderne" Sek-

toren, in denen es aufgrund der Anhebung des Qualifikationsniveaus für Gruppen von Beschäftigten zu mehr Bildung kommt; diese qualifizierten Bereiche sind aber zunehmend gegen die traditionell und geringer qualifizierten anderen Sektoren abgeschottet. Auch bedeutet der allmähliche Wandel von erfahrungsbasierten zu wissensbasierten Qualifikationen einen erhöhten Qualifikationsfundus, nicht jedoch mit unbedingt erhöhtem Bildungsgehalt. Hier sind neue Aufgaben erkennbar wie Kompetenzerhalt oder das Qualifikations- und Identitätslernen, die bei einer durchaus wachsenden Zahl von Arbeitsplätzen, an denen Lernchancen reduziert sind, wiederum in einer Verknüpfung von Arbeits- und Bildungssystem hereingeholt werden müssen.

Unsere Aufgabe ist es daher, sehr genau zu analysieren, in welche Richtung sich die Lernrelevanz von Arbeitsplätzen entwickeln muß, diese Richtung zu befördern und zu unterstützen und lernrelevant organisierte Arbeitsplätze mit organisierten und selbstgesteuerten Bildungsprozessen zu vernetzen.

5. Hier komme ich noch einmal zurück auf den Investitionsbegriff. In dem Maße, in dem Weiterbildung wichtiger wird, notwendiger für die Individuen und die Gesellschaft und deren Wirtschaft, muß investiert werden. Phantasie, Gedanken, Pläne, Aufmerksamkeit, Politik müssen investiert werden. Wir leben in einer Zeit, in der ein eigentümliches Mißverhältnis besteht zwischen der öffentlich bekundeten Notwendigkeit vermehrten Lernens und der geringen Wertigkeit von Bildung im politischen System. In Schweden etwa, wirtschaftlich in einer ähnlichen Situation wie die Bundesrepublik, ist die zentrale Richtungsentscheidung des vergangenen Jahres eine überdimensionale Mehrinvestition öffentlicher Mittel in Weiterbildung. Eine solche antizyklische Politik ist in der Bundesrepublik derzeit nicht feststellbar. Dabei wäre sie unbedingt notwendig, um das Bildungssystem, den Ausbau des Bildungswesens und seine Zugangsmöglichkeiten in dem Maße zu bewegen, in dem Weiterbildung zum zentralen Zukunftsfaktor des Wirtschaftsstandorts Deutschland wird. Innovation und Qualität der Weiterbildung hängen ab von dem, was in der Weiterbildung selbst entwickelt und vorangetrieben wird.

In einem der Vorbereitungspapiere zur heutigen Konferenz wird von dem Markt der neuen Lerntechnologien selbst gesprochen. Dies ist richtig. Hier ist eine ungeheure, auch wirtschaftlich interessante Entwicklung beobachtbar, die aber gezielt befördert, beeinflußt und auf eine erweiterte Qualität in der Erwachsenenbildung hin konzentriert werden muß. Zu dieser Qualität gehören die Fort- und Weiterbildung der pädagogisch Beschäftigten, die erhöhte Flexibilität und Qualität von Weiterbildung in Institutionen, die Vernetzung von medialen, selbstorganisierten und institutionellen Lernprozessen, die Verbindung von betrieblichen und außerbetrieblichen Lernverfahren. In dem Maße, in dem auch das nicht sozial organisierte, nicht-institutionelle Lernen in den Blick gerät – ich halte dies für richtig –, in dem Maße erhöhen sich die Notwendigkeiten, in diesen erweiterten und profunderen Gesamtbereich von Weiterbildung zu investieren.

Es wird Aufgabe der nahen Zukunft sein, zwischen den objektiven Anforderungen an Weiterbildung und das Bildungssystem, an Bildungsverhalten und Bildungsangebote einerseits und den bestehenden materiellen Ressourcen und der aktuellen politischen Aufmerksamkeit zu vermitteln und hier ein ausgewogeneres Verhältnis herzustellen.

6. Zweifellos haben die neuen Medien die Erwachsenenbildung wie alle anderen Bereiche der Gesellschaft auch heute bereits in hohem Maße beeinflußt und verändert. Dies betrifft nicht nur den wachsenden Anteil medialer Informationen, auch massenmedialer Informationen, am Lernverhalten und Wissenserwerb der Menschen, sondern auch die didaktisch-methodischen Fragen des Lernprozesses selbst. Insbesondere bei letzterem ist aber aktuell viel übertriebene Hoffnung im Spiel. Sicherlich ist es so, daß wir nicht einfach nur in einer Neuauflage der „Selbstlernzentren" der 70er Jahre eine Innovation erleben, die nach zwei Jahren wieder beendet ist. Neue Medien werden Lernprozesse und Lernverhalten in Zukunft entscheidend beeinflussen und verändert haben. Es läßt sich aber doch feststellen, daß Erwartungen daran, was mediales Lernen im Unterschied zu sozial organisiertem Lernen heißen kann, vielfach übertrieben, unpräzise und wenig bedacht sind. Nur weniges von dem, was an neuen Lerntechnologien Woche für Woche auf den Markt kommt, ist wirklich geeignet, Lernen der Menschen zu befördern. Ich will hier nun nicht nach einer staatlichen oder einer selbstorganisierten Kontrolle rufen, bin aber doch der Meinung, daß hier vielfach in einem Bereich gewildert wird, für den nur unzureichende Qualifikationen vorbereitet sind. Pädagogik ist, dies muß man betonen, nicht nur eine Wissenschaft, sondern auch eine relativ exakte Wissenschaft. Man kann durchaus mittels erziehungswissenschaftlicher Instrumentarien feststellen, ob mediale Lernverfahren geeignet sind oder nicht.

Wir befinden uns in einer Situation, in der sowohl in der Arbeitsgesellschaft als auch im Bildungssystem die Gefahr der *social exclusion* besteht. Ich habe das englische Wort genannt, weil dies ein auch auf europäischer Ebene außerordentlich bedeutsamer Begriff ist. Wir können es uns unter humanen, gesellschaftspolitischen und auch ökonomischen Aspekten nicht leisten, Prozesse der sozialen Ausgrenzung zu befördern oder absehbare Tendenzen weiter zu betreiben. Wir stehen auch – und dies ist eine übergreifende Aufgabe – vor der Herausforderung, die Entwicklung von Weiterbildung, die Entwicklung unserer gemeinsamen Wirtschaft und unserer Gesellschaft so zu gestalten, daß alle Menschen sie tragen und alle Menschen an ihr partizipieren können.

# Hochschuldidaktik (1998)

Lehre in der Hochschule – das ist ein weites Feld. Deshalb, weil sie die unterschiedlichsten Inhalte umfaßt, in den jeweiligen Praxisbezügen differiert und vor allem – machen wir uns nichts vor – bei den meisten Lehrenden unbeliebt ist und von den meisten Studierenden als unzureichend und unbefriedigend empfunden wird. Die Lehre hat in den Hochschulen hinter Forschung, Forschungsmethodik und Disziplinorientierung einen undankbaren vierten Platz. Dies wird auch nicht dadurch geändert, daß sich der universitäre „Lehrkörper" des Lehrbegriffs als dominantem Berufsmerkmal bemächtigt hat: Es handelt sich um „Hochschullehrer und Hochschullehrerinnen".

Nur von Zeit zu Zeit wird heftiger über Hochschullehre diskutiert. Manchmal sogar mit gewissen Folgen. Ursache einer solchen Diskussion ist meist die Tatsache, daß die Unzulänglichkeit der Hochschullehre weniger von den Betroffenen selbst als von Menschen und Instanzen außerhalb des Hochschulbetriebs bemerkt und konstatiert wird. Vor 30 Jahren begann eine solche Diskussion an den deutschen Hochschulen, die wenige Jahre später zur Einrichtung einiger universitätszentraler Arbeitsstellen für Hochschuldidaktik und sogar zu Hochschullehrerstellen führte. In Hamburg und Bielefeld hielten sich diese zentralen Einrichtungen am längsten, wenn man den Blick auf die westlichen Bundesländer lenkt. In den östlichen Bundesländern (...) entwickelte sich dies anders; die „Hochschulmethodik" als Hochschulfachdidaktik gewann eine eigenständige und besondere Bedeutung an den Universitäten der früheren DDR. Dies mag dort vor allem auf die erwünschte ideologische Qualität von Hochschulausbildung zurückzuführen sein, aber auch an der verstärkt unterschiedlichen Klientel von Studierenden (Arbeiter- und Bauernkinder) liegen.

Im Westen wie im Osten zeigten (und zeigen) sich die Schwierigkeiten, Lehre und Didaktik einerseits mit Fach und Disziplin andererseits zu verbinden. Die wichtigsten Gründe dafür sind

- das hierarchische Gefälle zwischen Fach und Lehre in Struktur und Kultur der Organisation Hochschule,
- die Unterteilung von Zuständigkeit und Kompetenz auf unterschiedliche Personengruppen in unterschiedlichen hierarchischen Positionen,
- die Dominanz von Disziplin und Methode in Selbstverständnis und Praxis der Hochschulangehörigen,
- der geringe Wert von Lehre gegenüber Forschung und Publikationen in der *scientific community* sowie
- der geringe materielle Wert von Lehre an der Hochschule.

In diesem Gefüge von persönlichen Interessen, Organisationsstrukturen und Werthaltungen kann Lehre, kann Vermittlung an der Hochschule keinen bedeutenderen oder gar eigenständigen Stellenwert erhalten. Im Großen und Ganzen verstehen sich die Hochschullehrer und Hochschullehrerinnen in Deutschland nach wie vor zu allererst als Fachwissenschaftler und Fachwissenschaftlerinnen. Dies gilt im Übrigen auch für die Lehrenden an Fachhochschulen, deren stärkere Orientierung an der Praxis (zumindest von der Idee her) keine andere Bewertung von Lehre zur Folge hat. Und dies gilt auch, dies muß gesagt sein, für viele Lehrende in der Fachdisziplin Erziehungswissenschaft. (...)

Lehre an der Hochschule ist Lehre von erwachsenen Menschen, ein zwar spezifischer, aber doch genuiner Teil von Erwachsenenbildung. Erwachsenenbildung wird zwar definiert als derjenige Bildungsbereich, der nach Abschluß einer Erstausbildung in Anspruch genommen wird. Im Hochschulbereich allerdings überlappen sich hier nicht nur Ausbildungsgänge, sondern auch biographische Werdegänge und didaktische Anforderungen. Diese „Überlappung" wird in dem Maße intensiver, in dem Bildungsgänge flexibilisiert, verkürzt und modularisiert werden. Vor allem aber handelt es sich bei Studierenden um erwachsene Menschen mit gegenstandsbezogenen Erfahrungen, Lernstilen, Motiven und Kommunikationsformen, wie sie generell in der Erwachsenenbildung anzutreffen sind. Umso interessanter ist daher (...) die Frage, in welcher Weise die Wissenschaft von der Erwachsenenbildung ihren eigenen Gegenstand in der Universität vermittelt. Jörg Knoll zitiert in diesem Zusammenhang H. Altmann mit der zentralen Aussage: „Teachers teach as they were taught, not as they were taught to teach" – Lehrende lehren, wie sie gelehrt wurden, nicht wie sie gelehrt wurden zu lehren. Mit anderen Worten: Die Art und Weise, wie Lehrende der Wissenschaft von der Erwachsenenbildung in der Hochschule agieren, mag für die Lehrenden selbst nicht das zentrale Problem sein – für die Lernenden aber ist es der Prüfstein für die Gültigkeit, Authentizität und Plausibilität des Gelehrten. Der Lehrgegenstand „Erwachsenenbildung" hat daher eine doppelte Faszination, als Spiegel im Spiegel für die Lehre an Hochschulen und gleichermaßen für den Gegenstand, um den es geht.

Es ist von daher nicht überraschend, daß man unverzüglich ins Zentrum von Fragen stößt, welche nicht nur die Lehre an Hochschulen, sondern auch das Verständnis von Wissenschaft und Forschung (nicht nur an Hochschulen) betreffen. (...) Fragen, die innerhalb wissenschaftlicher Disziplinen die so erstaunliche Ambivalenz zwischen hoher Wertigkeit in der wissenschaftlichen Neugier und völliger Mißachtung in der Präsentation wissenschaftlicher Ergebnisse haben. Fragen, die natürlich von den Lernenden gestellt werden, wie die Fragen des lesenden Arbeiters bei Bert Brecht. Vielleicht ist dies ein erster Focus, welcher die „Ausblendung des Lernerstandpunktes" charakterisiert, die Kurt Müller als ursächlich für die Kritik der Studierenden an der akademischen Lehre vermutet. Fragen, die Horst Siebert grundsätzlich an Axiome deutscher Hochschulen richtet: Verbessert Forschung wirklich die Lehre? Wird wirklich gelernt, was gelehrt wird? (...)

Kraft, Kreativität, Reflexion und Energie in die Lehre zu stecken bedeutet heute wie früher Nachteile in Sachen Forschungs- und Publikationsleistung in der wissenschaftlichen Gemeinschaft. Die „Habilitation" als Nachweis guter Lehrbefähigung hat sich, diesem System folgend, im Laufe der Jahrzehnte ohnehin zu einer zweiten, noch viel größeren und anspruchsvolleren Dissertation entwickelt, mit der individuelle Forschungsleistung, nicht aber soziale und Lehrkompetenz honoriert wird. Die verbliebenen Rudimente von Habilitation als Prüfung der Lehrbefähigung – Habilitationsvortrag und Antrittsvorlesung – sind im Gesamtverfahren als Zugangshürde in den Lehrkörper praktisch bedeutungslos geworden. (...)

In dieser sehr konkreten, Diskurs ermöglichenden Konfrontation von Hochschullehre als „Hochschuldidaktik" oder „Hochschulmethodik" treten auch weitergehende Aspekte zutage, die generell die Diskussion um Wissenschaft und aktuell die Diskussion der Erziehungswissenschaften und insbesondere der Erwachsenenbildung betreffen. Dabei geht es um die neuerliche Verquickung von Konstruktivismus und selbstgesteuertem Lernen als Antwort auf die ewige Frage danach, wer Subjekt und wer Objekt in Lehr-Lern-Prozessen ist.

Erziehungswissenschaft und insbesondere Erwachsenenbildung neigen aktuell ein wenig dazu, Form und Inhalt nicht nur in Beziehung zu setzen (was ich für richtig halte), sondern gelegentlich auch zu vermengen (was ich für falsch halte). Das Thema Erwachsenenbildung als Gegenstand der Lehrtätigkeit an Hochschulen gibt einen Anlaß, über diese möglichen Schnittmengen und Abgrenzungen von Form und Inhalt zu räsonieren.

Vielfach wird heute über die Unmöglichkeit gesprochen, zu lehren, was gelernt werden soll, oder andersherum: zu erwarten, daß gelernt wird, was gelehrt wird. Die „Lehrobjekte" früherer Zeiten sollen heute „Lernsubjekte" sein. Deshalb gehe es darum, den Lernerstandpunkt zu betonen, sogar darum, Lehre und Lernen begrifflich zu entkoppeln. Ich teile diese Auffassung insoweit, als die früher vermutete Eindimensionalität im Lernen angebotenen Lehrstoffs nicht zutrifft. Vielfach haben Analysen gezeigt, daß andere Dinge gelernt als gelehrt werden, oder auch Dinge zusätzlich gelernt werden, die nicht gelehrt wurden. Andererseits scheint mir die Vorstellung, Lehrziele ließen sich, wenn sie lernrelevant sein sollen, nur aus den Lerninteressen ableiten, dann in die Irre zu führen, wenn dies zu absoluten Begriffen pädagogischer Arbeit wird. Die Autonomie der Lernenden und ihrer Interessen beweist sich eben unter anderem darin, Lehrangebote abzulehnen, auszuwählen oder anzunehmen. In einer absoluten Didaktisierung kann die Gefahr liegen, eigene Positionen und Botschaften der Lehrenden für die Lernenden nicht mehr erkennbar zu machen. Darin würde aber auch ein Stück Entmündigung der Lernenden liegen.

Dies wird besonders dann deutlich, wenn über die Vermittlung wissenschaftlichen Wissens diskutiert wird. Die Stärke pädagogischer Reflexion (...) liegt darin, das Einerseits und das Andererseits im Verhältnis von Lehrenden und Lernenden, von Gegenstand und Vermittlung, von Interesse und Systematik in Form eines Prozesses zu organisieren. Lehre hat dabei einen wesentlichen Stellenwert als einer der Pole in diesem Prozeß. (...) Es ist unübersehbar, daß Anforderungen an Vermittlungskompetenz steigen, die Wertigkeit dieser Kompetenz im beruflichen Alltag (auch innerhalb von Betrieben) ständig wächst. Es ist daher für Lehrende in der Erwachsenenbildung an den Hochschulen dringend erforderlich, diese selbstreflexive und sehr kritische Frage zu stellen und zu beantworten. Dies muß nicht gleich die (meines Erachtens richtige) Grundsatzfrage betreffen: „Verbessert Forschung die Lehre?", wie sie Horst Siebert stellt. Dies sollte aber die Frage betreffen, inwieweit Lehrende in der Erwachsenenbildung Form und Inhalt ihrer Tätigkeit in einen authentischen Gleichklang bringen. Und inwieweit sie ihren Gegenstand innerhalb des Gefüges der Hochschule überzeugend repräsentieren. Aber auch dies ist ein weites Feld ...

## Lernarchitekturen (1999)

Metaphorik hat immer auch den Sinn, neue Blickweisen anzuregen und zu ermöglichen. Lehr-Lern-Prozesse, architektonisch zergliedert, bieten einen Raum der Wissensaneignung, einen Raum des Diskurses mit Expertinnen und Experten und einen Raum des Erfahrungsaustauschs und der Diskussion – so Hannelore Jouly im Interview. Es gibt eine Wechselbeziehung zwischen dem Lernen und Lehren und dem Raum, in dem es stattfindet. Diesen Raum zu gestalten und für das Lernen nutzbar zu machen ist eine Dimension des metaphorischen Begriffs der Lernarchitekturen, die in vielen der hier enthaltenen Beiträge eine Rolle spielt.

So formuliert etwa Jörg Knoll Merkmale des gestalteten architektonischen Außenraums, die von dem traditionellen Topos der Sitzordnung hin zu umfassenderen lernförderlichen und -hinderlichen Elementen des Raumes gehen. Erhard Schlutz möbliert diese äußere Welt des Lehrens und Lernens und geht davon aus, dass sie angesichts einer „erwartbaren Ermüdung durch das lebenslange Lernen" eine wachsende Bedeutung erhält. Es bedarf des Stimulans der Lernumgebung, es bedarf spezieller „Lernateliers" und eigener „Inszenierungen" (Jouly), um die ermüdeten lebenslangen Lerner wachzurütteln.

Dass diese äußere Welt des Lernens nicht mehr aus Stein und nicht mehr dreidimensional sein muss, thematisieren mehrere Beiträge. Ob es sich um eine „virtuelle Lernumgebung" in einem Betrieb handelt, in dem ein „kontinuierlicher Verbesserungsprozess" abläuft (Thiemann), ob es eine „Plug-in-Plaza" ist, nicht eine statische Kopie des Ortes, sondern eine virtuelle Welt voller Interaktivität (Kiefl), ob es um eine computergestützte Plattform für kooperatives Lernen geht (Krey) – die virtuelle, fiktionale, mediale Umwelt ist Realität und Normalität geworden. Steine, Mörtel und Dächer scheinen – was das Lernen angeht – unnötig geworden und „aus den Fugen geraten" (Ebsen-Lenz) zu sein. Das Fenster, früher freundliches Intermezzo für das lernmüde Auge, heißt heute „Windows" und befindet sich auf einem Bildschirm. Inwieweit dies *wirklich* eine Horizonterweiterung mit sich bringt, wird festzustellen sein.

Lernarchitektur hat jedoch eine weitere Dimension. Sie betrifft den Ausbau des lebenslangen Lernprozesses. Lernarchitektur ist nichts anderes als Didaktik, sie bezieht Medien, Objekte, Lehrende und Erfahrungen in einen selbstgesteuerten Lernprozess ein. Ob dies der „rasende Stillstand" im Medienmuseum ist, der selbstgesteuert erschlossen werden kann (Stang), das kommunikative Aushandeln unter Unsicherheit (Häusler) oder der Erfahrungsaustausch im virtuellen Workshop (Thiemann) – der Aufbau des Lernens bezieht heute weit mehr Dinge ein als nur das, was unter dem Begriff der Didaktik ermöglichend bereitgestellt wurde. Vielleicht war dies schon immer so, vielleicht haben aber auch die Medien, das Bildungsniveau, die Individualisierung, die Mobilität und der Druck auf eine endlose Qualifizierung hier etwas geändert.

Architektur bedeutet zweierlei: den eigenen Stil und die Kunst, ihn zu realisieren. Lernarchitektur als Begriff der Lernenden für das, was bei den Lehrenden Didaktik heißt: Setzt dies zuviel voraus? Ist der zielgerichtete Aufbau des eigenen Lernprozesses für Menschen, die vielleicht des Materials nicht kundig und des gewünschten Nutzens noch nicht sicher sind, eine Überforderung? Fast sicher ist, dass mediale Möglichkeiten und Strukturen die Notwendigkeit, Lernprozesse zu gestalten, aufzubauen und zu durchlaufen, nicht ersetzen. Ein wesentliches Ergebnis des „kontinuierlichen Verbesserungprozesses" in der Deutschen Bank (Thiemann) ist, dass das neue Lernen kein Substitut einer Face-to-Face-Kommunikation sein kann. Danach bedarf es nach wie vor eines nicht nur virtuellen Außenraumes, und – im übertragenen Sinn – einer Didaktik, in der und mittels derer Menschen lernen können. Wenn im Zentrum der Räume der Mensch steht und stehen soll (Kiefl), dann steht er im Zentrum des Lernprozesses und dieser im Zentrum einer wirklichen Umwelt.

An der Lernarchitektur arbeiten Architekten. Häuser können sicherlich auch Laien planen. Und das eine oder andere wird durchaus originell und bedürfnisgerecht sein. Architektenhäuser, also von Professionellen entsprechend den Verwendungszusammenhängen und der Umgebung durchdachte und geplante Häuser, gelten aber im Allgemeinen als besonders wertvoll. Der nach dem Begriff des Lernarrangements nun immer häufiger benutzte Begriff der Lernarchitektur kann deshalb als Indiz dafür gelten, dass auch bei immer bedeutsamer werdenden (oder nun erst von Wissenschaft und Praxis angemessen zur Kenntnis genommenen) selbstgesteuerten Lernprozessen auf die professionelle Planung und Gestaltung der Lernumgebung, eine Schaffung von adressatengerechten Zugangsmöglichkeiten und die Initiierung von Übergängen zwischen Nutz- und Lebensräumen nicht verzichtet werden kann. Und es beruhigt, zu lesen, dass die selbstgesteuerte Aneignung, der Weg durchs Museum (Stang), nicht alles ist; Erläuterungen des Führungspersonals eröffnen Aspekte, „die man ohne Kommentar nicht bemerkt hätte".

## Bildungsfinanzierung (2000)

Bildung war nie kostenfrei. Aber die Frage, wer die Kosten von Bildung zu tragen hat und wie sie verteilt werden, ist strittig und wird unterschiedlich beantwortet, seit Bildung als eigenständige Leistung erkannt und gewürdigt wird.

Eine erste wichtige Frage in diesem Zusammenhang ist, wer Bildung überhaupt benötigt. Menschen benötigen sie umso mehr, je entwickelter ihr Lebensumfeld ist, je mehr allgemeine Kulturtechniken erlernt werden müssen, um im gegebenen gesellschaftlichen Kontext zu überleben. Es steht nicht in der individuellen Entscheidung, wie viel Bildung notwendig ist. Der Spielraum, sich zu bilden oder nicht, wäre auch dann begrenzt, wenn es keine verordnete Bildungspflicht in unseren entwickelten Gesellschaften gäbe. Allgemeine Kulturtechniken ermöglichen erst die Bewältigung des alltäglichen Lebens, des materiellen, sozialen und politischen Überlebens. Sie haben sich im Verlauf der Geschichte immer weiterentwickelt, und immer mehr Menschen müssen sie beherrschen.

Ein entscheidender Sprung erfolgte vor einigen hundert Jahren mit der generellen Einführung des Schreibens, Lesens und Rechnens, eine wichtige Bedingung für das Entstehen der bürgerlichen Gesellschaft und nationaler Ökonomien. Aktuell zeichnet sich ab, dass auch die Medien- und die Sprachkompetenz als allgemeine Kulturtechniken anerkannt werden.

Jede entwickelte Gesellschaft benötigt Menschen, die über alle diese Kulturtechniken verfügen. Vorhandene Qualifikationen, Kompetenzen und Bildungsreserven sind von herausragender Bedeutung. Aktuelle Studien, die im globalen Wettbewerb miteinander konkurrierende Länder und Kontinente vergleichen, beziehen sich immer häufiger auf Fragen des Qualifikations- und Kompetenzprofils. So hat etwa die OECD in den letzten Jahren verschiedentlich Erhebungen zum Bildungsniveau in unterschiedlichen Ländern gemacht, die jüngste von ihnen ist gerade im Bereich von Technik und Naturwissenschaften für die Bundesrepublik Deutschland alles andere als vielversprechend. Es ist unübersehbar, dass die Gesellschaft verwertbare Qualifikationen benötigt und diese von ihren Mitgliedern abfordert. Bildungspflicht ist das eine, Maßnahmen zur Regulierung von Märkten, Motivationen und Entwicklungen sind das andere.

Bildung wird vielfach von Menschen und Organisationen finanziert, die nicht unmittelbare Nutznießer sind. Investitionen von Betrieben in das Personal beispielsweise mit dem Ziel, die betriebliche Qualifikationsstruktur zu erhöhen, schlagen fehl, wenn die betreffenden Beschäftigten mit der erworbenen Qualifikation den Betrieb verlassen. Investitionen von Beschäftigten in ihre eigene Qualifikation schlagen fehl, wenn sie nicht in entsprechende Karrieren und Refinanzierungen umgesetzt werden können. Investitionen des Staates in die Qualifikationsstruktur etwa einer Region schlagen fehl, wenn sie nicht in regionale produktive Strukturen umgesetzt werden können.

Eine dritte wichtige Frage bei der Finanzierung von Bildung ist, wie sich der Nutzen von Bildung überhaupt messen lässt. Gerade über diese Frage wird häufig diskutiert, die Ergebnisse sind wenig befriedigend. Parameter zur Definition von Bildungsergebnissen, die in ökonomischen Diskussionen stichhaltig wären, liegen nur begrenzt vor. Zudem sind gerade Akteure im Bildungsbereich wenig geneigt, sich auf solche den Bildungszielen fremde Diskussionen einzulassen.

Es ist ganz sicherlich so, dass die Realität der Bildungsfinanzierung sich in die Richtung entwickelt, dass private Haushalte – einzelne Personen – immer mehr an der Finanzierung von Bildung beteiligt sind. Es gibt eine breite Diskussion über die Stagnation oder Rücknahme staatlichen Engagements, und das alles angesichts einer Situation, in der Weiterbildung an Bedeutung zu wachsen scheint oder sich quantitativ und qualitativ entwickeln soll. Man stellt sich die Frage: Wie kann sich bei einem Zuwachs und einer qualitativen Bedeutungssteigerung von Weiterbildung auf der einen Seite und einer stagnierenden oder sogar teilweise zurückgehenden finanziellen Grundstruktur auf der anderen Seite das entwickeln, was man gesellschaftspolitisch und auch ökonomisch für notwendig hält, nämlich eine Zunahme der Bildung in der Bevölkerung und des gesellschaftlichen Stellenwerts von Bildung.

Wir haben diese Tagung nicht als finanzpolitische Tagung ausgerichtet, sondern wir wollen Finanzfragen mit inhaltlichen Fragen verbinden. Wir haben daher z.B. in den Podien, die wir hier vorgesehen haben, als Oberbegriffe weniger Fragen von Finanzierungsmodellen oder Finanzierungsströmen, sondern inhaltliche Fragen danach, was man denn eigentlich gerne erreichen möchte in der Weiterbildung – etwa in Sachen Chancengleichheit oder in Sachen Beteiligung oder auch in Sachen konzentrierter zielgerichteter Steuerung von Bildungsinhalten. Wir haben die Tagung auch nicht auf Weiterbildung reduziert, sondern auf das lebenslange Lernen insgesamt erweitert. Das liegt daran, dass Bildungsfinanzierungsfragen nicht isoliert für einen einzelnen Bildungsbereich behandelt werden können, sondern übergreifend diskutiert werden müssen, als Finanzierung von Bildung insgesamt, denn man kann nicht auf der einen Seite sagen, man müsse Bildung als gesellschaftlichen Gesamtprozess sehen, und ihn auf der anderen Seite finanzpolitisch in einzelne Teilbereiche zerlegen. Das führt ja in der Regel dann auch immer nur dazu, dass die Bildungsbereiche gegeneinander in Konkurrenz gebracht werden. Wir sind also der Meinung, dass ein Gesamtkonzept „Lebenslanges Lernen" auch den Aspekt der Finanzierung von Bildung mit enthalten soll.

## Barrieren, Blockaden, Widerstände (2000)

Widerstand beginnt bereits dort, wo ein möglicher Konflikt nicht ausgetragen wird. Das „Berichtssystem Weiterbildung" ermittelt seit 20 Jahren das Bildungsverhalten der Menschen in Deutschland; trotz wachsender Teilnahme an Bildungsangeboten findet nach wie vor mehr als die Hälfte der Bevölkerung nicht den Weg in organisierte Lernprozesse.

Wir wissen wenig darüber, warum dies so ist. Über „Nicht-Teilnehmende" liegen noch weit weniger Forschungsergebnisse vor als über „Teilnehmende". Motivationsbarrieren, Zugangsschwellen oder soziale und psychologische Schranken mögen dafür verantwortlich sein. Sicher bestehen Zusammenhänge mit der Berufstätigkeit, dem Alter, dem Wohnort und vor allem dem Bildungsniveau – dies wissen wir aus den vorliegenden Analysen.

Dennoch ist Vorsicht geboten: Wir wissen nicht, ob nicht außerhalb organisierter Lernprozesse gelernt wird, ob sich nicht Widerstände und Blockaden nur auf Institutionen und Lehrpersonen, nicht aber auf das Lernen beziehen. Wir wissen auch nicht, ob es nicht doch insgesamt eher Hemmnisse und Barrieren sind als Widerstand, wie dies Hans Tietgens formuliert. Mehr Erkenntnisse über Motive, Interessen und Probleme von Nicht-Teilnehmenden täten not.

Weniger spekulativ wird es, wenn wir Widerstände in organisierten Lehr-Lern-Prozessen beobachten. Der Begriff „Widerstand" ist „interventionsdidaktisch kontaminiert" (Rolf Arnold). Organisierte Lernprozesse (und die darin aktiven Lehrenden) muten an und zu, deuten um und zielen ab auf Veränderungen. Die Rolle von Lernenden bewegt sich hier im Kontinuum zwischen Anpassung und Widerstand. Die Formen sind vielfältig: etwa eine Arbeitsanweisung nicht zu befolgen, aber auch nicht zu stören, oder sich hin und wieder in den Mittelpunkt zu setzen, um Zuwendung zu bekommen, oder die Kritik am Inhalt des zu Lernenden. Vielfach sind Widerstände und Blockaden bei den Einzelnen und in der Gruppe gar nicht erkennbar. Und vielfach handelt es sich um implizite Widerstände, wenn etwa Lernende über ganz andere Dinge sprechen als Lehrende, oder wenn sie ihre eigenen Deutungen und Analysen den intentionalen Lehrzielen gar nicht entgegenstellen.

Die Formen von Blockaden und Widerständen führen zu der Frage, aus welchem Blickwinkel heraus Lernen oder Nicht-Lernen überhaupt als Blockade oder Widerstand zu definieren sind. Die Frage „Warum soll der Pellwormer Skifahren lernen?" (Rosemarie Klein und Marita Kemper) verdeutlicht den Strukturkonflikt zwischen Lehrziel und Lerninteresse. Widerstände gegen Lehrangebote werden gelegentlich artikuliert, über Blockaden und Barrieren sprechen Lernende in der Regel nicht. Sie werden auch eher von den Lehrenden definiert.

So vielfältig wie die Formen der Blockaden und Widerstände sind auch die Ursachen. So geht es um fehlende Motivation, um das soziale Umfeld, um Statusprobleme, um Unterforderung und Überforderung, um die Wertschätzung in der Lerngruppe und um Rollendefinitionen. Dies alles kann ursächlich dafür sein, dass nicht oder nur teilweise gelernt wird, was angeboten wird.

In unterschiedlicher Weise sind das Selbstbild, die Rolle, der Status der lernenden Erwachsenen als konstitutiv für Blockaden und Widerstände zu akzentuieren. Männer scheinen dabei in besonderer Weise betroffen zu sein. Die Rolle als Familienvater, die Unterwerfung beim erneuten Drücken der Schulbank, die Nutzlosigkeit bereits erworbener Qualifikationen, der Wechsel in der Zugehörigkeit zur sozialen Schicht – all dies sind sozialstrukturelle Elemente, die in der Regel nicht fördernd, sondern hemmend Lernprozesse beeinflussen. Dies im Lehr-Lehr-Prozess direkt zu thematisieren, kann kritische Folgen haben und Lernblockaden eher verstärken. Die Asiatin, die weiße Mittelschichtamerikaner unterrichtet, zeigt in ihrer Analyse der Widerstände, Akzeptanzprobleme und Selbstreflexionen, in welcher Intensität gesellschaftliche Machtverhältnisse auf Lehr-Lern-Prozesse „durchschlagen" (Kyung Hi Kim).

Einen noch weiteren Blick öffnet der Beitrag zu den Lernzumutungen der Transformation (Uwe Gartenschläger und Toms Urdze). Es fällt uns wieder ein: Lernen und Bildung waren ein zentrales Postulat sozialistischer Gesellschaften, das Lernkulturen prägte und Lernwiderstände geradezu ritualisierte. Die lettische Volksweisheit „Ein Leben lang leben, ein Leben lang lernen" verlor als sozialistische Doktrin ihre humane Unschuld. Dies verweist auf die Rolle der Lehrenden im System von Blockaden und Widerständen. Der pädagogische Zeigefinger (Ortfried Schäffter) spielt hier ebenso eine Rolle wie das Machtgefälle und die objektive Aufgabe von Lehrenden. Personale und systemische Legitimation reichen nicht aus, um Blockaden und Widerstände zu beheben, zumal dann nicht, wenn sie mit Unsicherheiten und professionellen Lücken behaftet sind. Die Forderung, Lehrende hätten Blockaden und Widerstände besser wahrzunehmen, professioneller damit umzugehen, sich für Beratung und Supervision eigens zu qualifizieren – diese Forderung steht deutlich im Kontext des zweiseitigen Verhältnisses von Lernblockaden und Widerstand (Adelgard Steindl und Ortfried Schäffter). Und es zeigt sich, dass die Vorstellung eines „Voneinander-Lernens" keine virtuelle Überhöhung der Lehr-Lern-Kommunikation ist, sondern Realität. Gerade in Widerständen stecken Lernpotentiale der Lernenden, die eigene Ziele, Interessen und Bedürfnisse verfolgen, ebenso wie Lernpotentiale der Lehrenden, die solche Widerstände wahrnehmen und an ihre eigene Lernkompetenz und Lernidee rückbinden müssen. Es liegt der Verdacht nahe, dass nur diejenigen Lehrenden angemessen mit Widerständen und Blockaden der Lernenden umgehen, die solche auch bei sich selbst wahrnehmen und bearbeiten können.

## Support für die Weiterbildung (2000)

Unter der Überschrift „Begriff ohne Geschichte" verweist Hans Tietgens im „Rückblick" darauf, dass das mit der Bezeichnung Support-Strukturen Gemeinte zwar (heute) von zentraler Bedeutung für die Wirksamkeit von Erwachsenenbildung ist, unter diesem Begriff aber zuerst in einem Gutachten im Jahre 1991 auftaucht. Es ist ein englischer Begriff, und er bringt, so wiederum Tietgens, „als erstes die seit den Anfängen der Erwachsenenbildung überlieferte Abneigung gegen Fremdwörter in Erinnerung". Wie auch immer: Wir können uns heute gegen solche vor allem aus der „lingua franca" Englisch stammende Fremdwörter nicht mehr wehren, wir müssen das aber auch gar nicht tun. Die Frage liegt eher darin, ob mit dem neuen Begriff auch etwas Neues bezeichnet wird.

Wir haben in der Diskussion in der Erwachsenenbildung den Nachweis, dass „Support" über Service, Dienstleistung und Unterstützung hinausgeht. Nicht von ungefähr wird „Support" meist als höchst unglückliches Wortungetüm „Supportstruktur" aufgetischt. Dahinter steht, was Sigi Gruber als wesentliche Elemente des Supports skizziert: Stabilität, Verbindlichkeit und Nachhaltigkeit. Peter Faulstich und Christine Zeuner erheben dies zu einem geradezu intermediären System, das den Dualismus von Staat und Markt aufhebt. Support existiert danach nur in Strukturen, der Begriff selbst ist ein „weißer Schimmel", moderner und bereichsspezifischer formuliert als „soziale Marktwirtschaft".

Vielfach wird darauf verwiesen, dass mit dem Begriff „Support" bildungspolitisch vor allem ein Notnetz gespannt wird. Statt wie früher von einer öffentlichen oder staatlichen Gestaltung der Weiterbildung zu sprechen, wird ihr heute nur noch eine staatliche oder öffentlich verantwortete Supportstruktur eingezogen. Anders ausgedrückt: Die Übergabe eines Bildungssektors an den Markt erfolgt in öffentlicher Verantwortung. Sie konzentriert sich darauf, dass Weiterbildung in der Regie der Marktprinzipien für die Lernenden mindestens ebenso akzeptabel und nützlich ist wie in öffentlicher Verantwortung. Noch vor 20 Jahren gebrauchte man für die öffentlichen Aufgaben in der Weiterbildung – neben der Akzeptanz der Pluralität – vor allem den Begriff „Subsidiarität". Diese setzt eine Gestaltungsabsicht voraus, die Zielgruppen, Inhaltsbereiche, regionale Angebotsdichte, Zugangswege, Lehrmethoden und Abschlüsse umfasst. Support signalisiert zunächst, dass auf solche Gestaltungsabsichten verzichtet wird. Der Staat beschränkt sich darauf, dass die Lernenden Qualität erhalten, beraten werden, Zugänge haben, und dass die Einrichtungen und Verbände in Professionalisierung, Kooperation, Dokumentation, Entwicklung und wissenschaftlicher Begleitung unterstützt werden.

Im Grunde lassen sich drei Richtungen erkennen, in die hin sich Support entwickelt: Support ist zunächst eine *Unterstützungsstruktur,* ein „Unterstützungsnetzwerk". Support ist auch eine *Entscheidungsstruktur,* ein „Entscheidungsnetzwerk", in dem über Zusammenschlüsse, Kooperationen und Vernetzungen Meinungs- und Willensbildung sowie politische Ziele umgesetzt werden. Die europäischen Netzwerke (Sigi Gruber) erfüllen diese Aufgabe ebenso wie regionale Weiterbildungskuratorien und Zusammenschlüsse von Einrichtungen auf Landes- und Bundesebene.

Support ist aber auch eine *Steuerungsstruktur.* Die beschriebenen Beratungssysteme der Arbeitsverwaltung oder das Bremer Qualitätssicherungssystem haben nicht nur Unterstützungs- und Entscheidungs-, sondern auch Steuerungsfunktionen. Mit ihnen wird sowohl auf Bildungsentscheidungen der Lernenden wie auch auf unternehmenspolitische Entscheidungen von Bildungseinrichtungen eingewirkt. Support, von Rolf Dobischat als „sozialer Auftrag" bezeichnet, ist eine moderne Form öffentlicher Gestaltungsinstrumente in einem vermarkteten Sektor. Insofern ist hier ein neuer Begriff zu Recht gewählt worden, da er öffentliche Aufgaben im intermediären Bereich eines sich ausgestaltenden Verhältnisses von Staat und Markt beschreibt. Welche Konsequenzen in der Entwicklung von Support liegen, lässt sich noch gar nicht vollständig abschätzen. Dies gilt etwa für das Internet, bei dem derzeit strittig ist, inwieweit Tele-Learning traditionelle Formen der Weiterbildung ablöst. Gravierender ist, dass sich das Weiterbildungssystem verändert. Dies betrifft etwa die Qualifikation derjenigen, die im Supportbereich arbeiten; sie sind beratend, informierend, koordinierend tätig. Möglicherweise entsteht hier ein ganz neues Kompetenzprofil. Auch die Beziehung der „Supportstrukturen" zu den Institutionen steht erst in den Anfängen. Und natürlich stellt sich die Frage des Geldes. Eine unterstützende Struktur, die in einem zunehmend marktförmig geregelten Bereich angesiedelt ist, unterliegt selbst diesen Regeln. Vielfach unternimmt der Staat die Finanzierung explizit unter dem Stichwort „Anschubfinanzierung" mit Verweis darauf, dass sich der Support zukünftig selbst zu tragen habe. Die Förderung des Hamburger Bildungsforums ist hier bezeichnend. Ob dies gelingen wird, ist noch unklar. Sicher aber ist, dass die ökonomische Diskussion um den Support weniger von sozialen und ideologischen Argumenten getragen sein wird als diejenige um den Fortgang der Bildung.

Die Weiterbildung insgesamt wird gut daran tun, gemeinsam und intensiv am Aufbau einer weiteren Supportstruktur zu arbeiten: der Anerkennung der Notwendigkeit von Weiterbildung im gesellschaftlichen und politischen Raum, der Anerkennung der Notwendigkeit nicht nur beruflicher, sondern auch allgemeiner und politischer Weiterbildung, und der Notwendigkeit, Bildungsaktivitäten von Menschen in immer höherem Maße zu fördern und zu unterstützen nicht nur wegen des Standortfaktors Bildung, sondern wegen der Menschen selbst.

# Weiterbildung und Zukunft (2001)

In den 1960er Jahren fanden zunehmend Rechner Eingang in Science-Fiction-Romane. Sie wurden mit Lernfähigkeit, eigenen Emotionen und eigenen Interessen ausgestattet. Vor allem aber: Je stärker und leistungsfähiger sie waren, desto größer wurden sie. In der Weltraumserie „Perry Rhodan" wurde der „Menschheitsrechner" Nathan seiner Größe wegen auf dem Mond installiert.

Es ist anders gekommen. Die Rechner heißen heute Computer, sind immer kleiner geworden und haben (noch) weder Intelligenz noch Emotionen. Was war falsch an den Zukunftsvisionen? Sicherlich, dass Automaten – vermutlich ihrer damaligen Faszination wegen – vermenschlicht, aber auch, dass Parameter (z.B. Größe der Apparaturen) als unveränderbar festgesetzt und in die Zukunft verlängert wurden. Andere Elemente des Rechners wie das Internet wurden noch nicht gedacht – dazu gab es weder Anhaltspunkte noch Phantasie. Ortsunabhängige und synchrone Kommunikation wurde als „Telepathie" den Menschen zugeschrieben.

In Zukunftsvisionen gehen nicht nur Parameter der Gegenwart – teilweise unhinterfragt – ein, sondern auch Interessen, Hoffnungen und Ängste der Menschen, die sich Zukünftiges vorstellen. In explizit darauf ausgerichteten Methoden der Weiterbildung (etwa in „Zukunftswerkstätten") wird dieser Weg von gedachter Zukunft, vorhandener Realität und angestrebten Zielen bearbeitet und nachgezeichnet. Immer wieder zeigt sich, wie eng Phantasie am Gegenwärtigen haftet, wie unzureichend Zukunftsprognosen sind und welche Schwierigkeiten dabei bestehen, Zukünftiges zielgerichtet zu denken und vor allem zu gestalten.

Zwei Dimensionen sind angesprochen, wenn von Zukunftsfeldern der Erwachsenenbildung die Rede ist: einerseits die künftige Rolle und Aufgabe von Weiterbildung unter veränderten gesellschaftlichen Bedingungen und andererseits die Aufgabe von Weiterbildung in der Gegenwart, um auf die Zukunft vorzubereiten und diese für die Menschen gestaltbar zu machen. In beiden Dimensionen gilt die Aussage von Alfred Grosser im DIE-Gespräch: Je mehr man schon weiß, desto eher erfährt man, was man wissen will.

Die Diskussion um die Zukunft der Weiterbildung dreht sich zunächst um die Frage, welche Parameter sich verändern, welche verändert werden oder welche bestehen bleiben sollen. Ob es dabei um die bruchlose Berufsbiographie (Pongratz), den

Kanon von Grundbildung (Kamper), die kulturelle Identität (Hafeneger) oder die Rolle von Institutionen (Schneider) geht: Die Parameter, mit denen Gegenwärtiges beschrieben werden kann, sind zu reflektieren und möglicherweise neu zu definieren. Orte, Zeiten und Interessen sind nicht sicher, und gerade diejenigen Parameter, die traditionell konstant gehalten wurden (wie etwa Häuser als Lern- und Arbeitsorte, Berufe als identitätsstiftende Normen, Ideale wie Freiheit als Leitziele), werden derzeit zunehmend hinterfragt.

Die Zukunftsdiskussion zeigt aber auch, dass ein traditionelles Element der Utopie, die Eindimensionalität, ins Wanken geraten ist. Zu dieser Eindimensionalität gehört etwa die Vorstellung einer linearen Entwicklung beruflichen und privaten Handelns (Karriere etc.), die sich zu einer Sequenz von Auf- und Abstieg und mit einer Tendenz zu Arbeitskraftunternehmern entwickelt (Pongratz). Dazu gehört, dass die Eindeutigkeit kultureller Identität zu Mehrdeutigkeit bei Akzeptanz und Toleranz tendiert (Grosser, Hafeneger). Dazu gehört die Ausdifferenzierung im Organisatorischen und Institutionellen, die auf menschliche Interessen nicht mehr als „entweder – oder", sondern als „sowohl – als auch" reagiert (Schneider). Dazu gehört die Neudefinition des Funktionalen in der Grundbildung von Menschen in Abhängigkeit von gesellschaftlichen Erfordernissen (Kamper). Und dazu gehört die ins Unermessliche erweiterte Möglichkeit, Informationen abzurufen und zu verbreiten, vielleicht eine Demokratisierung der Meinungsbildung (Gruber, Harteis & Hawelka), ganz sicher aber Grundlage einer unbegrenzten Transparenz (unter zu definierenden neuen Bedingungen).

Wir werden in der Zukunft davon ausgehen müssen, dass das Verständnis von „Normalität" sich unendlich erweitert. In einer Welt, in der alles zeitgleich erfahrbar und vermittelbar ist, fragmentiert sich Normalität nicht mehr nach Regionen und Kulturen, sondern nach Interessen und Strukturen. Kleine Milieus, regional unbedeutend, schaffen durch ein globales Netzwerk eine eigene Normalität. Minderheiten, Normabweichungen sind neu zu definieren. Vielleicht ist die Normalität der Zukunft die des gemeinsamen Interesses; Alfred Grosser verweist auf die Normalität des europäischen Autofahrers, die alle sprachlichen, kulturellen, sozialen, historischen und geschlechtlichen Unterschiede dominiert.

Früher ging man davon aus, dass Bildung sich mit gesellschaftlichen Problemen und Aufgaben zu befassen und diese in Lehr-Lern-Prozesse umzusetzen habe. Auch wenn dies heute – trotz E-Learnings mit einer Vielzahl von neuen Sprachschöpfungen (Lehmann) – noch gilt: In der Zukunft scheint sich diese Aufgabe der Bildung in einem sehr viel grundsätzlicheren Umfang zu verändern. Nicht nur, dass Wissens- und Faktenvermittlung zunehmend aus (zumindest sozial organisierten) Lernprozessen ausgelagert wird (Schneider, Gruber), nicht nur, dass Inhalte und Methoden des Lernens sich an biographischen Wegen, kaum noch an Strukturen des Stoffs orientieren (Pongratz,

Kamper), nicht nur, dass Bildung zu einem Dialog, weniger zu einem Verhältnis von Vermittlungen und Aneignungen gerät (Hafeneger): Bildung, und gerade Bildungsarbeit mit Erwachsenen, hat immer mehr den Sinn zwischen ambivalenten und disparaten Elementen des Lebens zu stiften. „Distanznahme zu sich selbst" (Grosser) zu ermöglichen, sich Fragen stellen lernen zu dem, was wahrgenommen, erfahren und verarbeitet werden kann, dies scheint die Hauptaufgabe von Bildung in der Zukunft zu werden. Hier liegen auch die Forschungsaufgaben, wenn es um Bildung geht – weit mehr, als derzeit absehbar in Angriff genommen werden können.

Sicher aber ist: Auch wenn vieles anders kommt, vieles unklar ist und Phantasie Grenzen hat – wer auf Zukunftsvisionen und Zukunftsprognosen verzichtet, verfehlt das erste Ziel von Bildung: das eigene Leben human und zielgerichtet zu gestalten.

## Einheit und Gegensatz (2001)

Pole sind Endpunkte von Achsen, Gegensätze, Extreme, verantwortlich für Ruhe wie für Bewegung. Polarisierung heißt, die Endpunkte, die Gegensätze eher zu sehen als das, was sie verbindet – die „Mitte".

Polarisierungen können reale Entwicklungen sein, durch die sozial, ökonomisch oder kulturell Dinge in Gegensatz gebracht werden. Polarisierungen können rhetorische Formen oder dramaturgische Effekte sein, mit denen Widersprüche aufgezeigt und diskutierbar gemacht werden. Sie können auch relativieren, so schrumpfen gelegentlich etwa Polarisierungen aus historischer Perspektive zu Nuancen einer gemeinsamen Position. Polaritäten, dies ist gewiss, regen zum Denken an, zur Diskussion und – dies ist zu hoffen – zum Weiterlernen. Vor allem aber: Sie machen Ziele deutlich, sie zeigen, wo gehandelt werden muss, wo Probleme bestehen oder zu erwarten sind.

Wir beschäftigen uns hier mit unterschiedlichen Polarisierungen. Es geht um ethnosoziale Konflikte, bei denen die Pole in der Fremd- und Selbstzuschreibung von Majoritäten und Minoritäten gesellschaftlicher Gruppen liegen. Die „Leitkultur" der Majorität ist Ausdruck ihrer Definitionsmacht; in Zeiten ohne Eroberungskriege erfolgt die gesellschaftliche Unterschichtung durch Zuwanderung. Mit welcher Legitimation? Weil die Mehrheit schon länger dort ist, wo sie ist? Weil sie die Dinge besitzt? Weil sie ihr eigenes kulturelles Erbe fortzuführen und zu verteidigen hat? Pädagogisches Handeln, dies wird deutlich, ist nur ein kleiner Ausschnitt gesellschaftlich notwendigen Handelns, und seine Möglichkeiten sind begrenzt.

Wir erfahren von der Polarität der Generationen, die in der jüngsten Vergangenheit begonnen hat, die traditionelle Wissenshierarchie auf den Kopf zu stellen, und Fragen von Macht, Vermögen und kultureller Identität der Generationen immer stärker betont. Ist das Alter noch schützenswert? Muss man heute nicht eher sagen: Sollte die Jugend schützenswert werden? Generationenkonflikte und Polaritäten zwischen Generationen sind produktiv, wenn man sie erkennt und zulässt. Sie sind produktiv, wenn gleichzeitig lebende Generationen einen vergleichbaren („gerechten") Einfluss auf ihre gemeinsame Gesellschaft haben. Mit welcher Legitimation spricht man von reichen Alten und armen Jungen? Welche Wertvorstellungen, welche möglicherweise ahistorischen Sichtweisen liegen zu Grunde?

Die Polarität von Qualifikation und Wissensverfall steht zur Debatte. Unstete Berufsbiografien, die wachsende Rolle von neu erworbener Qualifikation zur Behauptung der eigenen Lebensqualität werden wichtig. Es gibt Gewinner und Verlierer der Wissensgesellschaft; die Gefahr besteht, dass die Kluft zwischen ihnen immer größer wird. Wieviel Lernkompetenz und Lernbereitschaft haben die Menschen? Welche Lernkapazität ist zumutbar und mit welcher Legitimation?

Viele Menschen scheitern bei dem Versuch, den anderen, den privilegierten Pol zu erreichen. Mit dem Konzept der Individualisierung, mit dem Begriff „Optionenvielfalt" wird dieser gescheiterte Versuch als persönliches Versagen interpretiert. Kompetenzentwicklung wird zur Bringschuld der Menschen, welche die Individualisierung radikalisiert und in ihren Konsequenzen inhuman werden kann. Die Kluft zwischen technikaffinen und nicht-technikaffinen Menschen, der „knowledge gap" oder „digital gap", kann tiefer werden. Der Unterschied zwischen „Usern" und „Loosern" wird größer, das Internet erzeugt eine „digitale Spaltung" – oder nicht?

Die Polaritäten einer Wissensgesellschaft werden noch schwerwiegender, sieht man auf die Polarität von „Kopfhirn" und „Bauchhirn", die ebenso verantwortlich ist für effektives Lernen wie für Lernwiderstände. Dies ist eine Polarität, die erst dadurch immer deutlicher in den Blick rückt, dass sich Widerstände gegen Lernzumutungen artikulieren. Die Legitimation des Lernen-Müssens steht in Frage, eine Polarität zum Ziel der Bildungs- und Wissensgesellschaft, die grundsätzlich ist. Noch nie in der Geschichte wurde die Lernleistung der Menschen so klar und explizit zu ihrer Bringschuld erklärt wie heute.

Wir haben nur einige der Polaritäten aufgegriffen, die erkennbar sind. Zu denjenigen, die hier deutlich fehlen, gehört das Ost-West-Verhältnis. Kann es sein, dass es immer mehr Polarisierungen gibt? Oder werden sie heute nur eher wahrgenommen und diskutiert? Bildung hat jedenfalls ein Interesse daran, sie bewusst zu machen, kann aber auch nur einen kleinen Teil dazu beitragen, sie für die weitere Entwicklung produktiv zu wenden. Um diesen Teil aber geht es besonders, wenn wir über die gesellschaftliche Rolle von Bildung räsonieren.

# Sprachenlernen und Sprachenpolitik (2001)

Fünf Jahre ist es her, dass sich diese Zeitschrift im Schwerpunkt dem Thema „Sprachen" widmete, damals eng verbunden mit der Rolle der neuen Medien beim Sprachenlernen und deren politischer Umsetzung. Der Anlass, das Thema jetzt wieder aufzugreifen, ist das „Europäische Jahr der Sprachen".

„Sprechen Sie europäisch?" titelt Albert Raasch seinen Beitrag. Unschwer zu erkennen, dass es diese Sprache nicht gibt – obwohl: Ich erinnere mich an die Begegnung mit einem chinesischen Studenten während meines Studiums, der (auf Deutsch) tatsächlich sagte, dass er die „europäische Sprache" lernt (er meinte Englisch, Französisch, Deutsch und Italienisch zusammen); aus der Sicht des so anderen chinesischen Sprachraums durchaus nachvollziehbar. Raasch verweist auf drei größere europäische Sprachfamilien (romanisch, slawisch, germanisch), die Möglichkeiten eines aufbauenden und verbindenden Lernens in der jeweiligen Gruppe und die geringen Schnittmengen, die zwischen ihnen bestehen. Nimmt man die vielen „kleineren" Sprachen hinzu – etwa Ungarisch oder Finnisch, Baskisch oder Griechisch – zeigt sich der tiefere Sinn eines Sprachenjahres in Europa. Demokratie ist ohne Sprache, ohne zielgerichtete Kommunikation nicht zu haben – und folgerichtig ist Sprachenlernen eine zutiefst politische Angelegenheit in einem Gebilde wie der Europäischen Union.

Sprachenpolitik ist daher mit die wichtigste Dimension des Europäischen Jahrs der Sprachen. Wie viele Sprachen sollen die Bürger und Bürgerinnen der Europäischen Union zukünftig beherrschen? Nach wie vor ist die Rede von der Formel „1 plus 2": die Muttersprache sowie zwei weitere zu erlernende (und fließend gesprochene) Sprachen, eine von ihnen vorzugsweise Englisch als „lingua franca". Einigkeit besteht bereits darüber, dass die Einsprachigkeit überwunden werden muss – kein Schrecken für Einwohner kleinerer europäischer Staaten wie Dänemark, Holland oder Luxemburg, wo dies bereits erfolgte, aber ein Problem in großen Flächenstaaten mit einer großen Population wie Deutschland, Italien oder Frankreich, in denen Sprachen zwar erlernt, im alltäglichen Umgang aber weniger praktiziert werden (müssen).

Sprachdidaktik ist eine weitere wichtige Dimension. Wie werden Sprachen gelernt? Und wann? Das oberste Ziel von Sprachenlernen besteht darin, das Weiterlernen zu garantieren – eine erfreuliche Botschaft für alle, die Weiterbildung als einen zentralen Bildungsbereich ansehen. Eine wichtige Aufgabe der Sprachdidaktik ist es, konstruktiv die Lebenssituation mit Sprachlernprozessen zu verknüpfen. Dies kann aber nicht darin bestehen, den Instruktionismus zu verteufeln und Konstruktivismus zur neuen Leitwissenschaft zu erklären. Die Konstruktion des Wissens im Gehirn darf nicht gleichgesetzt werden mit einer autonomen Konstruktion von Lebenswelten durch die Menschen. Lernen ist nicht nur Wirklichkeitskonstruktion, sondern auch Wissensvermittlung, und das gilt auch und gerade beim Sprachenlernen.

Sprachenschutz ist ebenso ein Thema wie Artenschutz im Kontext der Diskussion um Biodiversität. Wir leben dabei auf der Kehrseite der Globalisierung, auch als Angehörige der relativ großen deutschen Sprachgemeinschaft. Brigitte Jostes verweist zu Recht auf die Angst, dass Deutsch nunmehr als Kultursprache aus den wichtigsten Diskursdomänen vom Englischen verdrängt wird. In der Wissenschaft ist das allemal beobachtbar, im Kulturellen ebenso, und das, was heute im deutschen Alltag als Sprache verwendet wird, hat immer mehr Züge eines „Denglisch", wenn es denn nicht gar „kanak" ist. Um wie viel mehr ist der sprachliche Artenschutz gefragt bei den sogenannten kleinen Sprachen, auf den sich die Europäische Union schon vor Jahren geeinigt hat!

Qualität von Sprache ist eine weitere Dimension, die implizit in allen Beiträgen dieses Heftes aufscheint. „Es gibt keinen und nichts ohne Sprache", schreibt Yüksel Pazarkaya, und Identität entsteht in sprachlich verpackten Geschichten. Die Bedeutung von Sprache, von Sprachen für das Individuum und die Gesellschaft kann gar nicht hoch genug eingeschätzt werden. Die Tragfähigkeit von Sprache ist letztlich entscheidend für die Qualität des Lebens.

Damit gerät das Thema hinein in den Kontext des überfachlichen und gesellschaftstheoretischen Diskurses. Ein Beispiel dafür ist das von Pazarkaya behandelte Thema Migration, in dem sich sprachliche, soziale, biografische, historische und politische Elemente verbinden. Diese Beispiele ließen sich beliebig erweitern: Es gibt kein gesellschaftliches Entwicklungsfeld, in dem Sprache nicht (und heute eher mehr als früher) eine zentrale Rolle spielt. Das Erlernen der Sprachen, der Umgang mit Sprache und die Funktionalität der Sprachbeherrschung im Lebenskontext sind daher eine untrennbare Einheit.

## „Lernen wollen, können, müssen!" (2001)

Heute richtet sich der Begriff des „lebenslangen Lernens" gewissermaßen als „Bringschuld" an die Menschen; aus der „Holschuld", dem Vorhalten eines angemessenen Bildungsangebots, ist die Verpflichtung für die Menschen geworden, ein Leben lang zu lernen. In einem der jüngsten Dokumente dazu, im Memorandum der Europäischen Union zum lebenslangen Lernen, wird dies folgendermaßen formuliert:

„Lebenslanges Lernen ist nicht mehr bloß ein Aspekt von Bildung und Berufsbildung, vielmehr muss es zum Grundprinzip werden, an dem sich Angebot und Nachfrage in sämtlichen Lernkontexten ausrichten. Im kommenden Jahrzehnt müssen wir diese Vision verwirklichen. Alle in Europa lebenden Menschen – ohne Ausnahme – sollten gleiche Chancen haben, um sich an die Anforderungen des sozialen und wirtschaftlichen Wandels anzupassen und aktiv an der Gestaltung von Europas Zukunft mitzuwirken" (Memorandum, S. 3).

Hier ist politisch formuliert, was faktisch Anforderung ist: Es besteht ein gesellschaftlicher und ökonomischer Bedarf daran, dass die Menschen ihr Qualifikationsniveau erhöhen und mit den sich rasch verändernden technologischen und strukturellen Gegebenheiten zurechtkommen. Das Tempo der Veränderungen sowie die übergreifende Gültigkeit in Beruf, Alter, Familie und Freizeit sind gewissermaßen objektive Gegebenheiten, denen sich Individuen in ihrem Verhalten anzupassen haben. Die Frage der Gestaltbarkeit der Veränderungen ist im Zeitalter des globalen Wettbewerbs eher eine akademische Frage.

Das zentrale Bindeglied zwischen gewissermaßen objektivem gesellschaftlichen Bedarf und individuellen Bedürfnissen bezogen auf die wachsenden Lernanforderungen liegt somit im Willen und Vermögen der Individuen, selbst zu lernen. „Lernen können, wollen, dürfen" (Meyer-Dohm & Nuissl, 1997), umschreibt dieses Spannungsfeld, sofern man ein liberales Gesellschaftsmodell und ein lernorientiertes Menschenbild zugrunde legt. Angesichts der viel zitierten gesellschaftlichen und technischen Veränderungen, denen heutige Individuen in der Transformation der Industriegesellschaft zur Informationsgesellschaft unterworfen sind, scheint es passender, diese Trias bezogen auf die Notwendigkeit lebenslangen Lernens umzuändern in „Lernen wollen, können, müssen".

Die Kategorie des „Lernen dürfen" ist wie gesagt im Kontext des lebenslangen Lernens eher eine solche des „Lernen müssen". Dies ist jedoch zumindest im Hinblick auf die Lernmotivation nicht unproblematisch, führt es doch zu einer Diskrepanz zwischen von außen gesetztem Lernen müssen und nur als individuell gewollt erbringbarem Lernen.

So ist etwa unbestritten, dass die extrinsische Lernmotivation nur bedingt dazu geeignet ist, selbstorganisiertes lebenslanges Lernen zu fördern. Dies würde bedeuten, dass ein Leben lang eine Motivation durch äußere Umstände (z.B. drohender Arbeitsplatzverlust oder materielle Zugewinne) gegeben sein muss, um die Menschen zum Lernen zu motivieren. Zudem ist bekannt, dass eine nur extrinsische Lernmotivation häufig zu einer schlechteren Lernleistung führt. Aus diesem Grund wird, wenn es um das lebenslange Lernen geht, deutlich, dass die Motivation zum Lernen durch die Sache bzw. durch den Lernvorgang selbst motiviert sein soll. So postuliert Dohmen (1999, S. 56f.): „Das lebenslange Weiterlernen aller nach Abschluss einer ersten Schul- und Berufsausbildung beruht auf Freiwilligkeit und auf einer unmittelbar plausiblen Motivation. Diese Motivation sollte nicht nur „extrinsisch" auf beruflich-ökonomische Vorteile bezogen sein – dieser Nutzeffekt wird auch immer unsicherer –, sondern sie sollte wesentlich auch durch die Befriedigung eigener Erkenntnis- und Problemlösungsinteressen und durch eine wachsende Freude am selbstgesteuerten Lernen und an der Erweiterung von Kompetenz und Lebenssinn bestimmt werden." Andererseits ist die extrinsisch bedingte Motivation im Kontext des lebenslangen Lernens, wie erwähnt, unstrittig: „Mit der Beschleunigung der technologischen Veränderungen und der Akkumulation von neuem Wissen werden Wissen, Fähigkeiten und Qualifikation des Einzelnen zu vergänglichen

Gütern. Der Einzelne muss seine Kenntnisse und Qualifikationen kontinuierlich aktualisieren, und daher ist es klar, dass die Verantwortung und die Herausforderung, sich an die Informationsgesellschaft anzupassen, nicht allein auf die Schulen und Universitäten beschränkt bleibt. Sie durchzieht das gesamte Leben, von der Wiege bis zur Bahre" (Reding, 2001, S. 4). Die Diskrepanz zwischen der argumentativen Begründung für die Notwendigkeit lebenslangen Lernens auf der (beschäftigungs-)politischen Seite, welche eine extrinsische Motivation des Einzelnen evoziert, und der Bevorzugung der intrinsischen Motivation im Hinblick auf die Nachhaltigkeit und Effektivität des lebenslangen Lernprozesses durch Pädagogen und Lernpsychologen bedarf aller Voraussicht nach noch einer intensiveren Diskussion.

Es stellt sich darüber hinaus die Frage, inwiefern Motivationen zum lebenslangen Lernen überhaupt intrinsisch erfolgen können. Dabei stellt sich zunächst das Problem, dass Motivationen unterschiedlich entstehen und ausgeprägt sind. Situationsfaktoren können beim Menschen ganz verschiedene Interpretationen und Konsequenzen ergeben. Die Anordnung von Situationen in der Annahme, sie ergäben für die betroffenen Personen eine identische intrinsische Lernmotivation, ist nicht sehr aussichtsreich.

Verstärkt wird diese Problematik durch die Kausalattributionen, welche als Einflussfaktoren auf die Motivationen wirken. Kausalattributionen sind subjektive Ursachenzuschreibungen in Bezug auf Erfolg oder Misserfolg. Günstig für die Lernmotivation kann eine Attribution etwa sein, wenn sie Lernerfolge der eigenen Intelligenz und dem eigenen Fleiß zurechnet, während es negative Auswirkungen hat, wenn Erfolge als glücksbedingt angesehen werden.

Noch ein dritter Punkt ist bezogen auf lebenslanges Lernen bedeutsam: Die Motivationslagen differieren nicht nur interindividuell, sondern auch innerhalb der Individuen. Ein Mensch verändert durch bestimmte Erfahrungen und Rückkopplungen im Verlauf seines Lebens seine eigenen Motive und auch seine eigenen Interessen, wenn auch in definiertem Kontext. Die Möglichkeit einer nachhaltigen intrinsischen Motivation eines Individuums zum lebenslangen Lernen ist auch unter diesem Aspekt fraglich. Dies gilt auch für das Konstrukt des Interesses, welches ebenfalls starke individuelle und zeitabhängige Komponenten besitzt.

Bildungspolitik, Wissenschaft und Praxis der Weiterbildung können das grundsätzliche Strukturproblem zwischen gesellschaftlichen Anforderungen und individuellen Bedürfnissen im Hinblick auf lebenslanges Lernen nicht lösen. Es gibt aber bildungspolitische Wege, die potenzielle Kluft zwischen beiden zu vermindern und vor allem negative Konsequenzen (wie etwa „social exclusion") zumindest zu reduzieren, vielleicht zu vermeiden. Die bildungspolitischen Aktivitäten betreffen Unterstützung von Weiterbildungspraxis, Finanzierungsregelungen, öffentlich wirksame Aktivitäten sowie weitere Forschungsarbeiten. Zu ihnen gehören unter anderem und vor allem motivierende Maßnahmen, Information und Beratung, gestaltete Lernumgebungen und anderes mehr.

*Motivierende Maßnahmen:*
Sie haben in den letzten Jahren in unterschiedlichen europäischen Ländern zugenommen. Am bekanntesten ist hierbei die „adult learners week" in Großbritannien, adaptiert und realisiert inzwischen auch in Belgien, der Schweiz, Deutschland und anderen europäischen Ländern (im deutschsprachigen Bereich unter dem Begriff „Lernfest"). Diese Aktivitäten unterstützen nicht nur die Motivation und das Interesse (über die menschliche Kategorie der „Freude"), sondern tragen auch wesentlich zu einer realistischen und affirmativen Information bei. Maßnahmen des Marketings, des Weiterbildungsmarketings insgesamt sowie der Weiterbildungswerbung sind deutlich zu verbessern, zu verbreitern und zu unterstützen.

*Information und Beratung:*
Vielfach liegt der mangelnde Zugang von Menschen zu Lernprozessen an mangelnder Information. Bildungsentscheidungen bedürfen auch einer sachkundigen Beratung. Die Aktivitäten, Information und Beratung für Weiterbildung zu verbessern, Zugänge zu Information und Beratung zu erweitern und diese transparenter zu machen, solche Maßnahmen sind deutlich zu unterstützen und zu verbessern.

*Lernnachweise:*
Die Möglichkeiten, mit dem Gelernten umzugehen, den Nutzen daraus zu ziehen im beruflichen wie privaten Betrieb, sind weiterzuentwickeln. Insbesondere geht es darum, Lernnachweise kompatibel zu machen (etwa mit denen anderer Länder), vor allem aber auch Lernnachweise für Leistungen des selbstgesteuerten und informellen Lernens zu entwickeln. Der Erwerb von Lernnachweisen ist weniger im Bereich der Wissenserweiterung als vielmehr im Bereich der Weiterentwicklung von Kompetenzen und humanen Fähigkeiten zu fördern.

*Lernumgebungen:*
Die Lernumgebungen sind zu verbessern und lernförderlicher zu gestalten, anders herum formuliert: Die Umgebungen der Menschen (das soziale Umfeld, der Arbeitsplatz etc.) sind in Lernprozesse einzubeziehen und für das Lernen nutzbar zu machen. Die Erhöhung des Wissens sowie die Verbreiterung von Kompetenzen kann in unterschiedlichsten Umgebungen erfolgen; sie müssen im Sinne der „Ermöglichungsdidaktik" jedoch gezielt gefördert und in lernstrategische Unterlegungen einbezogen werden.

*Lernkompetenzen erhöhen:*
Die Lernkompetenzen der Menschen sind – unbeschadet des grundsätzlichen Problems der qualitativ noch nicht genau geklärten Verbindung von Lernkompetenz und Inhalt – zu entwickeln und zu verbessern. Dazu ist es erforderlich, bereits in frühesten Lernpha-

sen (Kindergarten, Vorschule) Methoden zu entwickeln, mit denen, basierend auf dem derzeitigen Stand des Wissens, Lernkompetenz bewusst erworben wird. Lernkompetenzen sind individuelle Kompetenzen, Individuen verfügen über jeweils eigene Lernstrategien. Das Erlernen der Lernkompetenzen hat von daher in frühesten Bildungsphasen differenziert und individualisiert zu erfolgen.

*Lerninhalte:*
Die Lernangebote wie auch die Förderung von Lernprozessen müssen Vielfalt zulassen und dürfen die inhaltliche Debatte nicht auf Informationstechnologie und Sprachen verengen. Motivation ist individuell und individuell anders, wer sich nicht für Computer interessiert, wird sich mit anderen Dingen lernend beschäftigen und sich im Zuge dessen möglicherweise zwangsläufig mit dem Computer auseinandersetzen.

*Lernverfahren:*
Lehre und Lernen müssen wesentlich motivierender sein als derzeit vielfach in traditionellen Umgebungen. Dabei genügt es nicht, auf neue „Lernarrangements" mit Medien zu verweisen; diese sind manchmal demotivierender als schulischer Frontalunterricht. Didaktisch begründete Elemente der Teilnehmerorientierung sind zu entwickeln, Methoden und Methodenarrangements weiter zu konzipieren. Lehrende sind insbesondere im Bereich der Teilnehmerorientierung und der methodischen Kompetenz weiterzuqualifizieren.

*Beschäftigungsfähigkeit:*
Lernen und Lehren sollen zwar auch Beschäftigungsbefähigung einbeziehen, nicht jedoch alleine oder primär durch diese legitimiert sein und sich auf diese ausrichten. Menschen haben ein Interesse an Beschäftigungsfähigkeit, jedoch nicht im Sinne eines vorgegebenen Berufe-Kanons, sondern im Sinne einer individuellen Entfaltung von Kompetenzen. Unterstützt wird dies durch die Tatsache, dass mittelfristige Bedarfsabschätzungen im Bildungsbereich ohnehin kaum stichhaltig sind.

**Literatur**

Dohmen, G. (1999). Weiterbildungsinstitutionen, Medien, Lernumwelten. Rahmenbedingungen und Entwicklungshilfen für das selbstgesteuerte Lernen. Bonn
Meyer-Dohm, P. & Nuissl, E. (1997). „Lernen wollen, können, dürfen". In: DIE Zeitschrift, 2, 18–21
Nuissl, E. (2000). Einführung in die Weiterbildung. Zugänge, Probleme, Handlungsfelder. Neuwied
Reding, V. (2001). Die Rolle der Europäischen Gemeinschaft bei der Entwicklung Europas von der Industriegesellschaft zur Wissens- und Informationsgesellschaft. Rede im Zentrum für Europäische Integrationsforschung am 7. März 2001

# Organisationsentwicklung (2002)

Veränderungen von Organisationen sind immer notwendig, dies ergibt sich schon daraus, dass der Begriff Organisation – in welcher theoretischen Ausprägung auch immer – die Kategorien Ziel und Umwelt mit enthält. Umweltanalyse und regelmäßige „Passung" von Organisation und Organisationsziel auf die geänderte Umwelt sind nicht die Ausnahme, sondern die Regel in Organisationsgeschichten. Folgerichtig ist daher stets die zentrale Frage, was bewahrt und was verändert werden soll.

Das zu Verändernde kann immer nur einen Teil der Organisation betreffen, sonst gefährdet sie ihre Existenz. Und bewahrt werden muss derjenige Teil, der die Organisation ausmacht, sonst verliert sie ihre Identität. Hier eine Balance zu finden, ist die schwierige Aufgabe des Organisationsmanagements. Bedingungen dieser Balance zu analysieren, gute und schlechte Beispiele zu erfassen und zu beschreiben, empirisches Wissen für zukünftige Organisationsveränderungsprozesse aufzubereiten – dies ist eine wichtige Aufgabe bei allem, was wissenschaftliche Organisationsanalyse betrifft.

Seit die Weiterbildungsforschung sich auch mit ihren Organisationen beschäftigt – und dies ist noch nicht gar so lange her – beginnt dies immer konturierter und klarer zu werden. Auch wenn es bislang noch wenig explizite Organisationsanalysen in der Weiterbildung gibt – vor allem zwei sind hier zu nennen, eine aus dem Volkshochschul-, eine aus dem Familienbildungsbereich –, so haben sich doch verschiedene Erkenntnisse mit einer gewissen Sicherheit angesammelt. Sie betreffen insbesondere das Aufgabenfeld der Organisationen in der Weiterbildung und das Selbstverständnis wie auch das Tätigkeitsprofil der in ihnen Beschäftigten.

Der Veränderungsdruck auf Weiterbildungsorganisationen entstand in den vergangenen Jahren vor allem dadurch, dass sich deren ökonomische Situation – zumindest sektoral (etwa bei den Volkshochschulen) – verändert hat und dass ein „Paradigmenwechsel" vorzuliegen scheint, der Wechsel des Blicks auf die Lehre hin zum Blick auf das Lernen und die Lernenden. Der Begriff „selbstgesteuertes Lernen" macht dabei die Runde. Welche Konsequenzen hat das für Organisationen? Liegt für sie in diesem veränderten Blickwinkel eine Chance oder riskieren sie ihre eigene Existenz? Wie gehen sie mit veränderten Bedingungen im ökonomischen Bereich und mit veränderten Anforderungen im pädagogischen Feld um?

Die Autorin des vorliegenden Bandes hat eine der expliziten Organisationsanalysen (bei Volkshochschulen) vorgenommen und trägt seit Jahren zu weiteren Erkenntnissen bezüglich der Organisationsanalyse in der Weiterbildung bei. Sie hat – auch dies ein Hinweis auf veränderte Wertigkeiten in der Weiterbildung – ihre Kenntnisse aus der Organisationspsychologie auf Weiterbildungseinrichtungen angewendet und sich in der Fortbildung von Pädagoginnen und Pädagogen im Rahmen des DIE und nun an der Universität Bremen mit Forschung und Lehre zum Thema Weiterbildungsorganisationen beschäftigt. Der Bedeutungszuwachs von Bezugsdisziplinen wie Organisationspsychologie und -soziologie sowie Ökonomie spiegelt sich in ihren Arbeiten.

Das DIE ist wesentlich daran beteiligt gewesen, das Thema „Organisationen der Weiterbildung" seit Beginn der 1990er Jahre in den Blick einer wissenschaftlichen Bearbeitung zu nehmen. Viele Forschungsarbeiten zu Organisationen gehen auf Anregungen des Instituts zurück. Beiträge des DIE liegen vor zur Fortbildung in Organisationen, zur theoretischen Erschließung von Organisationsfragen und zur Anwendung wissenschaftlichen Wissens zum Thema Management, Qualität und Organisationsentwicklung in der Praxis.

Ziel dieser Bündelung von Arbeiten zur Organisation ist es, den Stand der Forschung zu erörtern, ausstehende Forschungsaktivitäten zu definieren und zudem die Organisationsforschung zurückzuverweisen auf den Kern der Existenz von Weiterbildungsorganisationen: dass Menschen Möglichkeiten zum Lernen haben und dass diese optimal organisiert sind.

## Regionen und Netzwerke (2002)

Bei der Diskussion um Regionen, wenn sie mit Blick auf Bildung und Lernen geführt wird, gibt es zum einen den Zugang über den Begriff „Regionen", zum anderen den Zugang über den Begriff „Netzwerk". Beide hängen miteinander zusammen.

Regionen haben eine lange Tradition planungs- und sozialwissenschaftlicher Forschung und Politik. Sie sind begrifflich ein neuzeitliches Phänomen, das erst durch die Entstehung von Industrieansiedlungen, Ballungsräumen und erweiterten Handelsstrukturen möglich geworden ist. Regionen sind in diesem Verständnis keine Gebilde natürlichen oder geografischen Ursprungs, sondern sozial konstruiert; sie haben im weitestgehenden Verständnis Kompetenzen der Legislative, hoheitliche Staatsaufgaben, Steuerkompetenzen, Wahlen und jeweils eigene Strukturen. Es geht um die Ökonomie, um die Legitimation der regionalen Steuerung und die jeweilige Funktion, welche die Region zu erfüllen hat.

An diesen sozialwissenschaftlichen Begriff „Regionen" knüpfen sich vielfältige Diskussionen und Probleme; sie betreffen die benachteiligten Regionen, auch „periphere", „randständige" oder „strukturschwache" Regionen genannt, bei denen es um Gleichstellung und Nachhaltigkeit von fördernden Wirkungen geht. Sie sind zu finden sowohl in der „inneren Peripherie" als auch im Weltmaßstab („Dritte Welt"). Bislang deuten die Anzeichen darauf hin, dass solche Regionen ihre Strukturschwächen nur schwer ausgleichen können, auch nicht unter dem „Ziel 1" in der Definition europäischer Fördergebiete.

Auch der Tausch von Menschen, Gütern und Waren zwischen diesen Regionen und ihrem Umfeld spielt eine Rolle. Endogene und exogene Strategien für die Entwicklung der Wirtschaftskraft der Regionen sind wichtige Elemente. Die Hoffnung, hier durch neue Technologien mehr Arbeitsplätze und einen Ausgleich der Strukturschwäche zu erzielen, hat sich aber bisher nicht erfüllt.

Die Überschaubarkeit der Region suggeriert eine größere Nähe der politischen Steuerung zu den Bürgerinnen und Bürgern. Dies kann täuschen: Regionen sind zwar im nationalstaatlichen Blick dezentralisiert, können aber eigene zentrale politische Steuerungselemente entwickeln und behaupten. Daher muss auch hier die Legitimation politischer Entscheidungen herbeigeführt werden.

Schließlich ist das Konzept der Region verbunden mit dem der Identität. „Eine Region ist mehr als eine Addition von Einzelinteressen, ist eine regionale Identität" (so Klaus Luther im Interview). Kulturelle und bildungsmäßige Entfaltungsmöglichkeiten der Bewohner einer Region sind Konstituenten ihrer Legitimation und Zukunftsfähigkeit. Diese Elemente sind in der Tat ebenso gestaltbar wie die Interessen, welche individuellen räumlichen Aktionsmustern der Menschen zugrunde liegen. Die kulturelle Zentralfunktion einer „Europäischen Stadt", in vielfältigen Projekten und Verbänden der „learning cities" untergebracht, ermöglicht es auch, gegen den Strom zu schwimmen, der sich scheinbar aus ökonomischen Notwendigkeiten ergibt.

Anders ist dies mit der Kategorie „Netzwerk". Sie scheint begrifflich mit der Region verbunden, greift aber über diese hinaus. Netzwerke sind grundsätzlich nicht territoriale, sondern funktionale Strukturen. Sie ermöglichen eine dezentrale Selbststeuerung, ein dezentrales kollektives Handeln. Netzwerke sind verbunden mit der Idee einer flachen Hierarchie und richten sich per se gegen hierarchische Entscheidungsstrukturen. Insofern haben sie eine Nähe zu regionalen territorialen Grundlagen, sind aber wesentlich dynamischer.

Von regionalen Netzwerken wird erwartet, dass sie eine strategische Innovation anleiten oder begründen, dass sie ein innovatives soziokulturelles Milieu umfassen und bündeln. Sie verbinden informelle Beziehungsmuster mit formellen Kooperationen, weisen aber auch netzwerkimmanente Grenzen auf, die etwa bei Konkurrenzsystemen oder kulturellen Unterschieden von Netzwerkpartnern auftreten. Netzwerke sind „weich" und kaum messbar, und sie verbinden in einer jeweils spezifischen Weise solidarische Grundauffassungen mit ökonomischem Kalkül.

Vielfach wird von der Politik erhofft, dass Netzwerke als effiziente und kostengünstige Steuerungssysteme – insbesondere auf regionaler Ebene – eingesetzt werden können. Wie weit dies trägt, wird allerdings erst zu sehen sein, wenn Netzwerke ihre steuernde Kraft gewonnen haben.

Das Konzept der „Lernenden Regionen" verbindet die Netzwerkidee mit dem Regionsbegriff. Es geht davon aus, dass neue Synergien geschaffen und bisher wenig artikulierte Interessen realisiert werden. Die „Lernende Region" verfolgt das Ziel, Einzelinteressen mit erkennbaren allgemeinen Interessen zu verbinden und so ein neues Gesamtinteresse zu entwickeln. Lernen bedeutet dabei auch das Zusammenbringen von Akteuren, die bislang ihre gemeinsamen Anliegen nicht gemeinsam bearbeiten konnten, und das Entstehen einer nachhaltigen, für die Entwicklung einer Region grundlegenden Innovation. So gesehen lernen zwar nur die Akteure, mit ihnen lernt aber auch die Region: für die Zukunft, für mehr Identität, für ein besseres Leben und Überleben.

## Wissens- oder Wissenschaftsgesellschaft? (2002)

Etwas geschieht mit dem Wissen derzeit: Es wird offenbar wichtiger, es wird aber auch anders. Und es scheint, als sei Wissen nicht mehr notwendig verbunden mit Wissenschaft. Suchen wir nach empirischen Belegen für diesen Eindruck, finden wir einiges: viele gute und genaue Beobachtungen gesellschaftlicher Prozesse, Analysen zu Rezeption und Anwendung von Forschung. Aber der Zusammenhang?

Noch vor 30 Jahren sprach man vom „Elfenbeinturm" der Wissenschaft, davon ist heute nicht mehr die Rede. Hier drückt sich eine Entwicklung aus, welche den institutionellen Ort von Wissenschaft betrifft. Die weitgehende Ausschließlichkeit, mit der Wissenschaft an Universitäten beheimatet war, beginnt sich aufzulösen und hat sich bereits aufgelöst. Die universitätszentrierte Form der wissenschaftlichen Arbeit ist nur noch ein Teil; zum Ganzen gehören außeruniversitäre Forschungsinstitutionen, Forschungs- und Entwicklungsabteilungen in Betrieben und Konzernen, Organisationen und Initiativen. Dies ist ein „Oberflächenphänomen" der Organisation, bedeutsam genug, wenn es um Bildungs- und Forschungspolitik, relativiert aber, wenn es um den Strukturwandel des Wissens im gesellschaftlichen Kontext geht.

Die Wissenschaft hat den Elfenbeinturm verloren, damit auch die soziale Distanz zu den Anwendungskontexten, das gilt ebenso für die Universitäten, wenn auch unterschiedlich in den Disziplinen. Mit dem Verlust der Distanz wurde und wird das Wahrheitskriterium brüchig und trivial, Qualität von Wissenschaft wird heute nicht mehr nur von Wissenschaft, sondern auch von den Anwendern beurteilt – nicht zeitlich und systematisch nachgeordnet, sondern im Kontext der Entstehung. Mehr noch: Die Anwender erzeugen selbst das Wissen, arbeiten „wissenschaftlich" – der Forscher wird in der Wissensgesellschaft zum universell erwarteten Handlungstypus. Empirie wird die alltägliche Kategorie für nicht einfach gemachte, sondern gesuchte und reflektierte Erfahrungen.

Das verändert die Rollen der Menschen, die in den bislang abgeschotteten Bereichen arbeiteten. Wissenschaftlich Tätige müssen sich anders verantworten und behaupten, ihre

Arbeit in einen weiteren als nur den disziplinären Kontext stellen. Der Bedeutungszuwachs von Wissenschaft vermindert paradoxerweise das gesellschaftliche Ansehen von Wissenschaftlern – ihre Leistungen werden als anfecht- und hinterfragbar, ihre Fragen als wichtig oder unwichtig erkannt. Wissenschaftliche Kommunikation ist heute nicht mehr einfach eine Weitergabe von Wissen, sondern eine symmetrische und nicht-hierarchische Form der Wissensverbreitung. Die Wissenschaftler werden mehr und mehr danach gefragt, ob sie auch Experten und Expertinnen sind, Sachkundige, die Probleme beurteilen, einordnen und loyal einer Entscheidung zuführen können. Expertentum ist praktisch überprüfte Wissenschaft, und in einer Zeit, in der alle Menschen nahezu überall Laien und nur in wenigen Bereichen Experten sind, kommt einer Symmetrie und angemessenen Kommunikation hier eine wichtige Rolle zu. Mehr Wissen über Wissenschaft bedeutet nicht unbedingt mehr Akzeptanz von Wissenschaft, eher umgekehrt: Gerade die Kundigen wissen um die Tücken und Fallstricke der scheinbar objektiven, wissenschaftlich belegten Wahrheit.

Aber nicht nur die Institutionen und die Menschen unterliegen Veränderungen, auch der Gegenstand selbst ändert sich. Was ist Wissenschaft überhaupt? Die früher mögliche Antwort: „Alles, was ein deutscher Professor sagt", gilt heute nicht mehr. Wissen und Wissenschaft werden zunehmend entpersonalisiert und dekontextualisiert, sie sind nicht mehr so einfach rückführbar auf einzelne Personen oder definierte Zusammenhänge, in denen sie entstehen. Das hängt zusammen mit den veränderten, teilweise kollektiven Arbeitsprozessen, aber auch mit den Medien und der Globalisierung von Wissensbeständen. Wissen durchdringt die Lebensbereiche, das alltägliche Leben durchdringt im Gegenzug die Wissenschaft. Nicht mehr die soziale Kontrolle der Wissenschaftler, nur noch die soziale Kontrolle des Wissens kann hier eine gesellschaftliche Dimension ermöglichen. Wissen über Wissenschaft hat praktischen Nutzen und eröffnet einen Teil unserer Kultur, ungleich schwerer aber ist es, die Mitsprache der Menschen in einer zunehmend verwissenschaftlichten Welt zu sichern.

Was bedeutet das für Bildung? Vermittlung und Aneignung müssen sich entwickeln, Informationsveranstaltungen zu wissenschaftlichen Erkenntnissen haben keine Perspektive – sie nehmen nicht zufällig seit 15 Jahren kontinuierlich ab. Die Relevanz von Wissen und wissenschaftlichen Erkenntnissen kann perspektivisch nur über den Diskurs zu Wahrheit und Qualität von Wissenschaft in Bildungsprozessen umgesetzt werden, über die Motivation der Menschen, sich mit der Bedeutung wissenschaftlichen Wissens für ihr Leben auseinanderzusetzen. Erwachsenenbildung spielt dabei eine wichtige Rolle, wenn sie sich als Forum für diesen Diskurs versteht.

Gesellschaftliche Teilhabe ist dabei ein Balanceakt, der umso schwieriger ist, je mehr sich Wissenschaft demokratisiert – paradoxerweise. Hans-Olaf Henkel sagt im Interview, dass wir eine gesellschaftliche Vereinbarung über Forschungsrichtungen brauchen, aber keine Festlegung zu erwarteten Ergebnissen. Wie immer Wissenschaft im gesellschaftlichen Kontext angesiedelt ist: Auf Kreativität kann sie nicht verzichten.

## Qualität(en) in der Weiterbildung (2002)

Die erste Nummer dieser Zeitschrift widmete sich 1993 dem Thema „Qualität". Damals schrieb ich im Editorial: „Pädagogische Qualität und Qualitätssicherung in der Erwachsenenbildung (...) sind nicht nur ein zentrales Thema aller Arbeiten unseres Institutes, sondern zugleich ein aktuelles Thema" (DIE Zeitschrift IV/1993, S. 3). Was damals noch „pädagogische Qualität" hieß, ist heute „Qualität in der Weiterbildung" und nicht weniger aktuell als vor acht Jahren. Das Thema wird jedoch umfassender, kenntnisreicher, differenzierter und problemorientierter behandelt. Die Qualitätsfrage hat sich ausgeweitet von den Lehr-Lern-Prozessen auf deren gesamte Organisation sowie die Rahmenbedingungen, in denen sie stattfinden.

Verschwunden sind die Aufgeregtheiten der Qualitätsdebatte vom Beginn der 1990er Jahre. Entstanden sind die Suche nach Gemeinsamkeiten und das Bemühen um Einigkeit im Notwendigen. Und statt von „Erwachsenenbildung" wird heute von „Weiterbildung" gesprochen, ein Indiz für das Erstarken der berufsbezogenen Sichtweise.

Die Qualitätsdebatte hängt eng zusammen mit der marktförmigen Organisation der Weiterbildung. In allen Beiträgen wird deutlich, dass der Weiterbildungsmarkt mindestens ein „doppelter" ist: ein Markt des Wettbewerbs um (v.a. öffentliche) Mittel für Maßnahmen und Institutionen einerseits und um das Interesse und die Beiträge der lernenden Menschen andererseits. Beide „Teilmärkte" fordern jeweils eigene Qualitätskriterien und Messverfahren, so dass eher von „Qualitäten" denn von „Qualität" zu sprechen wäre: Der öffentliche Geldgeber bezieht Qualitätsmaßstäbe und Verfahren der Qualitätssicherung stark auf Organisationen und Lehrkräfte; die Lernenden erwarten Qualitätskriterien, die sich unmittelbar in den Lehr-Lern-Angeboten auswirken. Es scheint, als sei der erste Bereich sowohl in der Entwicklung von Indikatoren und Verfahren als auch in der Akzeptanz weiter gediehen als der zweite. In diesem Teilmarkt wird immer mehr von „Verbraucherschutz" geredet, nicht überraschend daher, dass die Bundesregierung eine „Stiftung Bildungstest" mit der Beurteilung der Qualität von Bildungsmaßnahmen beauftragen wird – trotz aller Distanz, die die Szene zu diesem Vorhaben wahrt. Die befragten Kursleitenden aus Einrichtungen in Hessen machen deutlich, dass es neben den beiden Teilmärkten noch einen dritten Markt gibt: den Markt der qualifizierten Lehrkräfte, deren Einrichtungsbindung schwächer wird und die auf dem Arbeitsmarkt andere Perspektiven suchen und finden.

Einigkeit besteht darin, dass die Einrichtungen selbst für die Qualität ihrer Arbeit und ihrer Angebote verantwortlich sind, Staat und Gesellschaft aber auch in die Pflicht genommen werden. Die Schwierigkeit besteht darin, unterschiedliche, bereits praktizierte Modelle kompatibel zu machen (ohne sie zu vereinheitlichen) und zugleich die Organisationen einzubeziehen. Die perspektivenreiche Anlage der Diskussion macht zugleich auch ihre Schwierigkeit aus: Qualitätsentwicklung in Eigenverantwortung der

Einrichtungen gestaltet sich aus einer *Innenperspektive* heraus und gehört als zentrales Element zur jeweiligen Organisationsentwicklung (Mathes). Dieser Prozess wird gespiegelt und unterfüttert durch einen *Außenblick* seitens der Lernenden, der über geeignete Verfahren einzufangen ist (Ehses & Zech), sowie des Staates, der seinerseits Anforderungen an einzuhaltende Kriterien stellt (Seevers & Meisel; Pahl).

Die Entwicklung der vergangenen Jahre hat gezeigt, dass die unterschiedlichen Modelle der Qualitätsentwicklung und -sicherung auf Einrichtungen jeweils mehr oder weniger passen; die Vielfalt der erkennbaren Ansätze wird erhöht durch unterschiedlichste Adaptationen der Grundmodelle wie ISO oder EFQM. Dabei entstehen viele einrichtungsspezifische Formen und Ansätze von Qualität („Qualitäten") unter differenzierten politischen Rahmenbedingungen. Es sind aber auch deutliche Annäherungen zwischen den Konzepten zu sehen. Die Schwierigkeit, unterschiedliche Ansätze und einrichtungsspezifische Ausprägungen zusammenzuführen und vergleichend zu bewerten, hat offenbar das schweizerische „eduQua-Modell" weitgehend gemeistert: Hier sind Indikatoren und Mindeststandards definiert, die bei unterschiedlichen Qualitätsmodellen greifen.

Es ist derzeit noch kaum absehbar, welche Konsequenzen das Ineinandergreifen der drei Teilmärkte bei gleichzeitiger materieller Rücknahme staatlicher Zuwendungen und ordnungspolitischer Zurückhaltung für die Entwicklung des Weiterbildungsbereichs haben wird. Tröstlich zu wissen, dass die Vertreterin des zuständigen Bundesministeriums (Pahl) hier einen Ort sieht, an dem Probleme dieser Art übergreifend diskutiert werden können: die Konzertierte Aktion Weiterbildung (KAW). Sie kann sich auch mit der im letzten Berichtssystem Weiterbildung festgestellten Frage beschäftigen, wie denn dieser Bildungsbereich mit dem wachsenden Qualitätsbewusstsein der „Kunden" – wie man die Lernenden heute oft unverblümt nennt – umgehen wird.

Die Beiträge dieses Heftes ergeben in ihrer Gesamtheit ein Mosaik für die anstehenden Entwicklungslinien, was Qualität angeht. Auch wenn der Weiterbildungsbereich bereits einen Konkretionsgrad der Qualitätsdebatte hat, der in anderen Bereichen noch aussteht, zeigt sich doch deutlich, welch weiterer Handlungs- und Entwicklungsbedarf besteht: Die Qualifizierung des Personals für Qualitätsentwicklung ist sicherlich nicht an letzter Stelle zu nennen – auch wenn deutlich betont werden muss, dass dies allein nicht identisch ist mit der Realisierung von Qualität.

## Zuwanderung als Thema der Weiterbildung (2002)

Zuwanderung ist nicht selbstverständlich Thema der Weiterbildung. Es handelt sich, so der neutralere „wissenschaftliche" Ausdruck, um Migration, um räumliche Mobilität.

Menschen wandern aus und ein, aus verschiedensten Gründen, und haben dies zu allen Zeiten getan. Und sie mussten sich zu allen Zeiten in ihrer neuen Umgebung irgendwie behaupten und zurechtfinden – ebenso, wie diese neue Umgebung lernen muss, sich auf sie einzustellen.

Warum ist „Zuwanderung" (das Wort ist ein merkwürdig deutscher Versuch, den Begriff „Einwanderung" zu vermeiden!), heute (auch) ein Thema der Weiterbildung? Vielleicht, weil die Quantitäten zu groß sind, um sie als Einzelschicksale zu behandeln. Vielleicht, weil die Diskrepanzen zwischen „Empfangsgesellschaft" und Eingewanderten groß sind. Vielleicht, weil die Gesellschaft alle ihre Mitglieder heute in einem sehr viel stärkeren Maße benötigt, um im Weltmaßstab konkurrenzfähig zu bleiben. Oder vielleicht, weil das Beharren des „Persistenz-Typus" (Alheit) einer notwendigen Modernisierungs-Konstellation widersteht.

Zuwanderung begründet in der Weiterbildung bislang nur ein schmales Segment, ein Segment der „helfenden Hand" (Akgün) – von der „Ausländerpädagogik" bis zur „interkulturellen Bildung". Und Weiterbildung in der Zuwanderung ebenfalls nur ein schmales Segment, da sie existentielle Fragen des Alltags, des Berufs, des Lebens nur selten löst, vielleicht immerhin ein wenig häufiger erhellen kann. Möglicherweise vergrößern sich diese Segmente in beiden Feldern und verzahnen sich enger ineinander, nachdem mit dem Zuwanderungsgesetz eine Plattform vorhanden ist, auf der Rechtsanspruch, Verbindlichkeit und Konzepterfordernis definiert sind. Vielleicht wird darin auch ein „Migrant Mainstreaming" begründet, das beide Segmente aus ihren jeweiligen Nischen heraushholt.

Weiterbildung für Migrantinnen und Migranten ist nach wie vor und hauptsächlich, was diese angeht, sprachliche Bildung. Sprache ist dabei im weiteren Sinne zu verstehen: Es geht nicht nur um Deutsch als gesprochene Sprache, sondern darum, „den Code der Gesellschaft beherrschen zu lernen" (Akgün). Der Code sind soziale Fragen, Orientierungen, Werte, Verhaltensformen, Akzeptanzen. Hierfür lässt sich von den Nachbarländern lernen, insbesondere den Niederlanden (Berndt).

Eine kritische Untersuchung (Hunke & Wohlfart) erfasst, was denn überhaupt bisher geschieht. Von besonderer Bedeutung ist natürlich die Frage, in welcher Weise Zugewanderte im Arbeitskontext der aufnehmenden Gesellschaft bestehen, inwieweit sie integriert sind. Das Beispiel der Pflege, insbesondere der Altenpflege (Friebe & Zalucki), zeigt Ambivalenzen auf: Ein hoher Anteil ausländischer Kräfte bewirkt zugleich Anfragen an gewachsene Professionalisierungsbestrebungen. Berufskompetenz, Kommunikationsfähigkeit und materielle Arbeitsstrukturen sind zu berücksichtigen, wenn Zugewanderte integriert werden sollen.

In den Beiträgen wird deutlich, dass es nicht ausreicht, von Zugewanderten als „einer" Minderheit zu sprechen. Gerade für Bildungsaktivitäten sind die Zugewanderten wesentlich stärker zu spezifizieren und zu differenzieren, um auf ihre Bedürfnisse eingehen zu können.

Und natürlich richtet sich die interkulturelle Bildungsarbeit auch auf die Mehrheitsgesellschaft. Sie muss ihr Bild vom „Fremden" überdenken (Drubig). Die Gesellschaft muss auf Gastlichkeit angelegt und dazu vorbereitet sein. Wohlmuth weist zu Recht darauf hin, dass die – nach Heidegger – Sorgestruktur des Daseins der Gegenpol zu Gastlichkeit sein kann. Interkulturelle Bildung muss die Mehrheitsgesellschaft zu einem Verständnis des Subjekts als eines gastlichen bringen, um den heutigen Anforderungen einer Zuwanderungsgesellschaft gerecht zu werden.

Die Frage der Zuwanderung wird die Weiterbildung zukünftig eher noch mehr beschäftigen. Nicht nur für sie, sondern auch die Sozialarbeit, die Arbeitsmarktpolitik und viele andere Felder ist sie eine wachsende und immer wichtiger werdende Aufgabe.

# Zurück zur Didaktik (2003)

Politische Bildung ist das Schwerpunktthema dieses Heftes. Nicht, weil sie wieder oder immer noch in einer „Krise" steckt, sondern weil sie wichtig ist. Wichtig für demokratische Teilhabe, Solidarität, gemeinsame Perspektiven von Menschen, Verständnis und Frieden.

Aber: Es geht nicht nur um den Inhalt, das Wissen um Politik. Es geht mindestens gleichwertig um das Wie, um den Lernprozess, um die Entwicklung von Handlungskompetenz. Die Kontroverse im „Gespräch" (S. 24ff.), ob der mündige Bürger Voraussetzung oder Folge politischer Bildung sei, ist wahrscheinlich müßig. Er ist beides. Aber ebenso kann auch politische Bildung nicht jenseits der Diskussion um Effektivität, Nachfrage und Dienstleistung stehen. Die moralische Legitimität politischer Bildung ersetzt nicht ihre methodische Qualität und individuelle Nützlichkeit.

Oder anders herum: Didaktik ist das (traditionelle) Schlüsselwort, um das es hier geht. Didaktik ist auch das Schlüsselwort für viele andere Aspekte, die in diesem Heft angesprochen sind: die „education for democratic citizenship" im Zuge des „Last Exit Europe" (S. 35ff.), das lebenslange Lernen als Grundpfeiler von Bildungspolitik (S. 42ff.), die Tradition der Aufklärung oder ministerielle Schwerpunkte wie Beratung und Qualität. Auch die outcome-orientierten Kompetenz-Testierungen, wie sie Käpplinger und Puhl für europäische Länder beschreiben (S. 45ff.), basieren auf didaktischen Grundüberlegungen, der Mischung von Lehr- und Testverfahren, individuellen Lernstrategien und Beratungssystemen.

Didaktik schließlich ist auch das Schlüsselwort, das erklärt, warum neue Medien wie beim E-Learning (S. 48f.) nicht grundsätzlich den Blick auf Lehr-/Lernprozesse verändern. Die Medien sind, wie sie heißen: Mosaiksteine in einem didaktischen Konzept, das im günstigen Falle lernerorientiert ist. Es macht viel Sinn, zurückzugreifen auf grundlegende didaktische Ansätze und Operationen, um heutige Diskussionen richtig einzuordnen.

## Zielgruppen! – Zielgruppen? (2003)

„Behinderung" ist ein relatives Werturteil. Es bezieht sich immer auf das Normale, Erwartete, Vorausgesetzte. Klaustrophobie behindert die Benutzung des Fahrstuhls, Höhenangst die Arbeit als Dachdecker, Legasthenie die Ausübung der Schriftsprache. Und so weiter.

Wir wissen, dass es schwerere und weniger schwere Behinderungen gibt, solche, die für das Leben bedeutsamer sind, und solche, die es weniger sind.

Man muss nicht Fahrstuhl fahren, nicht als Dachdecker arbeiten, man kann die geschriebenen Worte minimieren oder inzwischen durch Rechtschreibprogramme korrigieren lassen. Aber es gibt Behinderungen, welche die Teilhabe am Leben einschränken. Nicht hören können erschwert den Zugang zu den Menschen, nicht sehen können den Zugang zu den Dingen – jeweils nicht nur, aber hauptsächlich.

Das Urteil über Behinderungen stellt immer die vorausgesetzte Normalität in Frage, enthält immer eine reflexive und eine selbstreflexive Komponente. Oft ist der Übergang fließend, also ist Vorsicht geboten: Auch hier liegt eine Aufgabe der Erwachsenenbildung.

Über die Definition von „Behinderungen" kommen wir zu denen, die „behindert" sind, und damit unmittelbar in didaktisch relevante gesellschaftliche Diskurse. Wer definiert, und was bedeutet es? In der Bildung heißt Arbeit mit „Behinderten" immer „Zielgruppenarbeit", Arbeit mit einer Gruppe von Menschen, zu deren Bildung es einer besonderen Didaktik bedarf. Alle Grundsatzfragen der Erwachsenenpädagogik tauchen da auf: Interessen, Bedürfnisse, Lernstrategien, Lehrziele, Lernziele, Ansprache, Lernkontrolle. Und Beratung.

Schnell stellt sich heraus, dass es eine homogene Gruppe „Behinderter" nicht gibt. Je genauer die didaktische Planung, desto kleiner die Zahl derjenigen, die zu einer bestimmten „Zielgruppe" gehören. Individuell ausgearbeitetes Lernmaterial, spezifische Zugänge sind nötig. Die Rampen für Rollstuhlfahrer in Bildungs- und Kulturstätten sind ein wichtiger Schritt, aber nicht der Vollzug der Zielgruppenarbeit. Und: je kleiner die „Zielgruppe", desto unökonomischer das Angebot. Es wird sicherlich keine Zielgruppenarbeit mit Menschen mit Behinderungen geben können ohne staatliche und öffentliche Unterstützung.

Die Teilhabe behinderter Menschen an Bildung und am öffentlichen Leben ist aber die Nagelprobe für Teilhabe überhaupt. Die Analyse des Berichtssystems Weiterbildung zeigt, wie weit wir noch von einer umfassenden Teilhabe entfernt sind und wie viel sich in der Erwachsenenbildung noch bewegen muss, um hier weiterzukommen.

Vielleicht nicht immer mit Zielgruppenarbeit, aber sicher mit der Entwicklung von Lehrangeboten, die auf die Bedürfnisse der Lernenden – und eben auch behinderter Menschen – eingehen. Insofern haben wir hier ein „pars pro toto": Gelingt die Teilhabe von Menschen mit Behinderungen an Bildung und am gesellschaftlichen Leben? Im „Europäischen Jahr der Menschen mit Behinderungen 2003" wird nach Antworten auf diese Frage gesucht.

# Bilder und Bildung (2004)

Der Ausstoß an Publikationen im Bereich von Bildung und Weiterbildung ist enorm, nicht selten denke ich, es gibt hier zu viel bedrucktes Papier. Es ist ein Spezifikum erziehungswissenschaftlicher Disziplinen, nicht kurze Aufsätze, sondern dicke Bücher zu veröffentlichen. Nicht immer bauen sie aufeinander auf oder beziehen sich aufeinander. Eine Zeitschrift kann hier – übersichtlich, kurzgefasst und leserorientiert – orientieren und ein anschaulicheres Forum bieten.

Aber auch Zeitschriften geraten zunehmend in Bedrängnis. Drei Entwicklungen betreffen sie: Zum einen ist es die Internationalisierung des fachlichen Diskurses, immer mehr auch in geisteswissenschaftlichen Disziplinen. Behält eine Zeitschrift den nationalen Blick bei (auch sprachlich), droht ihr, vom Diskurs abgehängt zu werden. Zum Zweiten wachsen die Qualitätsansprüche und damit die Notwendigkeit für Referenzsysteme. Sie sind das hauptsächliche Instrument, Qualitätsprüfungen im Publikationswesen zu realisieren. Referierte Zeitschriften werden aber nicht nur anspruchsvoller, sondern auch teurer, und die Frage ist, ob dies zu Umfang und Reichweite der jeweiligen Disziplin passt. Und zum Dritten gibt es das Internet, die neuen Medien, welche die Zeitschriften nicht ersetzen, ihnen jedoch im Konzert der Publikationsorgane einen anderen Platz zuweisen. Zumindest im fachlichen Bereich ist unübersehbar: Druckmedien verlieren gegenüber virtuellen Produkten im Internet zunehmend an Bedeutung, der *open access* wird zur dominanten Disseminationsform.

Unsere Zeitschrift versucht seit nunmehr zehn Jahren, seit ihrer Gründung, hier kreativ und innovativ den richtigen Weg zu gehen: Sie wagt in jedem Heft mehr als nur einen Seitenblick ins Ausland und knüpft das Netz ihrer Autoren zunehmend international, gerade auch in Richtung Brüssel. Sie prüft derzeit im Hinblick auf die wachsenden Qualitätsanforderungen an Zeitschriften Möglichkeiten für eine stärkere Einbindung von Peers zur Prüfung von Manuskripten. Und schließlich erschließt sie vielfältige Wege ins Internet. Da die Zeitschrift – gestützt auf das Deutsche Institut für Erwachsenenbildung – zudem eine breite Akzeptanz bei Leserinnen und Lesern findet, ist es mir um die nächsten zehn Jahre „DIE Zeitschrift für Erwachsenenbildung" nicht bange.

## Zukunftsmarkt Weiterbildung? (2004)

In der „Bildstrecke" des Jubiläumsheftes der DIE Zeitschrift stand das Stichwort „Finanzierung" neben dem Foto eines sitzenden Bettlers, der den Passanten seinen leeren Hut hinhält. Nicht ohne Grund: Die Ausgaben der öffentlichen Hand für Weiterbildung sinken absolut und relativ, und dies steht in einem seltsamen Missverhältnis zu der öffentlich immer wieder betonten wachsenden Bedeutung von Weiterbildung und lebenslangem Lernen. Aber: Das Missverhältnis hat System. Der Staat will Weiterbildung gar nicht entsprechend ihres Bedeutungszuwachses vermehrt finanzieren; er will die Kosten umverteilen und privatisieren. Dieses Schicksal teilt die Weiterbildung mit dem gesamten Vor- und Fürsorgebereiche von Alter, Gesundheit und Bildung. Diese drei Bereiche sind in gewisser Weise, was den Umschlag individueller Konsumgrößen angeht, die Expansionsmärkte der Zukunft.

Wie selbstverständlich wird der „Zukunftsmarkt Weiterbildung" von immer weiteren Kreisen hingenommen und offensiv unterstützt. So schreibt etwa der Stifterverband für die Deutsche Wissenschaft einen Wettbewerb „Hochschulen im Weiterbildungsmarkt" aus – das Ganze unter dem Motto: „Hochschulen entdecken Weiterbildungsangebote als neues Standbein". Damit ist ein finanzielles Standbein gemeint – nur gut, dass es bei Weiterbildungsexperten auch noch den nüchternen Blick auf die materiellen Dimensionen gibt, um die es hier geht. Weiterbildung wird kein neues Silicon Valley sein. Dennoch: Die Kosten für Weiterbildung werden immer mehr Anteil an den Ausgaben der Menschen haben, und dieser Prozess scheint unaufhaltsam, selbst wenn der Staat, was er könnte und sollte, seine Mittel für Bildung sofort und drastisch erhöhte.

Noch haben wir nicht wirklich einen Weiterbildungsmarkt, wenn auch schon viele Elemente desselben. In einem zukünftigen Weiterbildungsmarkt werden sich Relationen viel grundlegender verändern. Dies erfolgt vor allem in vier Dimensionen: Das Verhältnis von Angebot und Nachfrage wird umstrukturiert; Ziel- und Adressatengruppen werden zu individuellen Nachfragern aufgelöst; das Produkt „Bildung" wird konsequent zu einer „Dienstleistung"; und die Produktion von Bildungsangeboten (wie auch die Rolle der Produzenten) wird tiefgreifend transformiert.

Alle in der Diskussion befindlichen Finanzierungsmodelle gehen davon aus, dass die Nutzer der Bildung anteilig deren Kosten (vermehrt) mittragen müssen. Der Staat versteht sich hier zunehmend als ordnungspolitischer Moderator, der nur dort unterstützend eingreift, wo er eigene bildungs- oder sozialpolitische Akzente setzen will, zum Beispiel bei Benachteiligten. Er sucht nach einem optimalen Modell, in dem eine Balance der anteiligen Finanzierung gewährleistet und der Auf- und Ausbau des lebenslangen Lernens implizit ist. Gefunden ist das Modell bislang nicht; und man darf gespannt sein, was die Expertenkommission „Finanzierung Lebenslangen Lernens" des Bundesministeriums für Bildung und Forschung hier vorschlagen wird. Ursprünglich war mit dem Endbericht dieser Kommission schon Ende des vergangenen Jahres gerechnet worden. Dann wurde die Abgabe des Berichts auf den März 2004 vertagt. Nun ist sie erneut verschoben worden. Kein Zweifel: Es ist schwierig, ein ausbalanciertes Modell zu finden, schwierig auch deshalb, weil unterschiedlichste Interessen und Standpunkte dabei eine Rolle spielen.

## Vom Nutzen und Genießen (2004)

In einer Zeit, in der immer mehr über die Kosten von Bildung gesprochen wird, ist es notwendig, einmal einen intensiven Blick auf ihren Nutzen zu werfen, ganz im Sinne einer Leitlinie des herausgebenden Instituts der DIE Zeitschrift: Gegensteuern, Nachhaltigkeit und Kontinuität reflektieren.

Wenn in Deutschland vom „Nutzen" gesprochen wird, ist damit immer zugleich die Kategorie der „Kosten" assoziiert. Begriffspaare wie Kosten/Nutzen oder Aufwand/Ertrag sind gängige Topoi. Aber: Werden die Paare nicht gelegentlich zu rasch gebildet, verstellen sie nicht den Blick auf eine weitergehende Bedeutung von „Nutzen"? Und dominiert nicht gar zu schnell die Kostenseite?

Nutzen besteht aus mehr als dem eindimensionalen Bezug zu den Kosten. Im Italienischen etwa heißt (be-)nutzen *usufruire*, was so viel bedeutet wie „Früchte genießen". Hierin ist nicht nur eine weitergehende Bedeutung dessen angesprochen, was genutzt wird („Frucht"), sondern auch ein Bedeutungshorizont, der im Prinzip auch im deutschen Wort „nutzen" steckt: das Genießen. Wir finden es noch in ältlich klingenden Begriffen wie etwa „Nießbrauch". In unserem Alltagsverständnis ist dieser Genussaspekt verschwunden. „Nutzen" hat etwas Enges, Materielles und irgendwie auch wenig Erfreuliches.

Damit blenden wir natürlich auch all das aus, was wir nutzen, ohne zu investieren: die frische Luft, die Waldesruh, das klare Wasser. Beim Gebrauch natürlicher Ressourcen wird nicht von „nutzen" gesprochen. Womöglich ein ungeheurer gesellschaftspolitischer Fehler, da deren Ge- und Verbrauch unendliche Kosten verursachen oder verursachen können. Hier wird die Kostenseite unterschlagen, die Genussseite nicht betont.

Wir haben eine weitere Schieflage: Diejenigen, welche die Kosten tragen, sind nicht immer diejenigen, die den Nutzen haben. Wir kennen dies seit Langem aus der Diskussion um die gesellschaftlichen Kosten und den privaten Nutzen in der Bildung. Eine hochqualifizierte Bevölkerung wird nur zum geringen Teil von denjenigen „genutzt", die die Kosten in sie investiert haben. Überlagert wird dies noch durch die Tatsache, dass der individuelle Nutzen von Bildung politisch über- und persönlich unterschätzt wird. Letzteres kommt vielleicht, weil der Genussaspekt zu wenig akzeptiert ist – das Betrachten von Sternen etwa ist Genuss und natürlich auch nützlich.

Aber auch die Fragen: „Zu was nützt etwas?" und „Für wen nützt etwas?" beleuchten die Differenz im Begriff von Genuss und Nutzen. Zu was nützt die Osterweiterung der Europäischen Union, über die hier berichtet wird? Zur Globalisierung, zum Wettbewerb, zu Interkulturalität? Und wem nützt sie? Den neuen Mitgliedstaaten, den alten, allen zusammen? Oder, wie vielfach behauptet, vor allem Deutschland?

Und schließlich stellt sich die Frage danach, wer etwas nutzt, wer die Früchte genießt. Ein Beispiel: die „Bibliographie zur Erwachsenenbildung", seit Kurzem so verfügbar, dass jeder seine eigene Bibliographie zusammenstellen kann; einer der „Väter der Bibliographie" wunderte sich, wie wenig Rückmeldungen er zu derselben im Verlaufe von 20 Jahren erhalten habe. Vielleicht war immer alles „richtig", vielleicht aber wurde die Bibliographie auch gar nicht stark oder anders benutzt, als es ihre Erzeuger beabsichtigten.

Wie auch immer: Der Nutzen ist – extern wie intern – eine schwer messbare Kategorie. Er wird es besonders dann, wenn man seine eigentliche und weitergehende Bedeutung mit betrachtet: die des Genießens.

## Kopf, Herz und Hand (2004)

Gelernt wird, so hieß es früher, mit Kopf, Herz und Hand. Verstand, Gefühl und Körper wirken zusammen, wenn gelernt wird. Die körperliche Dimension steckt in nahezu allen Begriffen, mit denen wir Lernvorgänge beschreiben: *be-greifen, er-fassen, verstehen, er-fahren*. Gestalt und Sinn der Dinge erschließen sich im physischen Zugang. Dazu gehören auch die Sinne: Wahr-nehmen ist die kognitive Akzeptanz des sinnlich Erfassten. Und das ist nicht nur metaphorisch zu verstehen.

Schon seit Langem wissen wir aus Untersuchungen psychologischer Provenienz, dass am ehesten be-halten wird, was in eigener Aktivität erfahrbar wird: wesentlich mehr als beim Hören oder Sehen oder Hören und Sehen zusammen. Auch erwachsene

Besucher in Museen – diese können ein (Klage-)Lied davon singen – liefern täglich Belege dafür, dass Haptik vor Optik geht. Man darf gespannt sein, was die naturwissenschaftliche Gründelei an weitergehenden Erkenntnissen zu dem bekannten Zusammenhang von Bewegung und neuronalen Netzen beiträgt.

Körperlichkeit und ihre Berücksichtigung befördern oder behindern also nicht nur das Lernen, sondern sind sein integraler Bestandteil. Nicht immer und nicht überall wird dies realisiert, im Gegenteil: Auf dem Weg zur kognitiven, zur „Wissensgesellschaft", scheint dies mancherorts aus dem Blickfeld zu geraten, gerade in Deutschland, wo die Auffassung vom „gesunden Geist in einem gesunden Körper", vom Faschismus ebenso desavouiert wie das Wort „Volk", aus dem Verständnis von Bildung verschwunden ist. „Mehr Training, weniger Bildung" heißt das hier bei Beate Blättner – ein Gegensatz, den zu diskutieren sich lohnt.

Es geht nicht nur um eine inhaltliche und didaktische, sondern auch um eine organisatorische Dimension. Der Körper ist in unserer Gesellschaft anders verregelt als die Bildung, in Vereinen vor allem. Weiterbildung im Sport wird nur zum Teil im System der Erwachsenenbildung wahrgenommen. Und doch gibt es viele gemeinsame Fragen: etwa die der Messung von Leistung, von „Qualität". Im Sport gibt es objektive Parameter des Raums (Distanzen, Metrik) und der Zeit (Dauer), wo nicht, erfolgt ein „Benchmarking", ein Kräftemessen nach Regeln. Und in der Bildung?

Doch betrachten wir nicht nur Kopf und Hand, sondern auch das Herz – ein ominöses Phänomen, wenn es denn in der Bildung auftaucht, z.B. instrumentell betrachtet als Motivation oder als emotionales Lernen in immer wieder neuen Ansätzen. Seine Wichtigkeit für Gefühle und Beziehungen und darin liegende Lern- und Entwicklungsprozesse bleibt zu betonen.

Einen besonderen Aspekt beschreibt Frank Berzbach: die heutigen „ent-seelten" Microsoft-Präsentationen durch Beamer, hinter denen allzu leicht nicht nur die Inhalte, sondern auch die Menschen verschwinden, die sie präsentieren.

Was ist das Ziel von Bildung? Nicht nur, die Köpfe frei und klar zu machen, sondern auch den Menschen Rückhalt zu geben, den Rücken zu stärken … Vergessen wir den Körper nicht und nicht das Herz!

# Lernen in Bewegung (2004/2010)

Über die „allmähliche Verfertigung der Gedanken beim Reden" schreibt Heinrich von Kleist, anders formuliert: das Tun erzeugt das Denken. Kleist wusste nichts von den heutigen neurowissenschaftlichen Erkenntnissen über den Zusammenhang von Lernen und Tun, auf dem Punkt: „Exekutive Funktionen sind die Basis erfolgreichen Lernens". Seit vielen Jahrzehnten und in vielen Bereichen galt und gilt die Regel: „Lernen mit Kopf, Herz und Hand" – es erstaunt immer wieder, wie stimmig sich diese aus der pädagogischen Praxis heraus gesicherten Grundregeln in der naturwissenschaftlichen und empirischen Prüfung erweisen. Kognition, Emotion und „Motion" sind im Lernen untrennbar vereint, keins findet ohne die beiden anderen statt.

Immer wieder ist zu bedauern, dass die dominante Beschäftigung mit dem Kognitiven – Wissen und Denken – die anderen beiden Elemente des Lernens in den Hintergrund oder ganz verdrängt; die wissenschaftliche Beschäftigung mit Fühlen und Bewegen als konstitutiven Bestandteilen des Lernens reicht bei weitem nicht aus. Dabei zeigt schon die Sprache die Relevanz vor allem auch der Bewegung im Lernen. Es ist ein positiver Aspekt der Kompetenzdebatte, dass die Rolle der Praxis, der Anwendung und der Anwendbarkeit stärker als bisher betont wird.

Wir wissen, dass Bewegung die geistige Entwicklung fördert: Mens sana in corpore sano. Wir wissen, dass aktives und handelndes Lernen nachhaltiger ist als rein rezeptives Lernen über Auge und Ohr. Wir wissen, dass Körper und Geist in einem sich gegenseitig durchdringenden, aufeinander bezogenen System des Steuerns und Gestaltens ruhen. Dies ist nicht nur bei kleinen Kindern, sondern auch bei Erwachsenen der Fall. Wir wissen, dass das Stehen und Gehen das Denken und Sprechen öffnet: nicht nur dazu, Neues aufzunehmen, sondern auch dazu, Altes zu ordnen, zu gewichten und vielleicht auch notwendigerweise zu vergessen. Wir wissen, dass Lernen Bewegung fördert, wir wissen auch, dass Lernen Bewegung fordert.

Einiges von dem, was wir aus erziehungswissenschaftlicher Perspektive schon seit Langem wissen, lässt sich heute genauer bestimmen und nachweisen, etwa durch die neurowissenschaftliche Erkenntnis über den Einfluss von Bewegungen auf die Neuroplastizität und die Botenstoffe im Gehirn.

Das bedeutet allerdings noch nicht, dass damit auch schon die didaktischen Implikationen bedacht und gelöst sind, die in der Betonung von Bewegung als Teil des Lernens liegen. Lehr-Lern-Prozesse, in denen konsequent Wissen, Bewegung und Emotion in einer durchdachten Konzeption vereinigt sind, lassen sich selten finden. Ganz zu schweigen von ihrer Anwendung. Es gibt aber sehr innovative und interessante Ansätze in diese Richtung, vor allem auch in Verbindung mit Gesundheits- und kultureller Bildung.

Dort ließe sich auch besser und konkreter, an vielen Fällen, über Ansätze und Wirkungen „ganzheitlichen" Lernens diskutieren. Ein verstaubter Begriff, möchte man meinen. Er mahnt aber letztlich genau das an, was heute unter dem Begriff der „Integration" eingefordert wird – das Wiederherstellen des Ganzen aus seinen Teilen, gerade im Lernen von großer Bedeutung für das Verstehen und Reflektieren der eigenen Person in einer komplexen Umwelt. Dann ließe sich auch wieder häufiger erreichen, dass man das Ganze erkennt, das mehr ist als die Summe seiner Teile. Vor allem das Ethische, die moralische Seite auch des Lernens.

Es ist gut, zu sehen, dass im Auf und Ab wissenschaftlicher, politischer und praktischer Moden heute nach einer Zeit der Betonung des Kognitiven auch wieder verstärkt der Blick auf Körper und Psyche gerichtet wird. Der enorme Druck, der sozial, ökonomisch und politisch hinter dem Postulat des „Lebenslangen Lernens" steht, mag ursächlich damit verbunden sein.

Es wäre an der Zeit, dass der Pädagogik nicht nur in didaktischen, sondern auch in rechtlichen, architektonischen und medialen Kontexten und nicht nur in der Erwachsenenbildung derjenige Sachverstand zugeschrieben wird, der pädagogische Professionalität ausmacht. Niemand käme auf die Idee, Krankenhäuser zu bauen, ohne Ärzte zu konsultieren, oder ohne sie anzuhören Kassenvorschriften und Behandlungsregeln festzulegen. Tun wir das ebenfalls mit den Pädagogen im Bildungsbereich! Dann könnte sich auch der Rahmen für integrierte und dynamische Modelle des Lernens verbessern.

# Weiterbildungsraum Europa (2005)

Knapp 50 Jahre sind vergangen seit den Anfängen der Europäischen Union, der Gründung der Europäischen Wirtschaftsgemeinschaft 1957 in Rom durch sechs europäische Staaten. Bereits zu diesem Zeitpunkt findet sich ein Artikel in den Verträgen, der sich mit Bildung beschäftigt: der beruflichen Bildung mit Blick auf den kommenden Binnenmarkt, der ja auch ein Arbeitsmarkt ist.

Seitdem hat Bildung in der Europäischen Gemeinschaft immer eine Rolle gespielt. Die hinzugekommenen weiteren europäischen Staaten haben diesen Politikbereich akzeptiert, teilweise sogar verstärkt. Seit Beginn der 1990er Jahre, seit den Verträgen von Maastricht, ist Bildung ein definiertes eigenständiges europäisches Politikfeld. Eine Vielzahl von Entschließungen, Verlautbarungen und Regelungen zum Bildungsbereich (seit 1996 unter dem Begriff „lebenslanges Lernen" zusammengefasst) liegt auf europäischer Ebene mittlerweile vor. Darüber hinaus sind seit zehn Jahren eigene Förderprogramme in Kraft gesetzt, insbesondere die Programme „Leonardo da Vinci" und „Sokrates", aus denen jeweils zu spezifischen Aspekten des Bildungsbereichs nicht unerhebliche Mittel in die nationalen Bildungssysteme fließen. Gerade auch die Weiterbildung hat seit Mitte der 1990er Jahre durch Förderung seitens der Europäischen Union viele Impulse erhalten: die Aktion „Erwachsenenbildung" in der ersten Phase von Sokrates, die derzeit laufende Aktion „Grundtvig" in der zweiten Phase von Sokrates und verschiedene Budgetlinien zur beruflichen Weiterbildung im Programm „Leonardo da

Vinci" haben Projekte und innovative Ansätze länderübergreifend gefördert und teilweise auch implementiert. Nicht zu vergessen die Fördermöglichkeiten im Rahmen des Europäischen Sozialfonds.

Gewöhnlich wird die europäische (Weiter-)Bildungspolitik ausschließlich unter dem Aspekt der Fördermöglichkeiten wahrgenommen: Welche Programme gibt es, mit welchen Stichworten und welchen Regeln folgend sind in diesen Programmen Gelder einzuwerben, wie sind sie zu verausgaben, mit welchen Partnern im europäischen Umfeld können welche Projekte eingeworben und durchgeführt werden? So verständlich die Konzentration auf die Bedingungen der Geldakquisition ist, so leicht besteht dabei auch die Gefahr, dass man die übergreifenden bildungspolitischen Setzungen und Strömungen, die hinter diesen Förderprogrammen stehen, aus dem Auge verliert.

Der folgende Text versucht, hinter diese naheliegende und Nutzen versprechende Pragmatik zu sehen. Nach wie vor sind die nationalen Strukturen und Politiken im Weiterbildungsbereich im wirklichen Sinne „national". Weiterbildung war und ist, seit sie überhaupt als politisch gestaltbarer und zu gestaltender Politikbereich in den Blick geriet, am engsten von allen Bildungsbereichen mit den ökonomischen, sozialen und kulturellen Erfordernissen und Prozessen der nationalen Umwelt verbunden. Allerdings ist es schwierig, die Grenzen von Weiterbildung zu definieren und ihren Kern zu finden. Diesen Nachteil gleicht sie aber allemal durch eine hohe Dynamik und zukunftsorientierte Affinität zu gesellschaftlichen Problemen aus.

Solange die Mitgliedstaaten der Europäischen Union ökonomisch, sozial und kulturell, aber auch politisch und rechtlich so unterschiedlich sind wie derzeit, wird es nicht im eigentlichen Sinne eine gemeinsame europäische Weiterbildung geben. Es gibt sie ja auch national dann nicht, wenn entsprechende gesellschaftliche Unterschiede (meist kommen noch sprachliche hinzu) vorhanden sind – wie etwa im italienischen, französischen und deutschen Teil der Schweiz oder im flämischen oder französischen Teil Belgiens. Aber: Ein europäischer Weiterbildungsraum ist im Entstehen begriffen! Wer die Entwicklung eines gemeinsamen Europa begrüßt, wird auch dies begrüßen. Und wird daran mitwirken, dass eine solche Weiterbildung humanen Bildungszielen verpflichtet, sozial gerecht strukturiert und qualitativ hochwertig ist.

Das hier vorliegende Buch schließt eine Lücke, die mit zunehmender bildungspolitischer Aktivität der Europäischen Union immer deutlicher wird. Es beschreibt die Ansätze, Ziele und Instrumente der Europäischen Union, einen mitgliedstaatenübergreifenden Raum der Bildung und Weiterbildung, des lebenslangen Lernens, zu schaffen. Die europäische (Weiter-)Bildungspolitik schreitet voran, recht rasch sogar, so dass das Porträt ein Schlaglicht wirft auf eine Situation, die sich voraussichtlich in vier, fünf Jahren deutlich geändert haben wird. Es ist aber eine wichtige Übersicht, da sie Ansatzpunkte dafür gibt, wo politisch und gestaltend auf die weitere Entwicklung im europäischen Bildungsraum Einfluss genommen werden kann.

# Graniza (2005)

„Graniza" – in Hunderten von Jahren des Hin und Her an der Ostkante des germanischen Sprach- und Kulturraumes wurde dieses slawische Wort zur deutschen „Grenze". Grenzen waren schon immer beweglich, und sie neu zu ziehen, forderte den Menschen schon immer viel ab.

„Entgrenzung" macht nachdenklich, das sollen Thesen auch tun. Gibt es keine Grenzen der Erwachsenen- und Weiterbildung mehr? Wohl doch. Eine Welt, ein Bereich ohne Grenzen ist nicht denkbar. Dort, wo sie verschwinden oder noch nicht existieren, werden sie flugs errichtet. Das Internet ist heute ohne Filter nicht mehr denkbar, in der Sexualmoral segmentieren sich Vorlieben und neue Tabuzonen. Auch in Regionen und Politik: Das zerfallene Sowjetimperium hat eine Vielzahl neuer Grenzen entstehen lassen, das Schengen-Gebiet hat intern die Grenzen geschleift, nach außen aber mit doppelter Kraft erhöht und verstärkt. Es geht also nicht um „Ent-Grenzung", sondern um die Verschiebung von Grenzen.

Wir haben Jahrzehnte in einer Engführung der Weiterbildungsgrenzen gelebt, in Bezug auf Institutionen, Ziele und Methoden. Das damals erfolgte allmähliche Engerziehen von Grenzen wurde nicht beklagt, sondern als Gewinn von Präzision, Steuer- und Gestaltbarkeit begrüßt. Eben dies wird heute, in der Annahme sich wieder weitender Grenzen, als Verlust beklagt.

Natürlich erweitern selbstgesteuertes Lernen, E-Learning, lebenslanges Lernen, Ent-Institutionalisierung und ständige Innovation das Feld der Erwachsenenbildung in großem Maße. Es scheint, als würde das Gesellschaftliche pädagogisch und das Pädagogische gesellschaftlich universal, es scheint, als würden die Grenzen nicht nur erweitert und unscharf, sondern existierten überhaupt nicht mehr. Auf der anderen Seite aber sehen wir, wie sich zielstrebig und in anderen Dimensionen neue Grenzen platzieren: Qualität als Akzeptanzgrenze, Pässe und Zertifizierungen als Übergangsgrenzen, Information und Beratung als Steuerungsgrenzen. Man könnte sagen, die Weiterbildung bewegt sich wie die ganze staatliche Haushaltsdebatte von einer Detailsteuerung der Kameralistik hin zu einer Globalsteuerung mit Zielvereinbarungen. Es ist kein Abschied von den Grenzen und kein Abschied von der Steuerbarkeit und der Steuerung, sondern eine Veränderung der Formen und der Dimensionen von Grenzen.

Gerade auch das lebenslange Lernen, die „Entgrenzungsformel schlechthin", was den Bildungsbereich betrifft, hat eindeutige Grenzen: Geburt und Tod, Individuum und Außenwelt, Selbstlernen und Lehrangebot, Lernnachweise und Übergänge, Deutung und Wissen. Nicht mehr die Institutionen und ihre „Bereichsstrukturen" definieren automatisch Grenzen, sondern andere Dimensionen, die mit dem Lehren und Lernen zusammenhängen.

Es ist unsere Aufgabe, das Entstehen der neuen Grenzen zu erkennen und sie, mit Blick auf gelingende Lernprozesse der Menschen, mit zu gestalten. Schlimmer noch als gar keine Grenzen zu haben ist es, bestehende Grenzen nicht wahrnehmen und bewusst behandeln zu können. Eines der wichtigsten Ziele von Bildungsarbeit ist es ja auch, Grenzen nicht als natur- oder gottgegeben hinzunehmen, sondern als gesetzte und veränderbare Größen zu behandeln.

## Next Generation (2005)

Generationenwechsel ist Bestandteil des Lebens, erfolgt unentwegt, überall und unvermeidlich. Die Jüngeren, heute wohl „next generation" zu nennen, übernehmen nicht nur die Riemen, sondern auch das Ruder. Und das ist gut so, auch wenn die Gesellschaft im Durchschnitt derzeit altert.

Zu thematisieren ist der Wechsel der Generationen dann, wenn ihn besondere Bedingungen besonders schwierig machen. In der Weiterbildung in Deutschland ist dies in diesen Jahren der Fall:

Zum Ersten tritt fast gleichzeitig die gesamte Alterskohorte derjenigen ab, die im Zuge des Ausbaus der Weiterbildung (und auch der Weiterbildung an Hochschulen) in den 1970er Jahren das Heft in die Hand nahmen, die Gruppe also, die 30 Jahre die Weiterbildung in Deutschland entscheidend geprägt hat. Mit ihr gehen nicht nur Kenntnisse und Erfahrungen des Fachs, sondern vor allem auch der Pioniergeist der Aufbauzeit.

Zum Zweiten erfolgt dieser umfassende Wechsel zu einem Zeitpunkt, an dem scheinbar Sicheres ins Wanken gerät; einiges ist dazu neuerdings zu „Entgrenzung" zu lesen, einiges in Bezug auf den „Patient" Weiterbildung, die Ängste in der politischen Bildung, die „verdeckten Ermittler" in Sachen Weiterbildungsqualität und den weiteren Rückgang der Weiterbildungsbeteiligung.

Zum Dritten ist es in den vergangenen 30 Jahren offenbar nicht gelungen, das erworbene systematische Wissen so zu kodifizieren, dass es als „Fackel" in einer Stafette weitergegeben werden kann; nach wie vor kann fast jeder fast alles über Weiterbildung sagen und schreiben, ohne sich gegenüber einem disziplinären Standard legitimieren zu müssen.

Und zum Vierten ist die „next generation" vielleicht weniger getragen von Moral, Engagement, Praxis- und Bildungsidealen als die Generation der „Pioniere", sondern mehr von dem, was das Ziel der Arbeit der abtretenden Generation gewesen ist: von einem professionellen Verständnis von Weiterbildung.

Man muss nicht ängstlich sein, dass die nachrückende Generation der Aufgabe nicht gewachsen wäre, auch wenn die derzeitige Diskussion um Weiterbildung und lebenslanges Lernen vielfach Überforderungscharakter hat. Die jüngere Generation ist gut ausgebildet, in vieler Hinsicht besser und spezieller als die abtretende Generation auf die Weiterbildungstätigkeit vorbereitet und sich ihrer gesellschaftlichen Verantwortung wohl bewusst.

Es ist nicht wenig, was sie zu leisten hat, wenn nicht auch sie in ihren Reformen stecken bleiben will. Die vorliegenden „Strategiepapiere" zur Entwicklung lebenslangen Lernens sind vielfach kurzatmig, ohne Konzept, am Bestand orientiert. Konzeptionen und Visionen sind gefragt in den nächsten Jahren, verbunden mit praktischem Handeln. Zumindest zum Ersteren wird die abtretende Generation noch etwas beitragen können, wenn es denn gelingt, in Didaktik und Finanzierung entsprechende Schritte zu unternehmen.

# Rechte und Pflichten (2005)

Es ist eine Binsenweisheit, dass zu einer Bewegung auch immer eine Gegenbewegung gehört, zu einem Recht auch eine Pflicht. Meist jedoch eignen die gegenläufigen Tendenzen nicht dem gleichen Subjekt oder betreffen nicht den gleichen Gegenstand. Wie bei Armut und Reichtum, die sich bedingen: Es geht um öffentliche Armut und privaten Reichtum oder die Armut vieler und den Reichtum weniger.

Mit dem Recht des Menschen auf Bildung wird üblicherweise die Pflicht des Staates auf Vorhalte von Bildungsmöglichkeiten verknüpft, also ein Subjektwechsel vorgenommen. Bezieht man es auf das gleiche Subjekt, sieht dies etwas anders aus. So wäre – analog zum Reichtum – das Recht der Menschen auf Bildung mit ihrer Pflicht verbunden, diese zum Wohle der Gemeinschaft zu erwerben und einzusetzen. Und mit der Pflicht des Staates, Bildung vorzuhalten, auch sein Recht, Bildungsleistungen abzufordern. Letztlich hat die Perspektive des lebenslangen Lernens die Debatte um Rechte und Pflichten in der Bildung, die seit der Einführung der Schulpflicht erledigt schien, in einer neuen Dimension aufgeworfen. Keine Gemeinschaft kann heute überleben, wenn sich eine zu große Zahl ihrer Angehörigen der Anforderung entzieht, sich lebenslang weiterzubilden. Und kein Staat ist in der Lage, die mit dem lebenslangen Lernen implizierten Bildungsangebote tatsächlich vorzuhalten.

Es sind diese verschränkten Perspektiven des Notwendigen und des Machbaren zugleich, die Bildungspolitik heute so schwierig und teilweise auch diffus machen. Auch diejenigen, die dezidiert ein lebenslanges Lernen von allen Menschen erwarten, werden nicht fordern, dass dies als Pflicht gesetzlich kodifiziert wird; welche Sanktionen gäbe es auch, außer bei Zuwanderern, deren Aufenthaltserlaubnis an die Teilnahme an einem Integrationskurs gekoppelt werden kann?

Aber hier liegen Widersprüche; die Hegelsche „wahre Natur der Dinge" besteht darin, dass man über das ordnungspolitische Instrument einer „Pflicht" das angestrebte Ziel lebenslangen Lernens nicht erreichen kann, sich aber auch nicht die Möglichkeiten konzeptionell abzeichnen, dieses Ziel materiell – etwa über Motivation, Fördermaßnahmen, Gestaltung – in einer angemessenen Weise zu erreichen.

Wo ist die Synthese, die aus einer Zuweisung von Rechten und Pflichten an Menschen und Staat möglicherweise neu definiert werden muss? Man darf nicht denken, dass sich solche letztlich grundsätzlich neuen Ansätze wie das lebenslange Lernen durch eine geringfügige Modifikation des institutionellen Spektrums im Bildungsbereich oder durch die Einführung von Kompetenzbilanzen regeln lässt. Bildung muss von Grund auf neu gedacht und konzipiert werden, einzelne Reorganisationsschritte müssen mit Blick auf ein großes Ziel vereint werden.

Wenn eine solche Synthese, ein konzeptioneller Gesamtansatz, nicht vom Staat kommt, der „höchsten Form des objektiven Geistes" (Hegel), dann sicher von der Wissenschaft. Aber: Beide müssen zusammenwirken! Das stimmt nicht hoffnungsvoll: Die Empfehlungen der wissenschaftlichen Kommission „Finanzierung der Weiterbildung", facettenreich, interessant und vorwärtsweisend für eine neue Gestaltung der Weiterbildung im Konzept des lebenslangen Lernens, wurden der Bundesregierung im vergangenen Jahr überreicht. Diese ging neun Monate damit schwanger und gab schließlich eine Erklärung ab, wonach sie bereits sehr aktiv sei, die Vorschläge interessant fände und sie – ohne Zeitangabe – prüfen werde.

## Nachhaltig – bis zur nächsten Evaluation! (2005)

Gibt es einen Wert, der in der letzten Dekade höher eingestuft wurde als die „Innovation"? Wie nachhaltig sind Produkte, Prozesse, Konzepte, wenn sie so dringend einer Erneuerung bedürfen? Berichte zur Nachhaltigkeit sind Standard großer Konzerne, auch der Bundesregierung, wie immer wieder betont wird. Sind auch die Prinzipien der Nachhaltigkeit überall Standard? Der Jugendhof Steinkimmen wird geschlossen, die niedersächsische Bildungslandschaft verarmt, heißt es in diesem Heft. Wie nachhaltig ist die „Worthülse Nachhaltigkeit", die sich ja selbst in einem Konzert unterschiedlichster, ständig wechselnder Politikbegriffe behaupten muss?

Wir können sehen, dass mit dem Begriff der Nachhaltigkeit vor allem zwei verschiedene Dinge verbunden werden: *Ziele* wie Generationengerechtigkeit und ökologisch sinnvoller Ressourcenverbrauch, *Mittel* wie das Lernen von Nachhaltigkeit und fairer Handel. Diese vermischten Dimensionen von Ziel und Mittel im Begriff der Nachhaltigkeit erleichtern es nicht, mit ihr umzugehen. Schon gar nicht, wenn man oft selbst kaum die Nachhaltigkeit der Wirkung des eigenen Tuns erfahren kann, Werthaltungen, Einstellungen und Motive den Charakter des Begriffs verändern. Nachhaltigkeit für wie lange, unter welchen Bedingungen, bis zur nächsten Innovation? Nachhaltigkeit *nur* als Ziel, aber dann: mit welcher inhaltlichen Füllung?

Veränderungen, auch solche, die mit großem Elan und großer Einigkeit angegangen wurden, sind nicht notwendig nachhaltig. „Manches ist wieder rückwärts im Denken, wir sind sogar weit hinter 1990 zurückgefallen", heißt es hier im Gespräch zur politischen Bildung im Gesamtdeutschland nach der Wende. Es ist wahr, um nachhaltig zu wirken, darf man nicht nur philosophieren, man muss auch agieren. Und dieses Agieren kann nicht nur die erneute – wissenschaftlich begründete – Benennung von Sachverhalten sein, man muss auch etwas tun: für das gute Ziel, das zu realisieren ist, und gegen die obstruierenden Einflüsse dagegen.

Interessant sind die Kriterien für den internationalen Vergleich zur „Bildung für nachhaltige Entwicklung": Nicht nur entsprechende Bildungsprogramme, sondern das öffentliche Bewusstsein und die Existenz von Multiplikatorenschulungen werden betrachtet. Hier genügt das Lernen nicht mehr, das selbstgesteuerte – öffentliche Aufklärung und professionelle Vermittlung sind gefragt. Das Erlernen von Lösungsstrategien zu einem gesellschaftlichen Problem ist keine Sache allein des Individuums. Es geht um komplizierte Annäherungs- und Aneignungsprozesse, die in den Kontext eines gesamtgesellschaftlichen Prozesses einzuordnen sind. Und die nicht so flüchtig sind wie heutige Rahmenbedingungen für Projekte und Programme, die unbedingt Neues an die Stelle nachhaltiger Strukturen setzen wollen.

## Dopamine (2006)

„Muss Lernen wehtun?" – Darüber wurde früher viel und engagiert gestritten. Das ist vorbei, zu Recht. Lernen muss gar nichts, aber es kann etwas: Es kann wehtun, es kann lustvoll sein, langweilig, lebendig, anstrengend. Und vieles mehr.

Wichtiger ist die Frage, warum man lernt, mit welchem Ziel man lernt. Sicher ist, dass man lernen muss, wenn man ein Problem hat. Wenn es gelingt („glückt"), das Problem zu lösen, dann – das weiß man heute von den Neurowissenschaften – belohnt man sich selbst: Dopamine werden ausgeschüttet und erzeugen ein Glücksgefühl. Eine Schwelle wird überschritten; Glück ist weit mehr als Selbstzufriedenheit, ist „extrem" wie Trauer, Angst und Hass. Glück kann man nicht festhalten, es ist ein passagerer Zustand, für den man immer wieder einen neuen Anlauf benötigt, einen neuen Zugang.

Glück ist egoistisch, man hat es nur, wenn die Wünsche erfüllt sind, die man für sich selbst als am wesentlichsten erachtet. Zum Beispiel der Wunsch, ein Problem zu lösen, das einen beschäftigt. Es ist aber ein legitimer Egoismus, auf dem viel aufbaut – philosophische Systeme, Gesellschaftskonzepte, Lerntheorien. Und leider auch die Perversion des Glücksgefühls, der Versuch, diesen vorübergehenden Zustand über Drogen zu stabilisieren.

Gelingendes Lernen kann glücklich machen. Es ist gewiss nicht der einzige Weg zum Glück, und er kann mühsam sein. Gerade darin kann die spezifische Qualität dieses Glücksgefühls liegen. Friedrich Nietzsche, als Dichter zu Unrecht wenig bekannt, hat das in seinem Gedicht „Mein Glück" so gefasst:

*„Seit ich des Suchens müde ward,*
*erlernte ich das Finden.*
*Seit mir ein Wind hielt Widerpart,*
*segl' ich mit allen Winden."*

Das Widerständige und das Viable, das Ergebnis und der Weg dahin sind wesentliche Elemente eines Glücksgefühls. Die Frauen, die in den „Blickpunkten" dieses Heftes beschreiben, was Bildung für sie bedeutet, welches Glücksgefühl es für sie brachte und bringt, zu lernen und ihre Möglichkeiten zu erweitern, sich anzustrengen und die Früchte davon zu fühlen – sie sind authentische Zeuginnen des Nietzsche´schen Glücks beim Überwinden des Widerständigen.

Der Begriff „Glück" hat aber auch eine vom menschlichen Subjekt losgelöste Seite: den günstigen Zufall, den positiven Ausgang. Fortuna ist launenhaft, es liegt nicht immer alles in der Hand der Menschen. Aber doch auch viel. Aber auf das Glück in diesem Sinne darf man nicht bauen. Es ist immer noch der sicherste Weg, die Dinge in die Hand zu nehmen, um zu erreichen, was gut und sinnvoll ist.

Und deshalb darf man nicht zulassen, dass die guten und wichtigen Ideen der Kommission „Finanzierung lebenslangen Lernens" dazu, wie Weiterbildung perspektivisch auszugestalten sei, in den hintersten Ecken bildungspolitischer Archive verschwinden. Auf diese Gefahr macht ein Beitrag im „Forum" dieser Ausgabe aufmerksam. Es kann nicht genügen, auf den günstigen Zufall zu warten, der Weiterbildung dahin bringt, wo sie hingehört: ins politische Zentrum der Wissensgesellschaft!

## Ballwerk (2006)

Der Ball ist rund. Genau genommen ist er (fast) kugelförmig, um es korrekt – dreidimensional – zu formulieren. Aber wen interessiert das schon, das naturwissenschaftlich-mathematische Wissen gehört ja nicht zum verpflichtenden Bildungskanon (so Schwanitz in „Bildung – Alles, was man wissen muss"). Und außerdem: „Der Ball ist kugelförmig" hätte sich niemals so fest im Volksbewusstsein verankert.

Das ist derzeit sowie so ein Phänomen. Ich habe noch nie so viele deutsche Flaggen in Gärten, an Autos, Fenstern und Wänden gesehen wie in den letzten Tagen. Und noch nie so viele Accessoires, die in Fußballform gestaltet wurden – vom Büstenhalter bis zur Einkaufstasche, vom Regenschirm bis zum Schwimmbassin. Kolleginnen an der Universität kleben Bildchen von Fußballspielern in Alben, auch ich bin schon gezwungen worden, in den Tauschhandel einzusteigen. Hat das etwas mit Bildung zu tun?

Ganz sicher. Schon die Ballade bewies ihre bildnerische Kraft im Erzählgestus. Und die Ballerina steht für die Ästhetik körperlicher Anmut. Warum heißen die Ballbehandler, die Fußballspieler nicht „Balleroni"? Vielleicht weil es zu nah an „ballock" herankommt – zumal im Englischen? (Warum wechselt Ballack eigentlich ausgerechnet nach England?)

Die Fußballweltmeisterschaft in Deutschland ist nicht nur ein offenkundig ökonomisches, sondern auch ein kulturelles Phänomen. „Die Welt zu Gast bei Freunden" – es scheint, als hätten 80 Millionen Menschen erstmals wahrgenommen, dass sie irgendwie auch mit der Welt befreundet sein sollten. Oder wahrgenommen, dass es ein Ausland jenseits klassischer Reiseländer (etwa dem Ball-Kahn) gibt.

Zu den Eigentümlichkeiten der Erwachsenenbildung gehört es, sich nicht wirklich mit kollektiven Bildungsprozessen zu beschäftigen, obwohl sie doch (z.B. bei der gesellschaftlichen Bewertung von Bildung) mitentscheidend sind für Bildungsverhalten und -erfolge. Vielleicht liegt dies daran, dass kollektive Bildungsprozesse in der Regel nicht in einer Lehr-Lern-Situation erfassbar sind – obwohl man dies bei der Fußballweltmeisterschaft und deren übermächtiger Werbe- und Motivationsstrategie fast bezweifeln kann. Und – aber das führt etwas vom Fußball weg – Karl-Otto Hondrich (ein Soziologe, kein Erziehungswissenschaftler!) hat einmal einen bemerkenswerten Essay mit dem Titel „Lehrmeister Krieg" geschrieben.

Bei einer Weltmeisterschaft ist letztlich nicht das Spiel, sondern das Ergebnis wichtig, gewissermaßen wird der Sport hier auf Ballermann-Niveau reduziert. Ein schönes Spiel zählt ja wenig, wenn es nicht auch gewonnen wird. Aber die Zahlen dominieren diesen Sport ohnehin mittlerweile; es spielt nicht nur Gauß mit, man könnte mittlerweile „Statistik" in „Ballistik" umbenennen, so viel wird von Ballkontakten, gewonnenen Zweikämpfen usw. in numerischer Form gesprochen. Aber dies ist alles Ballast beim Denken und Wahrnehmen der Spiele, ein flüchtiges Element von Rationalisierung eines unrationalisierbaren Objekts.

Es wird viel Balldrian benötigt worden sein, wenn während des Grillens auf dem Ballkon die deutsche Mannschaft spielte. Vielleicht hatte man sogar noch einen freien Platz im Stadion ausballdowert und konnte die Helden in natura, wenn auch von weit entfernt, sehen. Auf jeden Fall ist das Ereignis Ballsam für die deutschen Seelen und die Selbstsicht der Nation im globalen Kontext. Wahren wir aber die Ballance. Dann ist das ganz sicher eine Art Bildung, oder heute besser: Balldung.

## Transparenz im Bildungssystem (2006)

Vor kurzem wurde vom „Konsortium Bildungsberichterstattung" ein erster „indikatorengestützter Bericht" über die „Bildung in Deutschland" vorgelegt. Darin werden Daten zur Bildung insgesamt sowie zu den einzelnen Bildungsbereichen vorgestellt und interpretiert. Das Ganze reicht von der frühkindlichen Bildung über die allgemeinbildenden Schulen, die berufliche Ausbildung, die Hochschulen bis hin zur Weiterbildung und Lernen im Erwachsenenalter. Ein besonderes Kapitel widmet sich der Migration.

Das Konsortium Bildungsberichterstattung besteht aus Fachinstituten des Bildungsbereichs zu Jugend, Schule, Hochschule und Berufsbildung, koordiniert vom Deutschen Institut für Internationale pädagogische Forschung (DIPF) in Frankfurt am Main. Leider fehlt in dem Konsortium das zentrale deutsche Institut für Weiter- und Erwachsenenbildung, das DIE in Bonn – dem Bericht ist dieser Mangel anzumerken (der daraufhin vom DIE in Angriff genommene Bericht zur Weiterbildung erschien erstmals 2008 unter dem Titel „Trendbericht Weiterbildung"). Das Konsortium wird für seine Arbeit hauptsächlich vom Bundesministerium für Bildung und Forschung finanziert und von einem Gremium mit Vertretern aus Bund und Ländern beraten.

Bemerkenswert an dem Text „Bildung in Deutschland" ist zunächst vor allem die Tatsache, dass es sich um den ersten gemeinsam von Bund und Ländern in Auftrag gegebenen Bericht zur Bildung in Deutschland handelt, einem Land, das durch seine föderalen Strukturen immer wieder Schwierigkeiten hat, Bildung systemisch zu verstehen und zu definieren. Im Vorfeld des Berichts wie auch während seiner Entstehung gab es eine Vielzahl von Abstimmungsprozessen zwischen den Ländern, dem Bund, Verbänden und Organisationen sowie in den Institutionen, welche die entsprechenden Daten zur Verfügung stellten, allen voran die statistischen Ämter. Der Bericht geht von der Leitidee der Bildung im Lebenslauf aus, verzichtet auf Wertungen und Empfehlungen und versteht sich als Beginn einer auf Dauer angelegten Berichterstattung. Er versucht, Bildung mit Hilfe von Indikatoren zu erfassen, Länder, Regionen, internationale Vergleiche und Zeitreihen darzustellen.

Man muss sehr deutlich die Tatsache würdigen, dass es erstmals gelungen ist, (fast) das gesamte System der Bildung in Deutschland gewissermaßen „mit offiziellem

Segen" darzustellen. Gewiss gibt es auch frühere Ansätze, sich dem Bildungssystem in Deutschland zu nähern, etwa aus dem Max-Planck-Institut für Bildungsforschung in Berlin, oder immer mal wieder Monographien von Bildungswissenschaftlern. Auch erscheint jährlich, herausgegeben vom Bundesbildungs- und Forschungsministerium, ein Band zu den Daten und Fakten von Bildung und Wissenschaft in Deutschland, in dem allerdings auf jedwede Interpretation verzichtet wird und der zudem eine reine Bundesaktivität ist. Auch gibt es eine Vielzahl von Arbeiten, welche Teilbereiche des Bildungssystems strukturiert darstellen, etwa der Berufsbildungsbericht des Bundesinstituts für Berufsbildung, die Fernunterrichtsstatistik oder die Weiterbildungsstatistik des Deutschen Instituts für Erwachsenenbildung. Auch sie haben in gewisser Weise einen öffentlichen Charakter, folgen aber keinem gemeinsamen Konzept und beschränken sich auf den jeweils angesprochenen Bereich. Der nun vorliegende bundesweite Bildungsbericht geht in vielen Teilbereichen nicht über die vorliegenden Darstellungen hinaus, auch deshalb, weil mit ihm verbunden keine eigenen Erhebungen vorgenommen wurden. So sind etwa die auf gut zehn Seiten vorgestellten Daten zur Weiterbildung insofern enttäuschend, als sie weder datenmäßig noch konzeptionell vorliegende Beschreibungen erweitern.

Allerdings: Die Tatsache, dass nun erstmals ein offiziell akzeptierter Gesamtbericht zur Bildung in Deutschland vorliegt, ist ermutigend. Mit ihm wird ja nicht nur der Versuch unternommen, eine erhöhte Transparenz des Bildungssystems in Deutschland zu erzielen (und dies kontinuierlich, wenn die Berichterstattung sich fortsetzt), sondern erhalten auch Steuerung und Analyse des Bildungssystems eine andere Grundlage. Die verfügbaren Daten zum Bildungssystem – so lückenhaft sie derzeit auch sind – sind ja Grundlage dafür, Schwächen zu analysieren, Probleme aufzuspüren und politisches Handeln letztlich – in der Zeitreihe – zu evaluieren. Wenn etwa die Übergänge zwischen Bildungsbereichen unbefriedigend sind, Abbruchquoten im Studium und Teilnahmequoten in der Weiterbildung insgesamt oder personengruppenspezifisch nicht ausreichen, dann ermöglichen die vorliegenden Daten zielgerichtetes Handeln und eine präzisere Justierung politischer Instrumente.

Vor allem aber liefert der Bericht, gerade auch in der Form, in der er jetzt vorliegt, die Möglichkeit zu überprüfen, welche weiteren Daten benötigt werden, um zielgerichtetes politisches Handeln im Bildungssystem zu ermöglichen. Damit liefert der Bericht auch die Grundlage für eine Weiterentwicklung von Erhebungsverfahren und Indikatoren, Definitionen, mit deren Hilfe zukünftig das Gesamtsystem immer besser beschrieben werden kann.

Und schließlich ist die indikatorengestützte Darstellung der Bildung in Deutschland ein wichtiger Ansatz, um im europäischen Kontext zu bestehen. Aus der Europäischen Union kommen immer mehr Benchmarks, Leistungs- und Vergleichszahlen, die zwar nicht per Gesetz verordnet werden, aber doch über politischen Druck und politischen

Einfluss in konkretes Handeln umgesetzt werden. Mit den eigenen indikatorengestützten Analysen kann aus Deutschland auch ein verstärkter Einfluss auf die Entwicklung dieser europäischen Benchmarks genommen werden. Alles in allem: Es lohnt sich, einen Blick in den Bericht des Konsortiums Bildungsberichterstattung mit dem Titel „Bildung in Deutschland" zu werfen.

**Literatur**
Konsortium Bildungsberichterstattung. (2006). „Bildung in Deutschland". www.bildungsbericht.de

# Lernen als Integration (2007)

Der Mensch besteht nicht nur aus dem Gehirn alleine, also der kognitiven Dimension der Aneignung. Aus dem Blickwinkel der Erziehungswissenschaft sind die drei wichtigsten weiteren Dinge noch einmal explizit zu betonen. Zum Menschen gehört als konstitutiver Bestandteil auch sein kollektives oder soziales Umfeld, der Mensch ist ein grundsätzlich soziales Wesen. Außerdem besteht er, wenn es um das Lernen geht, aus dem Vor und Nach der jeweiligen Lernsituation, also aus einer biographischen Zeitreihe. Und er ist abhängig von seinen Befindlichkeiten, Gefühlen und Empfindungen – kurz: Emotionen. Der jeweilige Lernvorgang ist eine Momentaufnahme im Lebensprozess der Menschen, der verbunden ist mit seinem Leiden und seinem Glück, seinen Interessen und seinen Möglichkeiten zu eben jenem Zeitpunkt.

Das sind die vier Aspekte, die uns als Erziehungswissenschaftler beschäftigen, die Frage des kognitiven Erfassens und der Behaltensmöglichkeit, die Frage des sozialen Kontextes, die Frage der Gefühle und die Frage der biographischen Verknüpfung des Lernprozesses im Leben jedes einzelnen Menschen. Und das ist, wenn Sie so wollen, vergleichbar mit dem Dreikörperproblem in der Naturwissenschaft. Versucht man in einer physikalischen Situation mit drei Körpern Voraussagen zu treffen, ist Ungenauigkeit unausweichlich, anders als mit zwei Körpern.

Aber die Analogien der Erziehungswissenschaft zu den Naturwissenschaften haben ihre Grenzen. Früher hieß die Erziehungswissenschaft Pädagogik und war eine Erziehungslehre, deren Ziel nicht Erkenntnis als solche war, sondern eine sehr stark handlungsorientierte Erkenntnis. In der Erziehungswissenschaft versuchte man, Erkenntnisse darüber zu gewinnen, wie man die Lehre verbessern könnte. Es war also eine handlungsleitende und anwendungsorientierte Wissenschaft. Damals hat man oft den Begriff der Didaktik als Zentrum der Erziehungswissenschaft verwendet. Dies geschieht auch heute noch, allerdings in etwas anderer Form. Didaktik als Theorie des

Unterrichts, Didaktik im Sinne von Comenius und der *didacta magna – omnia omnibus ubique,* also allen Menschen alles lehren. Das Ziel der Erziehungswissenschaft ist danach nicht direkt das Lernen, sondern die bessere Lehre als Zugang zu einem besseren Lernen der Menschen. Man geht hier also von der Vorstellung aus, dass durch eine bessere Lehre die Menschen besser lernen.

Dadurch, dass die Erziehungswissenschaft diese Einbindung in eine handlungsorientierte Perspektive hat, steht sie und stand sie schon immer unter der Kontrolle der Praxis, aber auch unter dem Primat der Legitimation der Praxis. Die Frage, was die Wissenschaft an Realität erfassen kann, ist für die Erziehungswissenschaft, auch oft zu ihrem Leidwesen, ein ganz altes Brot. Immer dann, wenn im Bildungssystem etwas nicht stimmt, wird die Erziehungswissenschaft verantwortlich gemacht. Zum Beispiel die PISA-Studie: Ihr habt uns die falschen Erkenntnisse geliefert, deshalb stimmt unser Schulsystem nicht. Sagt uns doch einmal, wie es besser gehen soll. Zum Glück gibt es aber heute auch andere Disziplinen, die glauben, sie könnten das besser, z.B. die Neurowissenschaften. Aber wir können erkennen, so viel besser können die es eigentlich auch nicht: Herr Spitzer in Ulm verkabelt Schüler und Schülerinnen beim Lernen, um herauszubekommen, was in der Erziehungswissenschaft seit über hundert Jahren bekannt und empirisch (allerdings: mit eher qualitativen Methoden) nachgewiesen ist.

Im Hintergrund dieser Erkenntnisinteressen steht natürlich ein bestimmtes Menschenbild: Der Mensch ist ein lernendes, neugieriges, wissbegieriges und die Umwelt gestaltendes Subjekt, das in Freiheit und Solidarität lebt. Die Erziehungswissenschaft bezieht ihre Legitimation und ihre Ziele aus diesem Menschenbild. Ohne dieses Menschenbild hätte sie keine Legitimation. Auch das unterscheidet sie von anderen wissenschaftlichen Disziplinen.

Nun ist die Erziehungswissenschaft aber, aus der Pädagogik herausgewachsen, selbst eine wissenschaftliche Disziplin geworden, trägt also zur Vereinzelung, zur Aufspaltung der gesamten Wirklichkeit bei. Vielleicht knüpfe ich hier noch einmal an das an, was schon betont wurde, nämlich die Frage der Methode. Aus meiner Sicht hat jede Wissenschaft ihre eigene Methode. Sie muss diese haben, denn sie hat spezifische Erkenntnisinteressen, und um diese spezifischen Erkenntnisinteressen zu befriedigen, benötigt sie eine spezifische Methode. Nicht jedes Erkenntnisinteresse kann mit den gleichen Methoden verfolgt werden. Die Erziehungswissenschaft wendet in der Regel sogenannte „weiche" Methoden an. Auf der instrumentellen Ebene formuliert: Die Erziehungswissenschaft beobachtet, sie befragt, d.h. sie interviewt. Die Erziehungswissenschaft verändert die Realitäten, das sogenannte Feld, selten zielgerichtet. Sie macht in der Regel kaum Laborversuche, sie macht kaum Tests. Sie ist weich deshalb, weil sie nicht zielgerichtet und hypothesengestützt die Realität in bestimmten Kontexten verändert, im Prinzip bevorzugt die Erziehungswissenschaft heute induktive Verfahrensweisen. Deduktion hat es in der Erziehungswissenschaft allerdings auch immer gegeben, zu Zeiten einer normativen Erziehungswissenschaft, die sagte, der Mensch muss so und so sein, übrigens gerade auch in bestimmten (totalitären) gesellschaftlichen Systemen.

Den Gehalt oder den Wert der heute in der Erziehungswissenschaft vornehmlich verwendeten induktiven Methoden lässt sich an einem einfachen Beispiel verdeutlichen. Wenn man verstehen will, was Lernen für einen Menschen bedeutet, dann muss man dieses Lernen als Teil seines biographischen Prozesses erkennen. Was bedeutet es für ihn, eine bestimmte Sache zu einem bestimmten Zeitpunkt zu lernen, was treibt ihn dazu und was hat er im weiteren Verlauf seines Lebens davon? Diese Erkenntnisse gewinnt man nur in der Einzelfallbetrachtung und normalerweise nicht in einer übergreifenden, statistisch relevanten Analyse. Aus der Einzelfallbetrachtung kann man auch Erkenntnisse ziehen, die zu einer übergreifenden Betrachtung führen. Diese sind dann viel genauer als wenn man gleich fallübergreifend begänne. Es geht also um eine Abstufung induktiv biographischer Einzelfallanalysen hin zu einer übergreifenden, auch andere Menschen erfassenden, sekundären Analyse, die dann auch quantitativ sein und mittels statistischer Verfahren zu wichtigen Ergebnissen kommen kann.

Wichtig ist hier aber noch einmal die Aussage: Die Erziehungswissenschaft betrachtet auch in ihrem methodischen Repertoire den Menschen als ganzheitliches Wesen, als eine Entität in ihrem Kontext und auch dem Kontext der Lernsituation. Mit dieser Betrachtungsweise haben wir natürlich in dieser Disziplin Nachteile. Wir haben wenig Quantitatives zu bieten, können selten mit Zahlen auftrumpfen, können auch unsere Ergebnisse selten in so wunderbaren Schaubildern darstellen. Von daher resultieren Zweifel am empirischen Gehalt unserer Erkenntnisse, resultieren auch Vermittlungsprobleme, was den Wert unserer wissenschaftlichen Arbeit angeht. Das haben wir immer auszuhalten. Auch unsere Versuche, Lehr-Lern-Prozesse zu quantifizieren, etwa auszuzählen, wie oft Menschen sich zu Wort melden im Lehr-Lern-Prozess, wie oft die Lehrenden fragen und die Lernenden antworten, sind letztlich unergiebig geblieben, weil immer ein bestimmter wichtiger Punkt des Ganzen fehlte. Normalerweise war das der Inhalt. Eine inhaltsleere Analyse von Lehr-Lern-Prozessen funktioniert eben nicht, Lernen findet immer bezogen auf einen Inhalt und dann auch unterschiedlich statt. Unser didaktisches Dreieck, das Lernen als integrierten Zusammenhang von Inhalt, Menschen und Methode definiert, bestätigt sich so immer wieder.

Wir haben aber auch einen Vorteil bei unserer Herangehensweise. Indem wir den Menschen nicht zerlegen, um Erkenntnisse zu erhalten und indem wir ihn als Ganzes betrachten, können wir auch erkennen, was für den Menschen selbst wichtig ist. Hierzu ein Gegenbeispiel aus der Disziplin Psychologie. Die sogenannten „neuen Medien" haben in den vergangenen Jahren vermehrt Einzug gehalten in die Realität der Lehr-Lern-Prozesse, in der pädagogischen Psychologie wurde folgerichtig ein umfangreiches empirisches Forschungsprogramm gestartet zu der Frage: Wie gehen die Menschen mit den neuen Medien um und was bedeutet das für den Lehr-Lern-Prozess? Es gab eine zweijährige Testreihe, die auch relativ hoch bezahlt war, wo die Variablen bestanden aus den verschiedenen Medien, den verschiedenen Personengruppen, den verschiedenen Lerntechniken. Im Ergebnis wurde herausgefunden: Eigentlich könne man zu den neuen Medien nichts wirklich Gehaltvolles sagen, denn offenbar sei es so, dass für die Menschen wesentlich wichtiger als die neuen Medien der Inhalt und das jeweilige Interesse an ihm ist.

Bei der Lektüre dieses Forschungsberichtes dachte ich, es wäre vielleicht doch ganz gut, wenn die Disziplinen untereinander mehr ins Gespräch kommen würden, denn wir hätten den Psychologen sagen können, dass man die Frage des Inhalts als Variable nicht auslassen darf.

Die Erziehungswissenschaft weiß das und sie widmet sich dem Lernen in diesem integrativen Sinne. Aber wir beziehen in der Regel schon Erkenntnisse aus anderen Disziplinen ein. Wichtig für uns ist es, dass wir den Begriff des Lernens ermitteln. Was ist denn eigentlich Lernen? Und ich merke, dass wir auch hier Unterschiede haben zu dem, was aus anderen Disziplinen kommt. Wir, die Erziehungswissenschaftler, definieren Lernen als eine intentionale Tätigkeit und grenzen sie von der Sozialisation ab. Eine reine Sozialisation, etwa was ein Mensch lediglich dadurch lernt, dass er sich in seiner Umwelt aufhält, das betrachten wir nicht als Gegenstand unserer Wissenschaft. Folgerichtig gehören natürlich auch der Wille der Lernenden und ihre Interessen zum Lernen. Dies sind für uns die beiden anderen Kategorien, die für uns ganz entscheidend sind, der Wille etwas zu lernen und das Interesse an einem bestimmten Lernergebnis oder Lerngegenstand. Außerdem betrachten wir die Individuen nicht isoliert, sondern im sozialen Kontext und berücksichtigen damit auch eine gesellschaftliche Dimension, eine gesellschaftliche Zielkategorie.

Oskar Negt hat in den späten 60er Jahren unter dem Titel „Soziologische Phantasie und exemplarisches Lernen" einen interessanten Ansatz formuliert. Er sagte, für Lernprozesse, die wirklich wichtig sind, geht es um drei Dinge: Es geht um individuelle Interessen, um einen allgemeinen gesellschaftlichen Kontext und um einen Beitrag zur Emanzipation, also zu etwas, was die einzelnen Menschen und die Gesamtheit der Menschen nach vorne bringt. Auch in anderen Konzepten haben wir diese Vorstellung des ganzheitlichen Menschen, können wir sie erkennen, etwa in konfessionellen Lerntheorien, wo es heißt: Lernen ist ganzheitlich, weil es ein Lernen mit Kopf, Herz und Hand ist, also mit allen Elementen des Menschen. Diese Ansätze werden mittlerweile auch in der Verhaltensforschung bestätigt. Man weiß, dass Menschen, die etwas nur hören, normalerweise das Gesagte seltener oder geringer im Kopf behalten, als wenn Sie zusätzlich noch etwas sehen oder gar daran mit ihren Händen arbeiten. Das Effektivste ist, man sieht, hört und arbeitet an einer Sache (ein wichtiger Grund übrigens, um sich energisch für lernrelevante Arbeitsplätze einzusetzen!). Das Entscheidende aber ist, dass man alles zusammen in einer integrierten Komplexität sieht.

Ein weiterer Punkt unterscheidet die Erziehungswissenschaft ein wenig von den anderen Disziplinen. Es geht um die Frage der Sensibilität bei der Bewertung. Die Erziehungswissenschaft geht mit Menschen in verschiedenen sozialen Kontexten, mit verschiedenen Voraussetzungen und Zielen um. Sie muss bei Bewertungen diese Komplexität berücksichtigen, weil sie nicht normativ vorgeben sollte, was die Menschen lernen sollen. Nehmen wir das Beispiel, als gesagt wurde: Das ist ein dummes Tier. Sie erinnern sich vielleicht an die Grafik, wo ein Tier sechs Versuche brauchte, bis es verstanden hat, dass da zwei verschiedene Symbolgruppen oder Klanggruppen in der Versuchsanordnung existierten. Das ist eine Bewertung, die so in der Erziehungswissenschaft nicht formuliert werden würde, zumindest nicht auf dieser Grundlage. Dumm betrifft ja hier nur einen Aspekt, nämlich die Geschwindigkeit, in der das Tier etwas gelernt hat. Es kann ja sein, dass das Tier ganz klug ist in Bezug auf andere Aspekte, etwa die Dauer des Behaltens, oder die Einschätzung einer geringen Relevanz des zu Lernenden, oder den Plan, den Lernstoff zu einem späteren Zeitpunkt zu lernen, oder den Wunsch, lieber mit anderen als alleine zu lernen. Das sind alles Aspekte oder Kategorien, die man bei der Bewertung in Betracht ziehen muss, wenn man aus der ganzheitlichen Perspektive der Individuen bewertet.

Die wissenschaftlichen Disziplinen haben sich historisch ausdifferenziert, um immer genauer einzelne Elemente der Wirklichkeit zu erfassen. Sie zergliedern die Wirklichkeit, um bessere Erkenntnisse zu erhalten. Das ist der eigentliche Sinn der Disziplin. Wenn man aber die Lernprozesse von Menschen betrachtet, kann man feststellen, dass diese immer darauf zielen, diese Zergliederung der Wirklichkeit aufzuheben, also die Wirklichkeit zu rekonstruieren. Menschen wollen die Dinge real erfassen und ganzheitlich erleben. Damit geschieht eigentlich im Lernprozess eine Rekonstruktion der zergliederten Realität, eine Umkehr der disziplinären Aufspaltung, mit anderen Worten: eine integrative Reduktion von Komplexität auf die eigenen Lebenszusammenhänge hin. Der Konstruktivismus hat uns dies in den vergangenen Jahren noch einmal deutlich gemacht.

Das heißt nicht, dass die Disziplinen nicht sinnvoll sind. Sie müssen sein, weil sie zur besseren Erkenntnis dienen. Aber – und das ist der Sinn der integrativen Wissenschaft – die Disziplinen müssen wissen, dass ihr Ziel, ihre Existenzberechtigung, ein besseres Verständnis von Welt ist und zwar durch die Aufhebung der Aufspaltung. Ich würde ganz grundsätzlich sagen, natürlich sollen Disziplinen Disziplinen sein. Interdisziplinarität setzt voraus, dass jede Disziplin ganz bei sich bleibt, ihre Identität behält. Aber dass sie zugleich auch verstehen muss, was die anderen Disziplinen meinen, welchen Wert deren Erkenntnisse besitzen. Außerdem bedeutet Interdisziplinarität das Wieder-Zusammenfügen-Können zwecks einer Rekonstruktion von Welt. Das ist nämlich das, was in Lernprozessen von Menschen tatsächlich geschieht. Sie integrieren die Erkenntnisse der unterschiedlichen Disziplinen in der Bearbeitung des Gegenstands, des Stoffes und sie integrieren diese Erkenntnisse in ihre individuelle und soziale Realität. Das ist die Integrationsleistung von Menschen im Lernen, wenn denn das Lernen gelingt.

Deshalb liegt gerade in der Betrachtung von Lernprozessen von Menschen eine große Herausforderung, auch für uns, aus der disziplinären Sicht. Wir müssen im Grunde darauf achten, dass diese Reintegration oder Rekonstruktion von Wirklichkeit möglich gemacht wird.

Wir müssen uns also bemühen, das Lernen des Menschen zu unterstützen, und sollten allesamt bescheidener in der Vorstellung sein, Lehre wäre identisch mit Lernen. Das hat sich, glaube ich, gezeigt, dass das so nicht stimmt. Ganz bedeutungslos allerdings ist die Frage, wie man lehrt, wie man selbst zu einer Rekonstruktion gesellschaftlicher oder natürlicher Wirklichkeit beiträgt, auch nicht. In dem sogenannten Potsdamer Manifest heißt es, wir müssen neue Wege des Lernens bestreiten, wir sind angehalten, in einem grundlegenden neuen Denken zu einem umfassenderen Verständnis unserer Wirklichkeit zu gelangen und im gemeinsamen Dialog, in einer Lernkultur der Gegenseitigkeit können wir aus der Unterschiedlichkeit schöpfen.

Disziplinen müssen sein, um die Welt besser zu erkennen, aber Integration muss sein, um die Welt besser zu verstehen.

## Transitorisches (2007)

Der Blick auf Übergänge lenkt den Blick nicht nur auf zwei Seiten einer Grenze oder zwei Ufer eines Flusses, verbunden über eine Öffnung oder Brücke, sondern impliziert unweigerlich auch die Vorstellung eines Subjekts, das die Übergangsmöglichkeit nutzt. Eigentlich ist das Thema der „Übergänge" erst wichtig geworden mit dem Wechsel des Blicks von den Bildungssystemen (in diesem Sinn der „hardware") hin auf die lernenden Subjekte, die sich ihren Weg suchen und ihn nach Möglichkeit begehen müssen (in diesem Sinn die „software").

Die Frage nach der Qualität von Bildungssystemen ist heute die nach der Durchlässigkeit zwischen seinen Teilen, unter diesem systemischen Aspekt tritt die Frage nach der Qualität innerhalb der einzelnen Teile zurück. Dabei gibt es, auch wenn dies noch nicht übergreifend formuliert ist, schon generalisierte Qualitätsindikatoren für Übergänge. Dazu gehören etwa ihre Sichtbarkeit, ihre Zugänglichkeit und Anschlussfähigkeit, ihre Verbindlichkeit und Akzeptanz.

Die „Schnittstellen" – warum heißen sie nicht „Verbindungsstellen"? – unterliegen bereits kritischen Prüfungen; offenbar hat man sich nicht nur begrifflich, sondern auch in Sachen Genauigkeit elektronische Schnittstellen zum Vorbild genommen. Um diese Qualitätskriterien zu erreichen, bedarf es einer Verständigung zwischen den beiden Seiten, zwischen denen ein Übergang geschaffen werden soll; in ihr müssen Ziele und Wege festgelegt werden, die für die „Übergänger" verständlich und akzeptabel sind.

Folgerichtig sind bei dieser Verständigung auch die Betroffenen mit einzubeziehen. Wir wissen, dass an vielen Stellen im Bildungsbereich solche Verständigungen nicht oder nicht ausreichend erfolgen, Übergänge vielfach als individuelles Problem und Aufgabe der einzelnen Menschen betrachtet werden. Dies ist falsch, wenn es um eine effiziente und effektive, auf Bildungspostulaten und Bildungszielen basierende Ordnung von Bildung geht. Es ist aber auch richtig, sofern man berücksichtigt, wie sehr heute „(Dis-)Kontinuitätsmanagement" als Kompetenz den Individuen abgefordert wird. „Lebenslanges Lernen" ist eben nicht nur ein Lernen, sondern auch ein Steuern, ein Manövrieren auf jeweils individuellen Wegen zwischen einzelnen Teilen des Bildungssystems, und das setzt entsprechende Pfade und Übergänge voraus.

Neu an der Übergangs-Debatte im Bildungssystem ist der Blick auf den Übergang vom selbst- zum fremdorganisierten Lernen. Dieser Konstellation tragen Übergangsregelungen vielfach noch unzureichend Rechnung, auch Bildungseinrichtungen sind ihr oft noch nicht gewachsen. Der Anschluss organisierten Lernens an selbstgesteuerte Lernprozesse und das Öffnen von organisierten Angeboten hin zum selbstgesteuerten Anschlusslernen (inklusive Beratung) sind in verschiedenen Modellen angegangen, aber noch nicht in der Breite realisiert.

Nicht neu, aber nach wie vor wenig zufriedenstellend ist schließlich die Situation des Übergangs vom Bildungs- ins Beschäftigungssystem. Dies gilt (trotz der unbestreitbaren Vorzüge des Dualen Systems) sowohl für das System der Vermittlung von Lehrstellen als auch für soziale und demografische Faktoren, die sich nach wie vor in diesen Übergangsstrukturen bemerkbar machen – etwa die traditionell zwischen Frauen und Männern ungerechte Übergangsarithmetik.

Immer deutlicher aber zeichnet sich ab, dass der Übergang vom Bildungs- ins Beschäftigungssystem perspektivisch keine Einbahnstraße sein darf: Nimmt man das Konzept des lebenslangen Lernens ernst, wird es immer häufiger Übergänge „zurück" geben. Solche Übergänge sind bislang nur professionsspezifisch (etwa bei Ärzten) konturiert und bedürfen zukünftig einer weitergehenden Reflexion.

Man darf gespannt sein, wie sich gerade auch die europäische Diskussion um den Qualifikationsrahmen hier auf Wege und Verfahren (insbesondere Kompetenzausweise) auswirken wird. Die unterschiedliche Gewichtung von Kenntnissen, Fertigkeiten und Kompetenzen in verschiedenen Kulturen Europas bedarf einer anderen Transition, einer „Übersetzung", die nicht nur Sprachliches meint. Auch daran wird sich die „transitorische Qualität" europäischer Bildungspolitik der Zukunft messen lassen müssen.

# „Dritt"mittel (2007)

Mit den Finanzmitteln im öffentlichen Bereich ist es wie bei den Olympischen Spielen: Im Mittelpunkt stehen der erste, der zweite und der dritte Platz. Und ähnlich wie beim Sport sind die Mittel Ergebnis von Wettbewerb und Ausdruck von Prioritäten. Aber wie und in welchem Wettbewerb kommen sie auf den ersten, zweiten oder dritten Platz, werden „Erst-", „Zweit-" oder „Drittmittel"?

Die Priorität könnte ...
 ... eine zeitliche sein: Die „Erstmittel" hätte es dann zuerst gegeben. Doch dies trifft in den meisten Fällen nicht zu: Oft begannen Einrichtungen mit dem, was als „Drittmittel" bezeichnet wird.
 ... in der Höhe der jeweiligen Mittel liegen: Auch dies trifft oft nicht zu, da in manchen Einrichtungen die Drittmittel höher sind als die Erstmittel.
 ... in der strukturellen Bedeutung der Mittel für die Einrichtung liegen. Ohne einen „Sockel" ist die Einwerbung von Zweit- und Drittmitteln kaum denkbar.
 ... im Image, in der Passung zum Leitbild der Einrichtung liegen: So sind öffentliche Mittel oft dann prioritär, wenn sie auch eine entsprechende Anerkennung signalisieren.
 ... über die erforderliche Investition erfolgen, die vorausgehen muss, bevor entsprechende Mittel überhaupt eingeworben werden können.
 ... schließlich auch in der Nachhaltigkeit der Dienstleistungen und Produkte liegen, die über bestimmte Mittel erbracht und erzeugt werden.

Gerade bei der Nachhaltigkeit zeigt sich die unterschiedliche Qualität von Mitteln mit unterschiedlichen Konsequenzen. Drittmittel sind qua Definition befristet, im Wettbewerb akquiriert und zweckgebunden. Mit ihnen können die Drittmittelgeber offener, flexibler, zielgerichteter Aufgaben und Aufträge realisieren – gewiss ein Vorteil gegenüber einer institutionellen und dauerhaften Förderung durch „Erstmittel" –, in der Steuerung aufwendige diskursive Verfahren vorausgesetzt. Ob allerdings Drittmittel damit bereits effizienter sind als eine institutionelle Förderung, steht infrage. Nur: Ohne funktionsfähige, etablierte und kompetente Einrichtungen ist der Bildungsbereich gar nicht gestaltbar. Sie sind die unabdingbare Voraussetzung dafür, dass überhaupt mit dem Instrument einer drittmittelorientierten Projektpolitik gearbeitet werden kann.
 Noch ein weiteres Problem ist bei drittmittelorientierter Projektpolitik im Bildungsbereich – gerade auch auf europäischer Ebene – festzuhalten: Über die Rahmenbedingungen und Befristungsstrukturen entstehen große Probleme der Nachhaltigkeit. In drittmittelfinanzierten Projekten erzeugte Produkte werden nicht gepflegt, disseminiert und entwickelt, wenn die entsprechenden Kapazitäten und Kompetenzen schon wieder einem anderen zweckgebundenen Auftrag „hinterherhecheln".

Hier zeigt sich, dass die Priorität der Erst-, Zweit- und Drittmittel nicht nur aus der Sicht der empfangenden Einrichtung, sondern auch aus der Sicht der (öffentlichen) Zuwendungsgeber systematisch bedacht und auf die Konsequenzen hin geprüft werden muss. Es ist festzulegen, was die öffentliche Hand mit ihren Erstmitteln erreichen will, bevor sie Verfahren der Zweit- und Drittmittel einleitet und umsetzt. Wenn wir einmal so weit sind, dass die erste, zweite und dritte Priorität für die Verwendung von Mitteln (und ihrer Vergabestruktur) einheitlich von Gebern und Nehmern, von öffentlicher Hand und Einrichtungen, gesehen wird, dann sind wir in der politischen Gestaltung von Bildung, insbesondere des fragilen Systems der Weiterbildung, schon ein wesentliches Stück weiter.

## Angebot, Nachfrage, Bedarf (2007)

Eigentlich, das ist gängiges Wissen in gut aufgestellten Unternehmen, analysiert man die erwartbare Nachfrage, bevor man ein neues Angebot auf den Markt bringt. Auf dem Arbeitsmarkt, insbesondere dem akademischen, ist dies und war dies von jeher anders: Da wird über den Daumen gepeilt, werden Dinge eingeschätzt, Curricula und Zertifikate entwickelt – irgendetwas von dem, was gelernt wird, sollte ja in der Berufspraxis schon zu brauchen sein. Neu ist nun die Dimension des Fehlens analytischer Evidenz, wenn der BA/MA deutschland-, ja sogar europaweit in allen Fächern und an allen Universitäten eingeführt und durchgesetzt wird, paradoxerweise noch unter dem Namen der ältesten europäischen Universität, Bologna.

Gewiss, das punktgenaue Produzieren nachgefragter Qualifikationen für den Arbeitsmarkt ist noch nie optimal gelöst worden und stellt seit jeher die zentrale Frage der Beziehung von Bildungs- und Beschäftigungssystemen dar. Neudeutsch wird dies englisch ausgedrückt: ein „Mismatching" von erforderlichen Kompetenzen. Und gerade hier wurden schon immer eher pragmatische Lösungen oder normative Setzungen an die Stelle analytischer Verfahren gesetzt. Das hat seinen Grund:

Der Arbeitsmarkt ist stets in Bewegung, die – wie es scheint – immer schneller wird. Qualifikationsanforderungen wandeln sich rasch aufgrund technologischer Innovationen, sozialer und globaler Entwicklungen, betrieblicher Prozesse. Sie vorauszusagen für den Zeitpunkt, an dem sie erstmalig produziert sein könnten (bei akademischen Curricula zwischen drei und fünf Jahren), hat ein hohes Fehlerrisiko und birgt ein großes Maß an Ungenauigkeiten. Hinzu kommt, dass – gerade im akademischen Bereich – die Qualifikation nicht eng auf Beruf und Arbeit begrenzt ist (und auch keinesfalls sein soll!), sondern darüber hinaus eine entfaltete Person impliziert.

Noch schwieriger wird es, wenn die Hochschulen als Stätten der Forschung und Lehre, der Einsamkeit und Freiheit, sich gar nicht hauptsächlich als berufsqualifizierende Institution verstehen, sondern dies letztlich nur ein Nebenprodukt des Wissenschaftsbetriebs ist. Das hat zwar mit der Realität der heutigen sogenannten „Massen-Universitäten" nur noch bedingt zu tun, geistert aber nach wie vor als Humboldt'scher Resonanzboden durch alle Reformdiskussionen.

Kein Wunder, dass bei der flächendeckenden Einführung eines (zumindest in Deutschland) so weitreichend neuen Zertifizierungssystems ohne empirische Absicherung oder auch nur sektorale oder regionale Modelle viel Skepsis besteht, und dass BA-ler sogar „zertifizierte Studienabbrecher" genannt werden. Andererseits ist aber auch die Hoffnung zu hören, Probleme des bestehenden Diplom-Systems in den neuen konsekutiven Studiengängen eher lösen und die Hochschulen über einen „Weiterbildungs-Master" endlich öffnen zu können.

Man wird sehen – eine fatalistische Einstellung bei einem gigantischen Reformversuch ohne Test, der viele Dinge über Bord wirft, die es vielleicht wert gewesen wären, erhalten zu bleiben. Andererseits: Man kann ja vielleicht die verlorene Welt der deutschen Diplom-Pädagogen im „Second Life" wiederaufbauen oder dort die Einführung der konsekutiven Studiengänge simulieren. Dabei könnten auch Kompetenzfelder definiert und in Curricula umgesetzt werden, die in den Normen der bisherigen Debatten um Schlüsselkompetenzen nicht vorkommen, obwohl sie eindeutig zum obersten Grundbedürfnis aller Menschen gehören: die „kulinarischen Kompetenzen" etwa, die Kompetenzen des Erzeugens und Erkennens qualitätsvoller Lebensmittel. Wünschenswert jedenfalls wäre es, den Umbau akademischer Qualifizierungssysteme wenigstens wissenschaftlich zu begleiten und intensiv zu evaluieren, wenn er denn schon nicht wissenschaftlich vorbereitet und begründet wurde.

# Gerechtigkeit (2007)

Die Frage nach dem Zusammenhang von Bildung und Gerechtigkeit war stets wichtig, auch schon, als sich Bildung noch nicht als eigenständiges Teilsystem in der Gesellschaft etabliert hatte. Und diese Frage ergab und ergibt immer wieder höchst komplexe Antworten, die zugleich auch Antworten auf Aspekte des Menschenbildes und gesellschaftlicher Normen und Werte sind. Dies gilt in gleicher Weise für den Teilbereich „Weiterbildung".

Die Hauptfrage nach dem Zusammenhang von Bildung und Gerechtigkeit lässt sich grundsätzlich in zwei Teilfragen unterscheiden: die eine, inwieweit Gerechtigkeit im Bildungssystem herrscht, die andere, inwieweit Gerechtigkeit durch das Bildungssystem in der Gesellschaft erzeugt wird. Letztgenannte Frage rührt aus der Funktion des Bildungssystems, welches ungebrochen Teilhabechancen eröffnet und Status und Funktion zu großen Teilen mit zuweist. Der Zusammenhang von Gerechtigkeit und Bildung wurde für die Weiterbildung um so wichtiger, wie diese für die Menschen und die gesellschaftliche Entwicklung bedeutsamer wurde.

Lebenschancen werden nicht mehr nur noch durch das Bildungswesen bis Sekundarstufe II (mit-)definiert, sondern immer stärker auch durch die Bildung, welche erwachsene Menschen wahrnehmen. Insofern erstaunt es, dass aktuelle Veröffentlichungen die Frage nach „Gerechtigkeit im Bildungssystem" oder nach einem „Recht auf Bildung" ausschließlich mit Blick auf den Elementar-, Primar- und Sekundarbereich behandeln. Auch im Jahresgutachten 2007 des Aktionsrats Bildung zum Thema „Bildungsgerechtigkeit", das im Frühjahr erschienen ist, wird die Weiterbildung nur gestreift. Wir haben daher mit diesem Heft explizit die Frage nach Gerechtigkeit in der und durch die Weiterbildung gestellt, wohlwissend, wie schwierig diese Frage gerade in einem so heterogenen und mit wenig empirischen Daten erleuchteten Bereich zu beantworten ist.

Bei der Frage der Gerechtigkeit in der Weiterbildung geht es vor allem um den Zugang zu organisierten Weiterbildungsangeboten und um Lernmöglichkeiten, die auch Menschen mit unterschiedlichsten Voraussetzungen gerechte Chancen eröffnen, Bildung zu erwerben. Der Zugang zur Weiterbildung wird von jeher unter dem Gerechtigkeitsaspekt kritisch betrachtet; hier waltet, seit dies empirisch überprüft wird, das „Matthäus-Prinzip": Wer Bildung hat, dem wird gegeben. An organisierter Weiterbildung nehmen diejenigen verstärkt teil, die schon in vorherigen Bildungsprozessen Vorteile errungen haben. Weiterbildung verstärkt die Schere zwischen den besser und den weniger gut Gebildeten in der Gesellschaft, sie kompensiert Bildungsbenachteiligung nicht.

Zu einem gerechten Verhältnis von Bildungsvoraussetzungen und Lernprozessen in der Weiterbildung liegen nur wenig systematisch vergleichende Daten vor. Aus Fallstudien ist ersichtlich, dass insbesondere mit dem Zielgruppenansatz angemessene Lernmöglichkeiten geboten werden sollen. Hier wären weitere Forschungsarbeiten dringend erforderlich.

Sehr differenziert ist die Funktion der Weiterbildung für eine gerechte Teilhabe der Menschen an der Gesellschaft einzuschätzen. Status- und Funktionszuweisungen sind hier nicht linear aus Weiterbildungsaktivitäten abzuleiten, insofern ist eine systemkritische Betrachtung Bourdieu'scher Herangehensweise wenig angemessen. Allerdings deutet bislang vieles darauf hin, dass es Weiterbildung schwerer fällt, zur Inklusion benachteiligter Personengruppen beizutragen, als diejenigen, die bereits qualifiziert sind, weiter zu befördern.

In den Beiträgen des vorliegenden Schwerpunkts finden sich unterschiedliche Annäherungen an das schwierige Gerechtigkeitsthema und die dabei notwendige Verbindung normenorientierter Diskurse mit (viel zu wenig belastbaren) empirischen Daten. Neben vielfach anregenden und anspruchsvollen Aussagen und Überlegungen weisen die Beiträge vor allem auf eines hin: Es bedarf weiterer intensiver Forschung zur Gerechtigkeitsfrage in der Weiterbildung, und es bedarf eines intensiven bildungspolitischen Diskurses, um sich über die Ziele der Gerechtigkeit zu verständigen und die Indikatoren zu definieren, mit denen sie zu erfassen sind.

## Subjektive Zeit, objektive Zeit (2007)

Das Deutsche Institut für Erwachsenenbildung (DIE) feiert im November Geburtstag. 50 Jahre sind eine lange Zeit, der größte Teil eines Menschenlebens, der Wechsel zweier, fast dreier Generationen. So viele Tage, Wochen, Monate, Jahre der Ereignisse, der Erlebnisse, der Erwartungen. Eine solch lange Zeit, in der wir uns ändern und die Welt um uns herum.

Was sich ändert, merkt man oft erst im Rückblick mit einigem Abstand: etwa beim Betrachten von Fotos, im Lesen von Briefen, in Gesprächen oder in der systematischen Reflexion gesellschaftlicher, technischer, wissenschaftlicher Aspekte.

Was sich ändert, zeigt auch dieses Heft – im Blick auf den Konzeptwandel von der Klasse über die Schicht zum Milieu, die Traumatisierung durch Sputnik- und Pisa-Schock, die Umrisse sozialer Bewegungen, den Aufgabenwandel der Bundeswehr und die Veränderung in Bildungsprogrammen. Alle hier beschriebenen Veränderungsprozesse nehmen ihren Ausgangspunkt bei einem bestimmten Ereignis des Jahres 1957. Viele alltägliche Veränderungen sind nicht thematisiert, etwa die Entpersonalisierung bei Banken und im Einzelhandel, die Privatisierung früherer staatlicher Kerngeschäfte (Verkehr, Kommunikation, Sicherheit), die Globalisierung, die Möglichkeit, Lebewesen über Klonen zu reproduzieren. Viele traditionelle Berufe sind in den letzten 50 Jahren bedeutungslos geworden, viele neue (und die entsprechenden Ausbildungen) sind entstanden. Vieles Kulturelles, Soziales, Technisches, das vor 50 Jahren noch gar nicht gedacht werden konnte, ist heute selbstverständlich.

Objektiv sind 50 Jahre eine numerisch definierte Größe. Das signalisiert Kontinuität und Stabilität, vor allem dann, wenn es um das Bestehen einer Institution geht. Erst ein genauerer Blick auf die Geschichte des DIE, früher Pädagogische Arbeitsstelle des Deutschen Volkshochschul-Verbands (PAS/DVV) zeigt, dass Dynamik und Wandel in Zielen, Aufgaben, Arbeiten des Instituts bestimmend waren. Institutionen können überhaupt nur dann Jubiläen eines längeren Bestehens feiern, wenn sie den Wandel ihrer

Umwelt wahrnehmen und zielgerichtet in eigene Entwicklungsprozesse transformieren. Dies gilt vor allem auch für ein Institut, das sich eben mit dem Hauptmotor gesellschaftlicher Veränderungsprozesse beschäftigt, mit der Bildung. Sie ist Gegenstand und Ziel der Arbeit des DIE zugleich.

DIE und PAS haben in den vergangenen 50 Jahren nach besten Kräften dazu beigetragen, Erwachsenenbildung als Teildisziplin der Erziehungswissenschaften zu etablieren und die Praxis der Weiterbildung in ihrer Entwicklung zu unterstützen. In vielen thematischen Feldern wie den Fremdsprachen, der Grundbildung und der beruflichen Bildung hat das Institut Grundlagen für Angebote geschaffen, in Bezug auf Einrichtungen und Personal über Forschungen und Support Strukturen mitgeschaffen, hinsichtlich des Weiterbildungssystems in Politikberatung und wissenschaftlicher Expertise mit Weichen gestellt.

Das DIE wurde gegründet, lange bevor Weiterbildung offiziell zum vierten Bildungsbereich in Deutschland ausgerufen wurde (1970 vom Deutschen Bildungsrat), lange bevor man Erwachsenenbildung an deutschen Hochschulen studieren konnte und eine Sektion „Erwachsenenbildung" in der Deutschen Gesellschaft für Erziehungswissenschaften entstand, lange bevor Weiterbildung im Kontext des Lebenslangen Lernens deklarierter Schwerpunkt nationaler und europäischer Bildungspolitik wurde.

Das DIE hat all diese Entwicklungen begleitet, mitinitiiert und evaluiert.

## Milieumarketing (2008)

Die Teilnahme an Weiterbildung ist freiwillig. Viele Menschen besuchen aus eigenem Antrieb Weiterbildungsmaßnahmen oder bilden sich in anderen Kontexten kontinuierlich fort. Andere müssen motiviert und für Weiterbildung gewonnen werden. Für wieder Andere müssen wiederum erst bestimmte Zeit- oder Geldbudgets verfügbar gemacht werden, damit sie überhaupt Weiterbildung in Angriff nehmen können. Diese Sachverhalte sind bekannt, spätestens seit es die Weiterbildung als ein diskutiertes und wissenschaftlich bearbeitetes Feld gibt.

Traditionell wurde dies unter dem Stichwort „Teilnehmergewinnung" diskutiert; in den 1970er Jahren war dies ein Schlüsselwort im Kontext des „Bildungsurlaubs", der als spezifische Zeit- und Angebotsform vor allem Bildungsbenachteiligte an die Weiterbildung heranführen sollte. Seit mehreren Jahren nun hat sich dafür der Begriff des Marketings eingebürgert. Er signalisiert, dass es sich um einen Wechselprozess zwischen Institution, Angebot und Adressat handelt. Mit Marketing ist über den Begriff Teilnehmergewinnung hinaus auch die Profilierung der Einrichtung, die Marktanalyse, die Ziel(gruppen)orientierung gemeint.

Mit dem hier vorliegenden Band „Milieumarketing implementieren" wird das Thema „Weiterbildung und soziale Milieus in Deutschland" abgerundet. Er folgt auf das zweibändige Werk, mit dem im Jahre 2004, herausgegeben von Heiner Barz (Düsseldorf) und Rudolf Tippelt (München), ein wesentlicher Schritt in die professionelle Anwendung von Marketingstrategien in der Weiterbildung gemacht worden ist. Das Verdienst der beiden schon erschienenen Bände ist vor allem die gelungene Verbindung von wissenschaftlicher und forschungsorientierter Grundlage mit einer für die Praxis aufgearbeiteten Umsetzung. Dies wurde ermöglicht durch den von den Autoren gewählten Milieuansatz, der die Lücke zwischen einem „Zielgruppenansatz" und einer allgemeinen „Adressatenorientierung" praxisrelevant und fruchtbar für die Forschung geschlossen hat.

Im ersten Band hatten die Herausgeber und ihre Forschungsgruppe den Milieubegriff entfaltet und die Methodik der qualitativ-empirischen Vorgehensweise erläutert. Das Vorwärtsweisende daran war, dass die Ergebnisse in Form von strukturierten, für die Praxis verwendbaren Milieutypologien vorgelegt wurden. Mit dem so entstandenen Praxishandbuch lassen sich Marketingstrategien an einzelnen Weiterbildungseinrichtungen begründen und zielgerichtet entwickeln.

Der zweite Band war ein profunder Beitrag zur Adressaten- und Milieuforschung für die Weiterbildung. Vorgelegt wurden darin die Ergebnisse der quantitativen Erhebung zu Teilnahmemotivation und Teilnahmeverhalten sowie Milieugruppen.

Im nun vorliegenden dritten Band wird präsentiert, wie der milieuorientierte Marketingansatz in der Praxis eingeführt werden kann. Dafür hat das Forschungsteam in elf Weiterbildungseinrichtungen beobachtet, wie die Milieuperspektive in die Programmplanung integriert wurde. Indem auch Ergebnisse der Implementationsforschung und kritische Anfragen an das Milieumodell erörtert werden, bietet das Buch auch eine erwachsenenbildungswissenschaftliche Reflexion.

Wie bei den beiden ersten Bänden zum „Milieumarketing" ist das Buch so abgefasst, dass es sich auf praktische Fragen bezieht und bei praktischen Problemen herangezogen werden kann. Dies gilt für viele Aspekte des Einführens eines Milieu-Marketings, etwa hinsichtlich der Rahmenbedingungen, der unterstützenden Maßnahmen, der geeigneten Abfolge von Handlungsschritten und der Eigenbeobachtung. Die Perspektive des Buches ist daher wiederum die Praxis, aufbauend und ausgehend von wissenschaftlicher Arbeit und empirischer Grundlegung.

Die Unterstützung auch der Praxis der Weiterbildung ist für das DIE eine zentrale Aufgabe. Gerade hinsichtlich des Marketings und der Entwicklung von Weiterbildungseinrichtungen hat das DIE in den vergangenen Jahren durch Veranstaltungen und Publikationen sowie durch Fortbildungen dazu beigetragen, dass solche im Bildungsbereich eher noch ungewöhnlichen Konzepte mit pädagogischen Zielsetzungen angewandt werden konnten. Die Professionalität der pädagogischen Arbeit gerade in der Weiterbildung, aber auch die Qualität der Weiterbildungsangebote sind angesichts sozialen Bedürfnisse und die alltägliche Sinnstiftung nicht mehr in ausreichendem Maße realisieren? So dass die Kluft zwischen einem sinnlosen Broterwerb und der sinnstiftenden Arbeit an der Gemeinschaft immer größer wird?

Aus der Bildungsperspektive sind solche Grundfragen wichtig, nicht nur die Frage nach dem Bildungsverhalten und dem Qualifikationsbedarf von Ehrenamtlichen. Bereits hier gibt es genug zu bedenken: Viele ehrenamtliche Tätigkeiten erfordern gründliche Kenntnisse und Kompetenzen, wenn sie angemessen ausgeübt werden sollen. Diese müssen vor oder während der ehrenamtlichen Tätigkeit erworben werden. Viele „Hauptamtliche", die mit Ehrenamtlichen zu tun haben, bedürfen weiterer Steuerungs, Anleitungs und Motivationsfähigkeiten. Es stellen sich Fragen politischer Bildung, solche der Hierarchie, der Privatisierung gesellschaftlicher Bereiche, wechselseitiger Abhängigkeiten und der Verwertung des symbolischen Kapitals „Ehrenamt".

Bildungsfragen stellen sich besonders dann, wenn das Ehrenamt im Bildungsbereich selbst betrachtet wird. Dort finden sich ehrenamtliche Tätigkeiten hauptsächlich vor der Schule und nach dem beruflichen Abschluss, also in der frühkindlichen Erziehung und in der Weiterbildung. Alle Diskussionen um die Professionalisierung dieser Bereiche, ihre gesellschaftliche Relevanz und ihre verantwortliche Gestaltung sind immer auch Fragen von Ehrenamtlichkeit. Dabei ist gerade in der Weiterbildung Ehrenamtlichkeit ein wichtiges Instrument der Integration der Menschen in die institutionell gestaltete und vorgehaltene Angebotssystematik. Weiterbildung könnte ohne neben und ehrenamtliche Tätigkeit gar nicht als lebendiger Bestandteil der gesamten Gesellschaft existieren.

Aber: Der Teufel steckt im Detail. Die richtige Mischung von Professionalität und Ehrenamtlichkeit, von bezahlter Arbeit und bürgerschaftlichem Engagement ist entscheidend, jeweils im Einzelfall, im regionalen und organisationalen Kontext, mit Bezug auf den Inhalt, um den es geht. Hier ist auch im Bildungsbereich noch viel zu tun, um Kriterien und Eckwerte dafür zu schaffen, wie eine solche Mischung im Interesse aller Beteiligten optimal gestaltet werden kann.

# Zahlenwerke (2008)

Die Olympischen Spiele sind vorüber. Noch schwirren alle diese Zahlen durch den Raum: Weiten, Längen, Stunden, Minuten, Sekunden, Gewichte, Höhen, Größen. Und dort, wo das Numerische nicht auf der Hand liegt, wird es kurzerhand hinein operationalisiert: Punkte, Noten, Werte. So erscheinen schließlich Dressurreiten und Synchronschwimmen so objektiv messbar zu sein wie der Wettlauf oder der Weitsprung – Hauptsache, die Dinge lassen sich auf Zahlen reduzieren, die den Anschein der Objektivität erzeugen.

Auch in der Bildung greift sie immer mehr um sich, die Sucht und Sehnsucht nach Zahlen, nach „Benchmarks", nach Orientierungsdaten. Was interessieren schon Fragen und Probleme, wenn man etwas messen kann. Der „empirische" Beleg wird immer öfter gleichgesetzt mit quantitativen Größen: mit Zahlen, Statistiken, Daten. Gewiss, es hat eine größere Schlagkraft, mit Prozentzahlen auf das Problem der Bildungsbenachteiligung hinzuweisen als mit Problemstudien über Biographien, Zugänge oder Motivationsstrukturen. Die politische Qualität der Messbarkeit ist unübersehbar, die gesamtgesellschaftliche Relevanz wird deutlicher. Man muss aber immer häufiger darauf hinweisen, dass Versuche, Zahlen zu verbessern, sich um die Sache kümmern müssen, die den Zahlen zugrunde liegt.

Aber was genau ist die Sache? Nur zu oft reduzieren Zahlen komplexe Sachverhalte auf wenige Äußerlichkeiten. Diese sind dann zwar präzise und quantitativ benennbar, aber vielleicht gar nicht die Hauptsache. Nehmen wir die Ergebnisse bei der Vergabe von Bildungsschecks in Nordrhein-Westfalen: Hier partizipierten 5,5 Prozent der Beschäftigten in kleinen und mittleren Unternehmen, ein wenig mehr als im Bildungsurlaub. Die Botschaft dahinter lautet: Die „Weiterbildungsungewohnten" wurden, wie auch dort, nicht im erwünschten Maß erreicht.

Komplizierter ist dies bei den unterschiedlichen Entwicklungen der betrieblichen Weiterbildung in den drei Bildungsregionen in Europa, Ost-, Süd- sowie Nord/West-Europa – übrigens eine Differenzierung, die auch historische, kulturelle, ökonomische und soziale Dimensionen hat. Es sieht so aus, als würden sich die Angebots- und Beteiligungsstrukturen zwischen diesen Regionen annähern. Aber diese Zahlen können auch täuschen, es könnte um ganz andere Inhalte, Teilnehmende und betriebliche Gegebenheiten gehen. Vielleicht spiegeln sich darin verlagerte Betriebe, verschobene Arbeitsmärkte und Ungleichzeitigkeiten wider.

Auch die eher kargen Angaben zur Weiterbildung im kürzlich erschienenen deutschen Bildungsbericht bestätigen: Es wird ein schweres Stück Arbeit bildungspolitischer und pädagogischer Art, die von der Bundesregierung anzielten magischen 50 Prozent Teilnahme an Weiterbildung in den nächsten sieben Jahren zu Wege zu bringen. Die Quantitäten, auch die relativen, verdeutlichen zwar immer nur – und nicht immer die wichtigsten – Details, aber sie haben etwas Unerbittliches: Einmal eingeführt und akzeptiert, gewinnen sie eine Eigendynamik. Das hat einen interessanten Nebeneffekt: Auch die Evaluation scheint an Objektivität zu gewinnen.

Wir werden damit leben müssen – auch damit, dass ein so kompliziertes Gebilde wie die Europäische Union nicht ohne Ordnungszahlen auskommt, die Unterschiedliches vergleichbar machen, wie etwa die acht Stufen des Europäischen Qualifikationsrahmens. Sie sind hilfreich, wenn es um Orientierung geht, um ein *tertium datur*, das Gemeinsamkeiten auffindbar macht, die außerhalb der jeweiligen Systeme liegen. Aber sie werden Grundlage weiterer Zahlenwerke sein, die die national erreichten statistischen Durchschnitts-Qualifikationsniveaus vergleichen werden. Auch hier wird es wieder Benchmarks geben. Das ist so lange gut, wie es der erhöhten und verbesserten Bildung der Menschen dient. Es wird problematisch, wenn es zur Ideologie des Wachstums wird; es kann niemals genug gute Bildung für die Menschen geben, aber „gute" Bildung ist Bestandteil der „Ökonomie des Genug", wie es vonseiten der evangelischen Erwachsenenbildung betont wird.

## Vages zur Weiterbildung (2008)

Am 22. Oktober 2008 fand in Dresden ein deutscher „Bildungsgipfel" statt. Bildung war wenig zuvor zur „Chefsache" in der deutschen Politik, zum Anliegen der Bundeskanzlerin Angela Merkel erklärt worden. „Bildung", so heißt es im offiziellen Grußwort des sächsischen Ministerpräsidenten Tillich, „ist der Schlüssel für die Zukunft unseres Landes. Bildung muss deshalb auch in Zukunft oberste Priorität haben. Das ist unsere Botschaft." Und als Begründung dafür, dass sich Bund und Länder zu einem „Gipfel" zusammenfanden, heißt es dort: „Gute Bildung kann sich nur dort entwickeln, wo alle an einem Strang ziehen" – allerdings weniger auf Bund und Länder und die unterschiedlichen Ressorts gemünzt, sondern auf die Bildungseinrichtungen, die kommunalen Träger, die Kinder- und Jugendhilfe, die Unternehmen, die Sozialpartner, die Hochschulen sowie die Kirchen und Vereine. In dieser Wendung an die Individuen, die Unternehmen und die gesellschaftlichen Gruppierungen liegt auch die erste Hauptbotschaft des Gipfels: Weniger der Staat, Bund und Länder, sollen es richten, vielmehr die Gesellschaft.

Dies wird am deutlichsten bei der Frage der Finanzierung. Im offiziellen Papier heißt es: „Gute Bildung ist wertvoll: Gute Bildungspolitik kostet Geld." Das ist zweifellos richtig. Bund und Länder kamen zu dem Konsens, dass die Investitionen in Bildung und Forschung bis 2015 auf zehn Prozent des Bruttoinlandprodukts steigen sollen, davon sieben Prozent für Bildung und drei Prozent für Forschung. Eine Einigung auf eine konkrete Finanzzusage konnte jedoch nicht erzielt werden. Die Skepsis bleibt angebracht: Dort, wo konkrete Aussagen möglich wären, bleiben die Beschlüsse im Vagen; so verpflichten sich etwa die Länder, das Geld, das aus dem Rückgang der Schülerzahlen frei wird, „insbesondere" für die Bildung zu nutzen. Damit wird etwas relativiert, das – wenn es schon um einen Bildungsgipfel geht – eigentlich eine Selbstverständlichkeit sein müsste.

Welche Rolle spielte die Weiterbildung beim Bildungsgipfel? Erwartungsgemäß beschäftigte sich der Bildungsgipfel mehr mit Schulen, Hochschulen und Berufsausbildung als mit der Weiterbildung. Immerhin sind fünf Programmpunkte der Weiterbildung genannt:

1. „Bund und Länder streben an, gemeinsam mit den Sozialpartnern bis 2015 die Beteiligung an der Weiterbildung von 43 Prozent (2006) auf 50 Prozent der Erwerbsbevölkerung zu steigern." Interessant ist hier zweierlei: Nicht Bund und Länder wollen die Beteiligung an Weiterbildung steigern, sondern sie wollen dies gemeinsam mit den Sozialpartnern tun. Insbesondere hinsichtlich der Gruppe der „Geringqualifizierten" verweisen Bund und Länder nur noch auf notwendige Anstrengungen der Unternehmen und der Beschäftigten sowie der Sozialpartner, der Staat scheint dabei gar keine Rolle mehr zu spielen. Zum Zweiten fällt der Begriff der „Erwerbsbevölkerung" auf. Es geht offenbar vor allem um berufliche Qualifizierung.
2. Der Bund verpflichtet sich, eine Weiterbildungskampagne zu initiieren und Strategien zur Steigerung der Motivation aller Beschäftigten zu entwickeln. Er verweist aber auch auf eine wichtige Rolle der Bundesagentur für Arbeit. Konkretere Aussagen werden nicht gemacht – solche Kampagnen kosten Geld und benötigen einen langen Atem. Dies haben frühere Weiterbildungskampagnen der Bundesregierung deutlich gezeigt. Ohne konkrete Angaben verpufft eine solche Aussage.
3. Der Bund will die Anstrengungen der Sozialpartner durch eine verbesserte sozialrechtliche Absicherung von Wertguthaben (Langzeitkonten) und durch ein aus dem Europäischen Sozialfond (ESF) gefördertes Sozialpartnerprogramm unterstützen. Mit anderen Worten: Beabsichtigt sind eine kostenneutrale ordnungspolitische Maßnahme und eine finanzielle Unterstützung, die aus europäischen Mitteln bezahlt werden.
4. Bund und Länder tragen durch Wiedereinstiegsprogramme dazu bei, dass das Potenzial gut ausgebildeter Frauen nach einer familienbedingten Erwerbsunterbrechung gezielt genutzt wird. Ohne konkrete finanzielle und organisatorische Verpflichtungen, die hier nicht angegeben sind, lassen sich solche Programme nicht realisieren. Auch fällt auf, dass Bund und Länder diese Programme nicht auflegen, sondern nur „dazu beitragen" wollen. Unklar bleibt, bei wem die Initiative und die Hauptlast dieser Programme liegen.
5. Die letzte Absichtserklärung schließt den Kreis zur ersten: Es wird eine Weiterbildungsallianz mit den Sozialpartnern angekündigt, die mit den Ländern abgestimmt werden soll. Auch hier reduziert der Staat (Bund und Länder) seine Zusagen auf eine Unterstützung der Qualifizierungsanstrengungen von Unternehmen und Beschäftigten und verweist darauf, dass er auf die Zusammenarbeit mit den Wirtschaftsverbänden setzt.

Zusammengefasst: Zur Weiterbildung wurde auf dem Bildungsgipfel relativ wenig gesagt, es wurde auf gesellschaftliche Akteure verwiesen, die am Zuge seien, und hinsichtlich der eigenen Zusagen eher Unverbindliches und Vages formuliert. Ähnlich lauten die

Beschlüsse zu den anderen Bildungsbereichen, auch wenn hier in Bezug auf die Schule und die Hochschule teilweise konkretere Angaben gemacht werden. Bei der Ausbildung ist es etwas konkreter als bei der Weiterbildung: Beispielsweise soll die Berufsorientierung an Schulen ausgebaut werden.

Es wundert nicht, dass die Ergebnisse des Bildungsgipfels als große Enttäuschung kommentiert wurden: „Als Tiger gestartet und als Bettvorleger geendet" oder „Der Berg kreiste und gebar eine Maus", so lauteten die Kommentare in Presse und Fachwelt. Positive Resonanzen bezogen sich insbesondere darauf, dass erstmals seit dem Ende der gemeinsamen Bildungsplanung von Bund und Ländern wieder intensiv Gedanken zur Perspektive des Bildungswesens systematisch und politisch bedeutsam zwischen diesen staatlichen Akteuren ausgetauscht wurden.

Eine im Anschluss an den Bildungsgipfel unternommene Repräsentativbefragung, die vom Zentrum für empirische pädagogische Forschung (ZEPF) der Universität Koblenz-Landau durchgeführt wurde, stützt diese Einschätzung auf überwältigende Weise: Über die Hälfte der Befragten meinten, ein solcher Gipfel hätte schon viel früher stattfinden sollen, käme genau zum richtigen Zeitpunkt oder sollte zur jährlichen Pflichtveranstaltung für Bund und Länder werden. In der Einschätzung der Folgen des Bildungsgipfels dominierten die kritischen Stimmen. Teilweise weit über zwei Drittel der Befragten betonten, es handele sich nur um Absichtserklärungen, an den Problemlagen in den Schulen ändere sich nach dem Gipfel nichts, der Bildungsgipfel sei eine groß inszenierte PR-Veranstaltung der Kanzlerin gewesen und seine Ergebnisse seien ein Sammelsurium längst beschlossener Maßnahmen.

Für die Weiterbildung bleibt das enttäuschende Resümee, dass sie zwar als vierte Säule des Bildungssystems, europäisch als dritte Säule des Lebenslangen Lernens definiert wird, der Staat hier aber keine weitergehende Verantwortung und Verpflichtung für die Zukunft zu übernehmen bereit ist als dies bereits (unzureichend) in der Vergangenheit der Fall war.

# „Der Struwwelpeter" – ein pädagogisches Programm (2009)

Der „berühmteste deutsche Kinderbuchklassiker" – so der Klappentext im Nachdruck der Frankfurter Originalausgabe – ist ein pädagogisches Programm, sogar mit einer expliziten „Zielgruppen"-Ansage: „Kinder von drei bis sechs Jahren". Das Buch hat in den gut 150 Jahren seiner Existenz zu vielfältigen Diskussionen um die Frage der Erziehungsziele und der Erziehungsmethoden in diesem Buch angeregt. Neben den vielfältigen Bearbeitungsformen des „Struwwelpeter" in sprachlichen (Mundarten, Fremdsprachen), kulturellen (Zeichnungen, Textfolgen), juristischen („Der Fall Struwwelpeter") und anderen Versionen provozierte der Text auch immer wieder pädagogische Reaktionen, etwa die Herausgabe einer gegenderten „Struwwelpetra" oder des aus der 68er-Bewegung bespeisten „Anti-Struwwelpeter".

Die Geschichten und Bilder des „Struwwelpeter" sind aus heutiger Sicht weder „lustig" noch „drollig", wie es in der ersten Ausgabe des Buches heißt. Manche der Geschichten ordnet man der „schwarzen Pädagogik" zu, wie etwa auch den „Max und Moritz" von Wilhelm Busch, der mit einem Desaster für die aufsässigen Buben endet. Doch ergeben sich bei genauerer Betrachtung Schichten der Texte und der Bilder, die durchaus differenzierter zu beurteilen sind.

*Die zehn Gebote*
Der „Struwwelpeter" ist als Erziehungsprogramm vergleichbar mit einigen Stellen der Bibel, insbesondere den Zehn Geboten. Diese, die ja eher „Verbote" sind, transformieren gesellschaftliche Normen und Werte in ein verhaltenssteuerndes Programm für alle Mitglieder der Gesellschaft. Ähnlich beim „Struwwelpeter": Er überträgt Lehrziele, die wertebasiert sind, auf die frühkindliche Erziehung; auch dabei handelt es sich erstaunlicherweise um zehn Ge- bzw. Verbote:
1. Du sollst nicht ungepflegt sein!
2. Du sollst Menschen und Tiere nicht misshandeln!
3. Du sollst nicht mit dem Feuer spielen!
4. Du sollst das Fremde nicht verlachen!
5. Was Du nicht willst, das man Dir tu, das füg auch keinem anderen zu!
6. Du sollst nicht am Daumen lutschen!
7. Du sollst Dich ordentlich ernähren!
8. Du sollst gesittet bei Tisch sitzen!
9. Du sollst nicht verträumt durch den Tag gehen!
10. Du sollst nicht die Kräfte der Natur missachten!

Diese zehn Ge- oder Verbote liegen auf unterschiedlichen Ebenen, was ihre Reichweite für das Leben der Kinder betrifft. So handelt es sich etwa bei dem „Daumenlutschen" um ein sehr konkretes Einzelverbot, während die Misshandlungen durch den bösen Friedrich einen generelleren Verhaltenskodex betreffen.

Wir wissen heute aus der Forschung zum „Struwwelpeter", dass es sich bei dem Protagonisten der einzelnen Geschichten immer um den Autor des Bilderbuches, den Psychiater und Arzt Dr. Heinrich Hoffmann, handelt. Er hat mit diesem Buch seinem damals dreijährigen Sohn die Ge- und Verbote seiner eigenen Kindheit weitervermittelt. Diese außergewöhnliche Art der Weitergabe von Werten aus der eigenen Sozialisation gibt uns die Möglichkeit, sowohl in historischer Perspektive die Normen des frühen 19. Jahrhunderts nachzuvollziehen als auch in pädagogischer Perspektive unsere Methoden der Erziehung generell zu reflektieren. (…)

*Die zehn Strafen*

Das Interessante an den Strafen, die auf den Verstoß gegen die zehn Gebote folgen, ist, dass sie sich gewissermaßen aus der Sache selbst heraus entwickeln. In keinem einzigen der Fälle sind es die Erziehungspersonen selbst (also Vater und Mutter), welche den Verstoß gegen die Regel ahnden. Die Strafen erfolgen immer sachlogisch, als notwendige Konsequenz eines fehlerhaften Verhaltens. Wenn Subjekte strafend aktiv werden, dann sind es ein Hund, ein Schneider oder der Niklas. Die Erziehungspersonen als Vertreter der Normen, die es einzuhalten gilt, treten zurück in die Anonymität. Auf diese Weise kommt auch gar nicht der Verdacht auf, dass die Normen, deren Nichteinhaltung bestraft wird, willkürlich durch die Erziehenden gesetzt sein könnten.

In manchen Adaptionen des Struwwelpeter in andere Kulturen und Fremdsprachen wird diese sachlogische Anonymität durchbrochen. Die polnische Variante ist dafür ein gutes Beispiel: Sie wartet nicht nur mit eigenen Zeichnungen, geänderten Texten, einer anderen Reihenfolge und einer komplett weggelassenen Geschichte (Jäger und Hase) auf, sondern auch mit einer anderen Strafe: Der Zappelphilipp z.B. wird, nachdem er das Tischtuch und das Essen heruntergerissen hat, von seinem peitschenbewehrten Vater unter dem Unrat an den Haaren herausgezogen; es bedarf nur geringer Phantasie, sich die folgende Züchtigung vorzustellen.

Doch lassen auch die Strafen, die auf den Regelverstoß in den Geschichten des Hoffmannschen Struwwelpeter folgen, mehrere Varianten erkennen. Sie haben unterschiedliches Gewicht, sind von unterschiedlicher Strenge und haben unterschiedliche Konsequenzen.

Die erste und einfachste Strafe ist sicherlich der Sturz ins Wasser bei Hanns Guck-in-die-Luft, der (anders als vielleicht beim Jägersmann) glimpflich endet, da der Junge wieder aus dem Wasser herausgezogen wird. Er ist nass, gewiss, aber man weiß: Das trocknet auch wieder. Die Unaufmerksamkeit gegenüber der Realität führt insofern nicht zu schwerwiegenden Konsequenzen. Die Strafe gleicht eher einer Ermahnung im arbeitsrechtlichen Sinn.

Die zweite recht milde Strafe ist die des Zappelphilipp. Offenbar genügt es den Eltern, dass ihr ungehorsames Kind unter dem Tischtuch und den Scherben zu Boden gegangen ist und kein Essen mehr hat. Das Kind hat sich somit selbst bestraft. Die polnische Variante mit der absehbaren Züchtigung zeigt, dass dies als Strafe für Ungehorsam als zu schwach interpretiert werden kann.

Ein wenig folgenschwerer ist schon die dritte Strafe, die Komplettanfärbung von Wilhelm, Ludwig und Kaspar. Nicht nur sie selbst werden tintenschwarz, sondern auch die ihnen zugeordneten Gegenstände, das Fähnchen, die Brezel und der runde Reif. Von dieser Färbung wird sicher einiges übrigbleiben, sie abzuwaschen dauert länger, und ihre Attribute werden wohl schwarz bleiben. Verwunderlich ist hier die strafende Instanz: anstelle der Eltern die Überfigur des Nikolas.

Auch die vierte Strafe kann, vermutlich folgenlos, nach einiger Zeit vorübergehen, obwohl sie ziemlich unangenehm ist: die Krankheit. Friedrich wird mit einem angebissenen Bein und womöglich einer Blutvergiftung länger das Bett hüten müssen, Hanns Guck-in-die-Luft dürfte, so nass wie er nach dem Wasserfall war, mit einer gehörigen Erkältung das Bett hüten müssen. Beides eine höchst unangenehme Vorstellung für Jungen, die sich gerne bewegen und spielen.

Wohl schwerer wiegt die fünfte Strafe, der Verlust. Friedrich verliert seine Peitsche an den Hund, Hanns Guck-in-die-Luft sieht seine Mappe davonschwimmen, und die drei Tintenjungen werden an ihren geschwärzten Habseligkeiten nicht mehr die reine Freude haben. Verloren wird etwas, was den Betreffenden offenbar wichtig ist und von dem sie sich ungern trennen. Die drei Tintenjungen halten stets ihre Attribute in der Hand, Friedrich ist unentwegt mit seiner Peitsche unterwegs, und Hanns Guck-in-die-Luft ist (außer im letzten Bild) immer mit Tasche zu sehen. Der Verlust eines persönlich wichtigen Gegenstandes ist in den drei Geschichten dauerhaft und kann nicht rückgängig gemacht werden, stellt also eine persistente Züchtigung dar.

Auch die sechste Strafe schmerzt: die Lächerlichkeit. Hanns Guck-in-die-Luft wird zwar nur von drei Fischchen verlacht, bei Struwwelpeter selbst hingegen ist es schon „ein jeder". Bei ihm ist diese Lächerlichkeit verbunden mit der siebten Strafe, einer sozialen Isolation. Mit einem solchen „garstig" aussehenden Jungen will niemand etwas zu tun haben – für Menschen als soziale Wesen und gerade für Kinder bei ihrem Hineinwachsen in soziale Strukturen ein außerordentlich schmerzhafter Vorgang.

Nicht nur seelisch, sondern direkt auch körperlich schmerzhaft ist natürlich die achte Strafe, die Verstümmelung, die Konrad widerfährt, als ihm der Schneider seine beiden Daumen abschneidet. Entstellende Körperstrafen sind seit alters her in allen Kulturen bekannt, wobei Verstümmelungen der Hände allerdings für kriminelle Vergehen wie etwa Diebstahl vorgesehen sind. Hinzukommt, dass Verstümmelung auch Demütigung ist, also eine soziale Komponente enthält. Dass Hoffmann bei diesem vergleichsweise geringfügigen Fehlverhalten zu einer der schärfsten von ihm dargestellten Strafen greift, ist verwunderlich; vielleicht lag es daran, dass das Daumenlutschen als eine psychisch-motorische Reaktion auf Vereinsamung damals besonders verbreitet war.

Die neunte Strafe verbindet physische, psychische und soziale Ebenen: das spurlose Verschwinden. Robert hat sich wider besseres Wissen über allgemeingültige Regeln hinweggesetzt und will alleine der Natur trotzen. Die Strafe ist, dass er spurlos aus der Gemeinschaft ausradiert wird, man weiß nichts mehr über ihn. Immerhin: Er könnte ja noch leben, noch existieren, irgendwo und irgendwann.

So gesehen ist die Strafe für Robert mit dem kleinen Hoffnungsschimmer der Fortexistenz noch weniger final als die endgültige Strafe des Todes, den Paulinchen und Kaspar erleiden. Von ihnen bleibt zwar etwas zurück: bei Kaspar das Grab mit Suppenschüssel, bei Paulinchen die hübschen roten Schuhe. Der Tod jedoch, das steht fest, ist endgültig. Diese Kinder leben nicht mehr. Das Schicksal des Kaspar scheint sogar gerechtfertigt, verstößt er doch mit seinem Verhalten gegen die Basis aller menschlichen Triebe, die Selbsterhaltung. Die Strafe des Todes bei Paulinchen wirkt dagegen heute überzogen. Zur damaligen Zeit waren allerdings die Häuser zum Großteil aus Holz gebaut, das Spiel mit dem Feuer gefährdete also nicht nur Paulinchen, sondern das ganze Haus, das ganze Viertel, die ganze Stadt. Wenige Jahre nach dem Erscheinen des Struwwelpeter brannte, dies nur als Beispiel, die gesamte Hamburger Innenstadt ab.

Betrachtet man die Schwere der Strafen und die Wertigkeit der Vergehen, die sie hervorrufen, so stellt sich die Frage nach der Angemessenheit. Im Großen und Ganzen ist nachvollziehbar, dass die ersten drei Straf-Stufen, der Fall ins Wasser, die Verärgerung und die Färbung, in einer nachvollziehbaren Relation zum vorliegenden Verstoß stehen. Aus heutiger Sicht würde man aber wahrscheinlich, wenn man einer solchen Logik von Vergehen und Strafe folgt, Robert wesentlich weniger drastisch, Friedrich durchaus herzhafter und Konrad mit Sicherheit gar nicht bestrafen. Die Todesstrafe, ohnehin dank der Akzeptanz der Menschenrechte in weiten Teilen der Welt abgeschafft, würde Paulinchen und Kaspar sicherlich nicht ereilen; für Kaspar wäre vielleicht auch einmal eine andere (und selbst gewünschte) Speise auf den Tisch gekommen, Paulinchen mit einer Ermahnung und einer entsprechend ausgestatteten Puppenstube als Geschenk davongekommen. Vor allem aber: Die anonyme und kausale Sachlogik von Vergehen und Strafe ist aus heutiger Sicht allenfalls Gegenstand der Verkehrs-, nicht aber der Kindererziehung.

*Die zehn Erziehungsregeln*
Unter pädagogischen Gesichtspunkten enthält der Struwwelpeter fünf grundsätzliche Botschaften an die angestrebte Zielgruppe der Kinder von drei bis sechs Jahren, aber auch Erziehungsregeln für die Erwachsenen, in der Regel Erziehungsberechtigte, welche das Buch diesen Kindern nahebringen. Die Bilder der Geschichten haben zwar eine in sich stimmige Abfolge mit einem Hinweis auf Ursache und Wirkung und sind daher auch von Kindern, die des Lesens und Schreibens noch nicht mächtig sind, durchaus zu verstehen. Der Text jedoch unterlegt die Bilder mit einfachen Erklärungen des jeweiligen Sachverhalts, vor allem des Verstoßes gegen Anordnungen, Befehle, Regeln etc., und unterstützt die Argumentation hin zur logischkonsequenten Strafe. Der Text ordnet auch das Fehlverhalten des Kindes in die soziale Situation ein, in der es beurteilt und bestraft wird, so ganz deutlich durch das „ein jeder" bei Struwwelpeter, aber auch durch Gretchen und den Arzt bei Friedrich, die Katzen bei Paulinchen, die Eltern bei Philipp, die

Mutter bei Konrad und die rettenden Männer bei Hanns Guck-in-dieLuft. Gerade dort, wo das Bild selbst keinen sozialen Kontext liefert, ermöglicht der Text die Einordnung, so etwa bei Kaspar und bei Robert. Bild und Text wirken daher als untrennbare Einheit und sind als Einheit auch für die erziehungsberechtigten Personen konzipiert. Das Buch enthält nicht nur Verhaltensregeln für die Kinder, sondern implizit auch Erziehungsregeln für die Personen, die das Buch als Instrument der familiären Erziehung einsetzen.

Die Verhaltensregeln an die Kinder ergeben gewissermaßen den Verhaltenskodex, der auch im „Vorwort" formuliert ist:

„Wenn die Kinder artig sind
Kommt zu ihnen das Christkind,
Wenn sie ihre Suppe essen
Und das Brot auch nicht vergessen,
Wenn sie, ohne Lärm zu machen,
Still sind bei den Siebensachen,
Beim Spazierngehn auf den Gassen
Von Mama sich führen lassen ..." usw.

Es geht also darum, „brave" Kinder zu haben, welche sich gesittet und den Regeln entsprechend verhalten. Insbesondere diesen Aspekt hat der „Anti-Struwwelpeter" im Nachgang der Studentenbewegung der 68er Jahre aufgegriffen; dort ging es um das Widerständige gegen unhinterfragte Normen und Werte. Gut 100 Jahre zuvor war dies nicht die gesellschaftliche Norm für die Erziehung und Sozialisation von Kindern. Sie lernen generell aus den „Struwwelpeter"-Geschichten, dass insbesondere fünf Verhaltensregeln zu befolgen sind, um keine Strafen hervorzurufen:

Zum ersten geht es darum, die Dinge so wahrzunehmen, wie sie „sind". Die Naturgewalten sind stärker als der Mensch, das Feuer ist gefährlich, Essen muss sein, man muss die Gegebenheiten annehmen und sich nicht Luftschlössern widmen. Hinweise der Erziehungspersonen auf die Realität und deren Sachlogik sind keine interessengeleitete Steuerung, sondern eine Unterstützung der eigenen Wahrnehmung.

Die zweite Regel ist die Akzeptanz der Realität. Das deutlichste Signal setzt hier der Suppenkaspar: Auch wenn es ihm widerstrebt, immer wieder (möglicherweise die gleiche) Suppe zu essen, hat er zu akzeptieren, dass „gegessen wird, was auf den Tisch kommt". Gerade bei Kleinkindern, die ihre eigenen Geschmacksrichtungen entfalten, ist dies eine weitreichende Verhaltensregel.

Drittens ist es verboten, Bestehendes zu hinterfragen oder anderes auszuprobieren, wie dies etwa bei Robert deutlich wird. Die Naturgewalt ist stärker als der Mensch, und man darf gar nicht versuchen, dies infrage zu stellen. Die einfache Idee, den Schirm fallen zu lassen, ist nicht erlaubt, da sie wiederum der Grundregel des Schutzes gegen den Regen widerspricht.

Zum vierten geht es nicht darum, Dinge zu verstehen, sondern nur darum, den Sachzwängen zu gehorchen. Gehorsam ist eines der obersten Gebote der Kindererziehung. Das erleben Paulinchen und Konrad sehr schmerzlich. Ihnen wird verboten, am Daumen zu lutschen oder das Feuerzeug anzurühren, ganz offenbar aber nicht der Grund für dieses Verbot erklärt. Erziehungsnormen bedürfen keiner Erklärung.

Und schließlich geht es, fünftens, darum, sich Anweisungen nicht zu widersetzen, sondern sie zu befolgen. Das Nicht-Befolgen von Anweisungen (wie bei Philipp) wird zwar weniger hart bestraft als das von Verboten (wie bei Paulinchen und Konrad), ist aber dennoch eine unzulässige Verhaltensweise, welche die Ruhe und die Harmonie stört. „Ruhe ist die erste Bürgerpflicht" – damit ist alles, was Unruhe schafft, unzulässig.

Der „Struwwelpeter" enthält aber ebenfalls pädagogische Imperative an die Erziehungspersonen. Auch diese lassen sich als fünf Verhaltensregeln zusammenfassen:

Die erste Verhaltensregel heißt: Es ist Deine Aufgabe, im Interesse der Kinder diese dadurch zu schützen, dass Du ihnen die aus der Sache heraus entstehenden unangenehmen Konsequenzen eines bestimmten Verhaltens deutlich machst. Das Buch vermittelt also gar nicht das Bild einer autoritären Erziehungsperson, sondern das Bild einer Person, die im Interesse des zu erziehenden Kindes die Dinge in ihrer Komplexität reduziert und für das Kind begreifbar und handhabbar macht. Die Erziehungsperson ist weder böse noch ungerecht, sondern agiert immer von der Legitimation und Autorität der Sachkenntnis aus.

Zum zweiten ist dies die Anweisung an die Erziehungsperson, Normen zu setzen, damit das Kind sich in seiner Umwelt zurechtfindet und richtig verhält. Hier geht es um die Normen, die auch als „Zehn Gebote" für die Kinder formuliert werden können. Diese Richtlinien sind dadurch legitimiert, dass das Kind, wenn es diese beachtet, in seinem Leben nicht „anecken" und keine schwerwiegenden Probleme haben wird. Es ist Aufgabe der Erziehungspersonen, diese Normen in Kenntnis der eigenen Erfahrungen und des Lebens für die Kinder so zu formulieren, dass diese sie verstehen und befolgen können.

Die dritte Verhaltensregel für die Erziehungspersonen liegt darin, dass sie aus den Normen heraus bestimmte Verhaltensweisen und Aktivitäten anordnen und befehlen sollen, in einer Weise, die für das Kind verständlich und befolgbar ist. Dieses „Aber eines, Konrad, hör!" verfolgt Kinder, die mit dem Struwwelpeter konfrontiert wurden, ein Leben lang. Und verfehlt nicht seine Wirkung!

Zum vierten weist das Buch die Erziehungspersonen an, den Kindern nicht nur irgendetwas zu erklären, sondern ihnen mit Konsequenzen zu drohen, die zu beeinflussen gar nicht in der Hand der Erziehungspersonen liegt. Diese Scheinobjektivität einer Sachlogik macht die Erziehungspersonen zu unangreifbaren Sachwaltern im Interesse der Kinder, die auch für sich selbst die infrage stehenden Verhaltensweisen nicht hinterfragen müssen.

Zum fünften schließlich enthält das Buch die Botschaft, dass es – sofern einmal ein Verstoß gegen eine Verhaltensregel erfolgt ist – nicht darum geht, diese zu besprechen, zu reflektieren, daran zu arbeiten und zu einem gemeinsamen Verständnis zu kommen, sondern darum, eine „gerechte" Strafe zu akzeptieren – sowohl seitens des Kindes als auch seitens des Erziehungsberechtigten. Hier tritt die übergeordnete Instanz auf den Plan, die im Struwwelpeter nicht Gott heißt, sondern (in der „Mohren-Geschichte") als großer Nikolas auftritt.

Diese wechselseitige Koinzidenz von Verhaltensregeln für die Kinder und Erziehungsregeln für die Erziehenden hat das Buch über viele Jahrzehnte hinweg zu einem wirksamen Instrument der familialen Kindersozialisation gemacht. Gerade durch das Ausblenden der Erziehungsperson aus dem Buch selbst eignet es sich als *interface*, als Schnittstelle zwischen Erziehenden und Kindern, ohne eine der beiden Seiten in Erklärungsnot zu bringen oder zu Verhaltensstörungen beizutragen.

*Zehn gesellschaftliche Normen*
Über die Verhaltensregeln selbst kann man daher auch heute noch, eineinhalb Jahrhunderte nach dem Entstehen des Buches, durchaus strittig diskutieren. Aus erziehungswissenschaftlicher Sicht weniger strittig sind dagegen zahlreiche im Struwwelpeter mitgelieferte gesellschaftliche Normen, die in der Welt des frühen 19. Jahrhunderts Geltung hatten, heute hingegen anders bewertet werden. Der schönen Ordnung halber lassen auch sie sich – der Zahl der Geschichten im Struwwelpeter angeglichen, nicht jedoch eindimensional auf einzelne Geschichten bezogen – als Zehnergruppe darstellen.

Zum ersten wird im Struwwelpeter die Welt der Erwachsenen absolut gesetzt. Die Regeln, welche sich die Erwachsenen für sich und ihr Zusammenleben gegeben haben, gelten in gleicher Weise auch für die Kinder. Das „Programm" dafür liefert das Vorwort. Die Kinder haben von daher nicht das Recht, eigene Lebens- und Kommunikationsformen zu entwickeln; sie sind, solange sie nicht diejenigen der Erwachsenen vollständig angenommen haben und ausüben können, defizitär. Interessanterweise sehen daher auch die Kinder in den meisten der Geschichten wie Erwachsene aus, haben von Ausdruck, Bewegungen und Erscheinung wenig Kindliches. Es sind „alte" Kinder, deren oberste Aufgabe es ist, die Welt der Erwachsenen zu reproduzieren.

Folgerichtig ist, zweitens, das oberste Ziel der kindlichen Entwicklung die Anpassung. Zwar ist auch die Sozialisation der Kinder in der heutigen deutschen Gesellschaft eine Art von Anpassung, sie erlaubt aber das Hinterfragen bestehender Normen und das Leben und Ausleben differenter Ideale. Die Sozialisation in eine differenzierte und milieuspezifisch breiter gefächerte Gesellschaft erlaubt Kindern wesentlich mehr Optionen und Bewegungsspielräume als zur damaligen Zeit.

Die oberste Verhaltensregel im Prozess der Anpassung ist der Gehorsam. Das Wort selbst verrät schon, worum es geht: die Reduktion der Kinder auf das Hören, eine wechselseitige Kommunikationsbeziehung ist dabei nicht mitgedacht. Kinder sind Lebewesen, die – bis sie vollständige Erwachsene sind – in sich aufzunehmen haben, was da ist, nicht jedoch sich artikulieren sollen oder dürfen. Kinder gelten als unfertige und unmündige Lebewesen, die erst dann eine Stimme haben, wenn sie herangereift sind.

Folgerichtig ergibt sich aus diesem Grundsatz auch die vierte gesellschaftliche Norm, die mit dem Buch transportiert wird: Individualität ist bei Kindern weder vorgesehen noch erlaubt. Individualität von Kindern stellt die Normalität der Erwachsenen infrage, ist nicht vereinbar mit einem funktionsgerechten Anpassungs- und Sozialisationsprozess. Wobei eine persönliche Eigenart durchaus zugelassen ist: die unterschiedliche Prägung von Mädchen und Jungen. Der „Genderaspekt" spielt im Struwwelpeter nur insofern eine Rolle, als das dominante heranwachsende Kind männlichen Geschlechts ist. Die einzige Ausnahme ist Paulinchen – weil ihr leichtfüßiges Umherspringen im Zimmer keinesfalls zu einem Jungen passt, zur Erklärung der Leichtfertigkeit im Umgang mit dem Feuer aber notwendig ist.

So wenig wie Leichtsinn (der auch heute noch kritisch betrachtet wird) werden in der gesellschaftlichen Normalität des Struwwelpeter aber auch Kreativität und Initiativfreude geschätzt. Diese sechste Norm benennt Fleiß, Ordnung und Geradlinigkeit als oberste Regeln; Träumen (wie bei Hans) oder Ausprobieren (wie bei Robert) sind gänzlich unerwünscht.

Das Verhältnis der Eltern zu den Kindern, sofern es im Struwwelpeter überhaupt explizit (bei Konrad, Philipp) oder implizit (bei Paulinchen, Kaspar) auftaucht, ist nicht durch Förderung, Anregung oder Unterstützung geprägt, sondern durch Anordnungen und Verbote. Die Eltern als Erziehungspersonen, das ist die siebte gesellschaftliche Norm, bilden ihre Kinder nicht im Wortsinne, sondern steuern sie. Sie fördern, erklären, besprechen und diskutieren nicht, sondern sie setzen Regeln, ordnen an und befehlen.

Entsprechend spielt in der Erziehung des Struwwelpeter auch die Strafe eine bedeutsame Rolle; die Strafe – die achte gesellschaftliche Norm – wohnt dem Vergehen sachlogisch inne, es gibt gar keine Instanz, welche die Strafe verändern, aufheben oder auch exekutieren könnte, selbst die Eltern nicht.

Die „Normativität des Faktischen" transportiert zugleich auch, das ist die neunte gesellschaftliche Norm, das Bewusstsein der Unbeeinflussbarkeit des Schicksals. Man kann das Schicksal nicht ändern, man muss ihm folgen, und bei Vergehen gegen den Schicksalsweg wird man unweigerlich bestraft.

An dieser Stelle ist ein Exkurs zu machen zur „Geschichte vom wilden Jäger". Es ist der einzige Abschnitt im Struwwelpeter, auf den die Ankündigung der „lustigen Geschichten und drolligen Bilder" zutrifft. In ihr kommt (außer dem kleinen Hasen) kein Kind vor. Sie setzt auch weniger eine Erziehungsregel als eine Lebensregel in eine Geschichte um: „Was Du nicht willst, dass man Dir tu, dass füg auch keinem anderen zu." Die Geschichte des Jägers ist das Fenster im Struwwelpeter, durch das man einen humorvollen Blick in die keineswegs so geordnete, gesittete und geradlinig verlaufende Welt der Erwachsenen erhält. Es befindet sich genau in der Mitte des Buches und gibt Gelegenheit zum Atemholen, zum Ausruhen von der Strenge der anderen Gebote. Und es gibt Hoffnung darauf, dass mit Witz und Geschicklichkeit später, im Erwachsenenalter, vielleicht doch ein wenig am Schicksalslauf geändert werden kann.

Darauf hinzuarbeiten aber, das scheint die zehnte gesellschaftliche Norm, ist im Grundsatz nicht die Funktion der Erziehung. Die Erziehung hat die Kinder darauf abzurichten, in einer Welt zu agieren, die durch einen unwandelbar fortgeschriebenen Kanon von Regeln, Normen und Gesetzmäßigkeiten bestimmt ist. Zum Wohle der Kinder und ihres Lebens als Erwachsene, versteht sich. Jedenfalls zur damaligen Zeit.

Die Wirkung des Struwwelpeter über mehr als 150 Jahre hinweg liegt meines Erachtens an drei Gründen: Zum ersten werden einige Verhaltensregeln thematisiert, die für das soziale Zusammenleben tatsächlich wichtig und unerlässlich sind – wie bei Friedrich und den Mohrenbuben – oder Gefahr für das Leben des Kindes bedeuten – wie bei Paulinchen, Hans oder Robert. Zum zweiten erleichtert es durch die Bildhaftigkeit, die scheinbare Objektivität und Evidenz seiner Geschichten die Erziehung von Kindern und unterstützt damit die Eltern, die ja dieses Buch an die Kinder heranbringen. Zum dritten entlastet es in besonderer Weise die Eltern dadurch, dass es ihnen die Legitimationsproblematik für die aufgestellten Normen abnimmt und diese als in der Sache liegende, logische Konsequenzen darstellt. Kein Kind wird also Vater oder Mutter, die den Struwwelpeter vortragen und zeigen, fragen, warum die erziehungsberechtigte Person im Struwwelpeter dieses oder jenes gemacht oder falsch gemacht hat.

## Anmerkung

Der Struwwelpeter oder lustige Geschichten und drollige Bilder für Kinder von 3 bis 6 Jahren von Dr. Heinrich Hoffmann. Frankfurter Originalausgabe. Bindlach o.J.

## Literatur

Böhme, H. (Hrsg.). (1995). 150 Jahre Struwwelpeter. Das ewig junge Kinderbuch. Stäfa

Filipponio, N. (2002). Storie allegre di ordinario terrore. http://www.zadig.it/news2002/ scinew-05-05-1.htm

Holtz, K.L. & Weiner, C. (2008). Der Struwwelpeter für Eltern: Mut zum Erziehen. Mit Liebe und Selbstvertrauen Eltern sein. München

Könneker, M.L. (1977). Dr. Heinrich Hoffmanns „Struwwelpeter". Untersuchungen zur Entstehungs- und Funktionsgeschichte eines bürgerlichen Bilderbuchs. Stuttgart

## Am Trafo (2009)

Wer hätte gedacht, dass jenes kleine blaue Metallgehäuse, mit dessen Zeiger man in Kindertagen die Geschwindigkeit der Märklin-Eisenbahn regulieren konnte, eine so enge Beziehung zu weitreichenden gesellschaftlichen Umwälzungen hat, über die man vor allem seit dem Zusammenbruch der sozialistischen Welt diskutiert?

Dabei ist gerade die Verbindung von „trans" und „formation" (dem romanischen Äquivalent von „Bildung") naheliegend – nicht nur bei Spielzeugeisenbahnen. Die grundlegende Umwandlung einer Sache in etwas gänzlich Anderes, oft explizit in das Gegenteil (Saulus/Paulus, Transvestit) ist dabei eigentlich immer ein Bildungsprozess, der alles betrifft, was das Wesen einer Sache ausmacht. Ortfried Schäffter nennt im Stichwort viele der Dinge, die dazu gehören: Entwicklung, Biografie, Wissen, Bildung, Kontext und Gesellschaft. Eine „Transformation", die sich auf soziale und menschliche Gegebenheiten bezieht, umfasst immer diese Merkmale. Und umfasst immer den Bildungsgehalt und den Bildungsprozess, der in diesen Merkmalen angelegt ist. Dabei sind sie nicht nur umfassend betroffen, sondern auch „radikal", wie es hier im Interview heißt.

Wir sind es gewohnt, nach dem Scheitern der sozialistischen Gesellschaftsmodelle des Sowjettyps von Transformationsprozessen zu sprechen, die Regionen und Menschen „hinüber" in den Kapitalismus führen. Wir sind uns nicht sicher, ob dieser das alleinige alternative Gesellschaftsmodell ist oder nur eines von vielen möglichen, die sich in entwickelten Industriegesellschaften nur noch nicht herausgebildet haben. Aber wir wissen, dass diese Prozesse umfassend, langdauernd und langwierig, schwierig, konfliktreich und widersprüchlich sind. Nicht nur für diejenigen, die selbst im Transformationsprozess stecken, sondern auch für jene, die von außen damit zu tun haben und ihren Umgang und ihr Verhalten ebenfalls transformieren müssen. Dies alles sind Bildungsprozesse, hier sind neue Verfahren, Denkweisen, Deutungen zu lernen, Prozesse neu zu ordnen und zu verstehen. Und dies alles sind auch vor allem Prozesse der Erwachsenenbildung, denn Erwachsene sind zuerst von radikalen Umwälzungen betroffen.

Darüber wissen wir eigentlich relativ viel; es gibt zahlreiche Studien und Forschungen zu Transformationsprozessen in Gesellschaften. Das Deutsche Institut für Erwachsenenbildung (DIE) etwa hatte in der ersten Hälfte der 1990er Jahre einen „Projektverbund neue Länder", in dem die zahlreichen Projekte, die sich auf die Umwälzungs- und Umgestaltungsprozesse der ehemaligen DDR bezogen, zusammengefasst waren. Die Hauptprobleme bei der Transformation sozialistischer in kapitalistische Gesellschaften wurden dabei offenkundig.

Latent ungeklärt bleibt bei solcherlei Arbeit oft, was der jugendliche Spieltrieb am Trafo bei der Regulierung des Zugverkehrs wie selbstverständlich realisierte: die Rolle des Transformators, die aktive Rolle derjenigen Instanz, welche zielgerichtet Transformationsprozesse in eine bestimmte Richtung lenkt. Wir werden in unserer globalisierten

Welt bei der Reflexion darüber, welche Personen oder welche Instanzen „Transformator" eines Geschehens sind, wahrscheinlich nur zu pauschalisierenden Vermutungen kommen – das Kapital, die Technik, die Demografie.

Aber gerade die Frage, wer mit welchen Mitteln und mit welchen Zielen Transformationsprozesse initiiert, begleitet und steuert, ist ebenfalls eine genuin erwachsenbildnerische Frage. Erwachsenenbildung bleibt nicht stehen beim Nachvollzug der Erfordernisse einer Transformation, sondern reflektiert deren Ausgangspunkt, Konsequenzen und Werte. Hieran mangelt es vielfach, wenn wert- und zielbezogen über Transformationsprozesse gesprochen wird. Und darauf hinzuweisen ist eine wichtige Aufgabe der Erwachsenenbildung, die Wissen, Biografie, Bildung und Kontext in einem reflektierenden Sinne für die Menschen fruchtbar machen will.


## Nutzt Kooperation? (2010)

Der Mensch ist ein soziales Wesen, unstrittig. Er konnte in einer feindlichen Umwelt überhaupt nur überleben, indem er viele Dinge gemeinsam tat, als Familie, Gruppe, Horde, Stamm, Volk und Nation. Um gemeinsame Ziele zu erreichen, haben die Menschen immer zusammengearbeitet, kooperiert, und sie werden dies immer tun. Das ist so selbstverständlich, dass der Begriff Kooperation nicht einmal in einschlägigen Wörterbüchern aufgeführt ist.

Davon, dass eine solche Zusammenarbeit notwendig, aber auch schwierig ist, dass sie Interessen und bestimmten Regeln folgt, Widerstände überwinden und Probleme meistern muss und zu guter Letzt gelungen sein kann, davon handeln die Beiträge dieses Heftes. Darüber, wie Kooperation idealtypisch ausgestaltet, reflektiert und entwickelt werden kann, darüber wird hier berichtet. Auch wird die Frage gestellt und beantwortet, für welchen Zweck Kooperation gut ist; und sie wird normativ beantwortet: Gut ist sie dann im Bildungsbereich, wenn die Lernenden etwas davon haben, von der Kooperation der Akteure und Institutionen profitieren. Wo diese Norm nicht explizit genannt wird, scheint sie implizit durch – als „Wärmemetapher".

Beim „Profitieren" liegt allerdings der Hase im Pfeffer. Was aus öffentlicher (und staatlicher) Sicht das Ausschöpfen von Synergiepotenzialen in der Kooperation ist, heißt aus privater Sicht Kostenreduktion, Markterschließung, Qualitätsverbesserung und Gewinnsteigerung. Im günstigen Falle widersprechen sich diese Sichtweisen und Zielkorridore nicht; dann ist Kooperation aus öffentlichen und aus privaten Perspektiven gelungen.

Im Bildungsbereich ist dies relativ oft der Fall; hier überwiegt das humane Interesse, die Profitraten sind gering oder gar nicht vorhanden, und Normen wie Solidarität und Menschlichkeit haben eine starke Kraft – eine Tatsache übrigens, die Bildung als Arbeitsfeld nach wie vor gegenüber anderen, weit höhere Einkommen versprechenden Arbeitsfeldern attraktiv macht.

Aber wir dürfen nicht vergessen, dass Kooperation die Dimension des Nutzens vorrangig enthält und dass diese Dimension keineswegs notwendigerweise den Lernenden oder „Kunden" zugeschrieben ist. Das feindliche Umfeld von Menschen und Institutionen, die kooperieren, besteht in der Regel aus anderen Menschen und Institutionen, die möglicherweise auch kooperieren. Das gilt übrigens auch für Netzwerke. Konkurrenz ist nicht dadurch beseitigt, dass sie erst auf einer höheren Aggregationsebene (etwa globaler Konzerne) greift. Und wir können auf der „Mikroebene" der Region immer wieder feststellen, dass Kooperationen und Netzwerke auch zur Monopolisierung oder Dominanz von Einzelinteressen dienen können.

Staatliche Initiativen zu Kooperations- und Koordinationsansätzen im Bildungsbereich haben nicht im Entferntesten jene Kraft entwickelt, welche heute die Faszination der Zusammenschlüsse, Verbünde und – eben – Netzwerke und Kooperationen ausmacht, die im globalen Wettbewerb aus überwiegend ökonomischen Motiven angestrebt werden. Verwunderlich, dass der Marktaspekt der Kooperation, im Wirtschaftsleben ganz unstrittig die Triebfeder, im Bildungsbereich kaum thematisiert wird.

Kooperation ist also immer daraufhin zu prüfen, ob die Menschen, die mit den kooperierenden Akteuren und Institutionen zusammenkommen, letztlich einen Nutzen davon haben. Wenn Bildungseinrichtungen und Betriebe so zusammenarbeiten, dass Übergänge besser gestaltet und Arbeitslosigkeit reduziert werden, dann wäre dies etwa ein Kriterium, die Kooperation positiv zu bewerten. „Synergie", „Effizienz" und „Qualität" sind Begriffe, die oft den Blick auf Sinn und Ziel von Kooperation verstellen, denn sie benennen nur indirekt die Adressaten des Nutzens einer solchen Kooperation, die Lernenden. Sie jedoch zu nennen ist ebenso wichtig wie zu betonen, dass Lehre geschieht, damit Menschen etwas lernen. Wird dies in der Analyse und Entwicklung von Kooperationen berücksichtigt, dann schafft es dieser Begriff eines Tages auch, in etymologische Wörterbücher oder Glossare aufgenommen zu werden.

## Ästhetik und Pragmatik (2010)

Kultur wird gewöhnlich verbunden mit freien, kreativen, phantasievollen und sinnlichen Tätigkeiten, mit Freizeit, Muße und Muse. Bildung wird assoziiert mit zielgerichteten, organisierten und effektiven „Bemühungen", gehört in der Dichotomie von Herbert Marcuse zur Zivilisation, nicht zur Kultur. Bildung und Kultur: Diese janusköpfige Zauberformel bezeichnet aber zusammen „irgendwie" den Großteil dessen, was sich verschönernd, sinngebend und legitimierend über der materialen Basis einer Gesellschaft erhebt.

Der Mensch lebt nicht vom Brot allein, er lebt auch nicht für's Brot allein.

Kulturell herausgefordert sind heute alle Menschen, auf die eine oder andere Art. Das Ästhetische ist immer wichtiger geworden, vielfach ist es das Einzige, was materielle Produkte (wie etwa Autos) noch voneinander unterscheidet. Es ist längst ein Regulierungskriterium des Marktes. Interkulturalität ist im Zeitalter der Globalisierung und der Migration alltäglicher Teil des sozialen Lebens. Virtualität und Bildsprache sind Äußerungs- und Entäußerungsformen, die Menschen heute ganz neue Möglichkeiten bieten. Sie sind auch Herausforderungen.

Sie sind allesamt individuell zu schultern, teils mit, teils ohne Unterstützung des sozialen Umfelds oder bestehender Institutionen. Dies alles kann ohne Bildung geschehen – und es geschieht auch ohne Bildung. Bildung kommt angesichts kultureller Herausforderungen aber in dreierlei Weise spezifisch zum Tragen:
1. als kulturelle Bildung, welche im Wissen, Handeln und Wahrnehmen kulturelle Aspekte des Lebens thematisiert;
2. als Instanz zur Vermittlung von Kulturtechniken, die heute eher „Kompetenzen" genannt werden;
3. als kulturelle Äußerungsformen der Menschen, die sich insbesondere in dem finden, was heute das „informelle Lernen" genannt wird.

Neu ist all dies nicht wirklich. Verschoben haben sich aber die Dimensionen, um die es geht. Lernen als kulturelle Äußerungsform (in allen denkbaren Facetten) ist heute ein nicht mehr wegzudenkender Bestandteil des Erwachsenenlebens, und die erforderlichen Kulturtechniken haben in ihrer Bedeutung an Breite und Tiefe zugenommen. Beeindruckend ist die Differenzierung der heute geforderten Kulturtechniken im Österreichischen Qualifikationsrahmen: Hier gehören Fremdsprachen, Computerkompetenz und unternehmerische Initiative wie selbstverständlich zum gegenwärtigen Kanon erforderlicher Fähigkeiten. Diese sind dabei mehr als mögliche Kompetenzen – sie sind der Schlüssel zum aktiven und selbstgestalteten Leben in der heutigen Welt.

Wir wissen aber, dass das Spektrum erforderlicher Kompetenzen zwar mit leichter Hand immer weiter definiert werden kann, die Realität des tatsächlichen Erwerbs dieser Kompetenzen aber eine andere Dimension hat. Wir wissen dies, weil wir Bildung, Vermittlung und Aneignung diskutieren und weil wir dabei auch die Schwierigkeiten und Grenzen benennen können und müssen, die dem Erwerb von Kompetenzen entgegenstehen.

Was mit Hilmar Hoffmann in den 1970er Jahren zum Prinzip werden konnte – „Kultur für alle" – gilt als Norm auch für die Bildung: „Bildung für alle". Es muss gelingen, alle Menschen am Leben der Gesellschaft teilhaben zu lassen, sie einzubeziehen in die Gestaltung einer humanen Welt. Dies ist nicht Aufgabe von Kultur und kultureller Bildung allein, sondern Aufgabe aller Akteure im Bereich von Bildung und Kultur, die sowohl inhaltlich als auch institutionell miteinander arbeiten und voneinander lernen können. Dies alles ist schwierig, ein lang andauernder Prozess, und daher ist auch Pragmatik angesagt, ein bestimmtes Augenmaß, wie und womit den kulturellen Herausforderungen begegnet werden kann, damit alle Menschen davon profitieren können.

# Kopf und Zahl (2010)

Zahlen haben immer etwas mit Größen zu tun, mit Größenordnungen. Kinder beginnen ihre Rechenoperationen mit der Zählung „1, 2, viele". Erwachsene wollen es da schon genauer wissen mit den „vielen", aber die Bedeutung der Größen*ordnung* bleibt.

Natürlich auch in der Erwachsenenbildung: Hier ergeben sich Notwendigkeiten, Größenordnungen präzise zu messen, konsequenter abzurufen: Beteiligungsquoten, Finanzen, Personal, Einrichtungen – dies alles wird in der Weiterbildung (wenn auch längst nicht so umfassend und belastbar wie in anderen Bildungsbereichen) quantitativ dargestellt. Das ist gut so, denn wir benötigen die Daten, um die Situation erfassen, darstellen und beeinflussen zu können – und über die Größenordnung eine Vorstellung der gesellschaftlichen Relevanz zu bekommen.

Es ist dabei aber immer zu berücksichtigen, dass die allfällige Selbstverständlichkeit und Nützlichkeit von Zahlen in dreierlei Hinsicht Gefahren birgt:
- Erstens wird häufig übersehen, dass – zumal in der Bildung – Zahlen nur Teilaspekte eines komplexen Gegenstandes darstellen – und darstellen können; die Auswahl der „Indikatoren", die letztlich einem quantitativen Messverfahren unterworfen werden, ist ein qualitativer Analyse- und Entscheidungsprozess, für den es nicht die Zahlen, sondern „Köpfchen" braucht.
- Zum Zweiten tendiert die Zahl dazu, den Gegenstand eher unter dem Aspekt seiner Messbarkeit zu konturieren, als seinem Sinn, Ziel und Inhalt zu entsprechen. Für das Urteil über die Qualität der Konturen sind die Zahlen wertlos.
- Zum Dritten ergibt sich die Bewertung von Zahlen nicht aus ihnen selbst, sie folgt anderen Logiken und Zielen, und folgerichtig implizieren Zahlen auch nicht explizit konkrete Handlungen. Es sind die Köpfe, welche Konsequenzen ziehen, nicht die Zahlen.

Zahlen und Daten werden in der Regel mit dem Begriff des Steuerns verbunden; Systeme, bestimmte Größenordnungen kann man steuern, weniger jedoch Köpfe. Aber diese sind der eigentliche Kern dessen, was „Bildung" heißt. Die Köpfe haben jedoch ihre eigenen Dynamiken. Sie entziehen sich einem numerischen Vergleich, sind gewissermaßen „unzählbar" und „unzählig", kleine Universen mit eigenen Biographien, Interessen und Erfahrungen. Ihre „Größenordnung" bemisst sich nicht in Zahlen, sondern in Qualitäten, Potenzialen, Prozessen und Kontexten.

Ein einzelner Analphabet stellt keine gesellschaftlich relevante Größenordnung dar, die es zu steuern gilt; da müssen es schon einige Millionen sein, ein definierbarer Prozentsatz der Gesamtbevölkerung. Aber: Ein einziger Analphabet stellt eine bemerkenswerte Größenordnung dar, wenn es darum geht, ihm die notwendigen Kulturtechniken Lesen, Schreiben und Rechnen zu vermitteln. Die notwendige (didaktische) Steuerung erfolgt hier nicht aufgrund von Zahlen der „Gesamtheit", sondern auf der Basis eines Verständnisses für die Gründe, die zur Illiteralität geführt haben, auf der Basis einer Analyse des Falles. Steuerung in der Bildung bedeutet daher beides: Kopf und Zahl.

Die Größenordnung ist dabei immer der Parameter, welcher zur gesellschaftlichen Aufmerksamkeit verhilft. Die Probleme aber und die eigentliche Aufgabe der Bildung ressortieren dort, wo Zahlen über gesellschaftliche Größenordnung letztlich wenig weiterhelfen: im Lernen und beim Lehren. Dies gilt auch und gerade in der Erwachsenenbildung.

# Lernen in Bewegung (2011)

Eigentlich ist es nicht neu, dass Bewegung mit Lernen zu tun hat oder dass Psyche und Emotionen beim Lernen wichtig sind. Aber es ist gut zu sehen, dass im Auf und Ab wissenschaftlicher, politischer und praktischer Moden nach einer Zeit, in der das Kognitive beim Lernen überbetont wurde, wieder verstärkt der Blick auf Körper und Psyche gerichtet wird. Der enorme Druck, der sozial, ökonomisch und politisch hinter dem Postulat des Lebenslangen Lernens steht, mag ursächlich damit verbunden sein.

Wir wissen, dass Bewegung (es muss nicht unbedingt Sport, es kann auch Wandern sein) die geistige Entwicklung fördert: *mens sana in corpore sano*. Wir wissen, dass aktives und handelndes Lernen nachhaltiger ist als rein rezeptives Lernen über Auge und Ohr. Wir wissen, dass Körper und Geist ein sich gegenseitig durchdringendes, aufeinander bezogenes System des Steuerns und Gestaltens bilden. Wir wissen, dass das Stehen und Gehen das Denken und Sprechen öffnet: nicht nur, um Neues zu gewinnen (wie Manuel Andrack im Interview betont), sondern auch, um „Altes" zu ordnen, zu gewichten und vielleicht auch zu vergessen. Wir wissen, das Lernen Bewegung fördert, wir wissen auch, dass Lernen Bewegung fordert.

Einiges von dem, was seit langem bekannt ist, lässt sich heute genauer bestimmen und nachweisen, etwa die neurowissenschaftlichen Erkenntnisse über den Einfluss von Bewegungen auf die „Hardware" („Neuroplastizität") und die „Software" („Botenstoffe"). Dabei wird heute mit einer für Erziehungswissenschaftler noch wenig vertrauten Terminologie gearbeitet: Laura Walk schreibt in ihrem Beitrag: „Exekutive Funktionen sind die Basis erfolgreichen Lernens". Dies hat Charme gegenüber etablierten Begriffen etwa aus Bereichen wie Erlebnis-, Theater- und Freizeitpädagogik. In der Erwachsenenbildung wurde und wird ganz anders bearbeitet und diskutiert – ich erinnere an Günther Holzapfels „Nordwest-Passage zwischen Leib, Emotion und Kognition in der Pädagogik".

Eine Frage aber drängt sich auf: Wenn wir all dies wissen und heute noch genauer wissen, warum ist die Wirklichkeit nicht danach gestaltet? Warum wird in Schule, Hochschule und – leider auch – Erwachsenenbildung so wenig der Bezug zwischen Lernen und Bewegung reflektiert und konsequent in didaktisches Handeln umgesetzt?

Der Bewegung ist mehr als bisher ein für das Lernen gestaltender Einfluss zu gestatten. Reflexion, Ordnung und Gestaltung des Verhältnisses von Denken und Bewegen sind die eigentlichen Zielperspektiven für Kinder, Jugendliche und auch Erwachsene, für alle Menschen im Prozess des Lebenslangen Lernens. So, wie Kinder die Welt im Umgang mit ihrem Körper erfahren, so lernen auch ältere Menschen, ihr Denken, Fühlen und Handeln immer wieder neu mit den eigenen körperlichen Bedingungen abzustimmen. Bildungseinrichtungen – und vielfach auch ihre Lehrenden – tun sich oft schwer, die daraus folgenden Konsequenzen für komplexe didaktische Arrangements zu ziehen und in die Praxis umzusetzen.

Wenn wir in der Bildungswirklichkeit hier einige Umwege beschreiben, so muss dies kein Schaden sein. Oder, um es mit Andrack zu sagen: „Jede Wanderung ist ein Umweg, eigentlich".

## Internationalisierung (2011)

Der Begriff der „Internationalisierung" hat in den vergangenen 30 Jahren einen atemberaubenden Siegeszug durch fachliche Diskussionen und reale Handlungen in den vielfältigsten gesellschaftlichen Bereichen vollbracht. Deutlich wird dies etwa daran, dass der Indikator „Internationalisierung" damals noch in so gut wie keiner Evaluation zur Beurteilung von Einrichtungen und Aktivitäten verwendet wurde, heute jedoch etwa bei Hochschulen und Forschungseinrichtungen im Vordergrund steht. Es nimmt nicht wunder, dass er bei diesem Siegeszug das Instrument, dem er als Indikator dient, gewissermaßen geschwisterlich begleitet hat: Auch von „Evaluation" wurde vor 30 Jahren noch kaum gesprochen.

Internationalisierung ist weit positiver besetzt als „Globalisierung", obwohl beide Begriffe einen analogen Prozess bezeichnen. Anders als Globalisierung jedoch ist Internationalisierung weniger an Märkte, Geld und Finanzströme, an Umweltprobleme, Kriege und Machtkartelle assoziativ gebunden, sondern steht für Zusammenarbeit, interkulturellen Austausch, Perspektivenverschränkung und gemeinsame Perspektiven. Internationalisierung als Begriff ist eng verbunden mit den Bereichen von Forschung und Bildung und spielt dort eine zunehmend große Rolle.

Europäisierung ist ein Teil dieser Internationalisierung, inzwischen – vor allem aufgrund des rechtlich-politischen Rahmens der Europäischen Union – kaum mehr als Internationalisierung wahrgenommen. Dieser europäische Rahmen macht selbstverständlich, was über ihn hinaus betrachtet immer noch im Einzelfall errungen werden muss: den Kontakt, die Zusammenarbeit, die Überwindung kultureller Barrieren und disparater Interessen. In Europa ist Internationalisierung zum festen Bestandteil nicht nur von Evaluationen, sondern der Alltagsrealität geworden. Nicht so sehr, dass europäische Beschlüsse und Direktiven etwa direkt in die Bereiche von Bildung und Forschung in den Mitgliedstaaten eingreifen könnten, aber doch insoweit, dass die weichen politischen Methoden die Verantwortlichen in den Mitgliedstaaten veranlassen, einer solchen gemeinsamen Richtung zu folgen – Beispiele sind etwa der Bologna-Prozess oder die Konsequenzen, die national aus den Messzahlen der EUROSTAT-Benchmarks gezogen werden: Schulabbrecher, Weiterbildungsteilnahme, Finanzierung etc. Und ein weiteres Beispiel wirft schon lange Schatten voraus: der europäische Qualifikationsrahmen, der nicht nur nationale Qualifikationsrahmen anstößt, sondern ihnen auch Richtung und Struktur gibt.

Hinter all dieser wachsenden Bedeutung von „Internationalisierung" stellt sich aber doch die Frage, was denn eigentlich ihr „Mehrwert", ihr „added value", für Bildung und Forschung ist. Haben sich Bildungsangebote aufgrund der Internationalisierungstendenzen verbessert? Partizipieren mehr Menschen etwa an Weiterbildung? Sind Konflikte im interkulturellen Austausch und bei der Migration geringer geworden? Haben die Menschen und die Systeme mehr voneinander gelernt und zu lernen als früher?

All diese Fragen sind schwer zu beantworten. Der Indikator der Internationalisierung wird in der Regel an der Aktivität, nicht aber an deren Wirkung gemessen. Zwar gibt es hier Ansätze der Wirkungsanalyse (etwa der Zitationsindex im wissenschaftlichen Diskurs), aber keine Analysen darüber, ob die verstärkte Rezeption internationaler wissenschaftlicher Diskurse die eigene wissenschaftliche Arbeit befruchtet oder verbessert hat, um nur ein Beispiel zu nennen. Es lässt sich etwa schwerlich messen, inwieweit die Konfrontation mit dem fremden Blick die Wahrnehmung der eigenen Situation geschärft und Handlungsmöglichkeiten eröffnet hat, eine der wichtigsten Wirkungen des fremden Blicks auf das eigene Handeln, wie wir aus der Ethnologie wissen.

In der Weiterbildung lassen sich einige Folgen der Internationalisierung diagnostizieren. Die Zunahme und das Niveau des Fremdsprachenlernens, auch die Art der gewählten Fremdsprachen, sind Hinweise auf konkrete Folgen der Internationalisierung, die auch als „Mehrwert" bezeichnet werden können: Immer mehr Menschen scheinen mehr Fremdsprachen besser zu beherrschen. Auch sind Erfolge in der Bildungsarbeit, die sich auf Probleme und Herausforderungen der Migration beziehen, nicht von der Hand zu weisen, sozial folgenreiche Integrations- und Inklusionseffekte sind nachweisbar. Die Mobilität von Studierenden sogar auch in den Erziehungswissenschaften in internationaler Perspektive ist gestiegen, man kann erwarten, dass hier grenzübergreifende Netzwerke entstehen, die auch langfristig staatliche Förderung erfahren – ganz im Gegenteil: Die öffentlichen Mittel für Weiterbildung in Deutschland sind in den vergangenen mehr als zehn Jahren zurückgegangen. Aber vielleicht ist es auch ein Zeichen des Mehrwerts von Internationalisierung, dass dies nicht nur auffällt, sondern gerade auch mit Blick auf andere und Nachbarstaaten als unakzeptabel eingeschätzt werden kann.

**Literatur**
Bechtel, M., Lattke, S. & Nuissl, E. (2010). Weiterbildung in Europa. Bielefeld

# Prokrustesbetten (2011)

Wer erinnert sich nicht an den Riesen der griechischen Mythologie, der alle für ihn greifbaren Menschen der Größe eines Bettes anpasste – die kurzen zog er lang, die langen machte er kurz, beides in wenig humaner Weise. Bei ihm war schon alles angelegt, was heute in der Diskussion um den Qualifikationsrahmen auf acht verschiedenen Ebenen erfolgt: die Definition einer Norm anhand von Deskriptoren, die Messung dessen, was der Norm entspricht, und die Anpassung des Gemessenen an eines der vorgegebenen Betten, acht sind es in Europa, acht in Deutschland. Über Letzteres wird aber noch wenig gesprochen, es geht eher um die beiden ersten Schritte: die Norm und die Messung.

Es hat schon Vorteile, Lernleistungen in definierten Kategorien zu erfassen und darzustellen: Transparenz der Anforderungen, Durchlässigkeit und Mobilität in der Umsetzung, Orientierung für individuelle Qualifizierungsprozesse, Maßstäbe für die Personalentwicklung in Betrieben und vieles mehr. Wer würde nicht gerne wissen, wo er sich oder andere in einem solchen System zu verorten hat! Das irgendwie sozial, ökonomisch und kulturell gespeiste Gefühl des Automechanikers, einige Qualifikationsstufen unter dem ihn behandelnden Arzt zu stehen, kann endlich kategorial untermauert werden.

Es sind aber nicht die Menschen mit ihren Lernleistungen, die um die Definition der Stufen rangeln, sondern die im System beteiligten Institutionen und Organisationen. Je besser das eigene Bildungsangebot in der Hierarchie der Qualifikationsstufen abschneidet, desto höherwertig und attraktiver ist es für alle weitere Zukunft. Dabei geht es vor allem um den Abgleich bisher disparater Hierarchien, so etwa die der beruflichen Bildung mit der allgemeinen und hochschulischen: Entspricht eine abgeschlossene berufliche Bildung dem Abitur oder der Fachhochschulreife? Natürlich wehren sich auch Institutionen dagegen, eigene hierarchische Stufungen auf der gleichen Ebene des Rahmens wiederzufinden, so etwa das Abitur ebenso wie die Fachhochschulreife auf der Stufe vier, obwohl für das Abitur doch mindestens ein Jahr mehr investiert werden muss.

Machtpolitisch sind in diesem Wettstreit Forderungen, auch Lernergebnisse aus non-formalen und informellen Lernwegen zuzuordnen, leicht abzuwehren: Sie sind nicht „validiert" (will sagen: formal überprüft) und daher nicht anzuerkennen. Gestützt wird dies schon durch den Oberbegriff des Ganzen: „Qualifikationsrahmen" – er wird zwar durch „Kompetenzen" gefüllt, folgt aber selbst dem Zertifikatspostulat. Im Entwurf des DQR ist dies als immanenter Widerspruch auffällig: Die Fachkompetenz (Wissen, Fertigkeiten) steht als validierbare Kompetenz neben der personalen Kompetenz (Sozialkompetenz, Selbstständigkeit), die zu erfassen und zu messen schon immer und auf allen Ebenen des Bildungssystems ein Problem war – man denke nur an die Diskussion zur Aufnahme der „Kopfnoten" (Verhalten, Mitarbeit) in die Schulzeugnisse. Man könnte vielleicht so sagen: Die Norm der acht Kompetenzbetten im Deutschen Qualifikationsrahmen klingt ganz vernünftig, nur: Aufgrund einer Messproblematik weiß der arme Prokrustes nun nicht, wen er langziehen oder kurzmachen muss.

Letztlich stoßen in der aktuellen Debatte das neue Paradigma des Lebenslangen Lernens, das die Gestaltung und Realisierung von Lernwegen in die Hand der Lernenden legt, und das traditionelle System zertifikatsorientierter Bildungswege noch wenig vermittelt aufeinander. Es wird im Endeffekt darum gehen, den Lernenden diejenige Anerkennung für ihre – auf welchem Wege auch immer – erbrachten Lernleistungen zu geben, die sie verdienen.

Ein anderes Problem ist dasjenige, über das noch wenig gesprochen, vielleicht auch noch wenig fantasiert wird. Was geschieht, wenn die „Qualifikations"-Stufen einmal feststehen? Werden entsprechende Förderungsmittel fließen, werden Arbeitsmarktchancen entsprechend verteilt, werden Gehälter danach festgelegt? Gewiss: der DQR (wie der initiale EQF) sind nur ein Instrument, um Transparenz zu schaffen; aber: Bleibt es auch dabei? Wie verbindlich, umfassend und dauerhaft wird ein solcher Qualifikationsrahmen tatsächlich implementiert? Vielleicht sind solche Konsequenzen tatsächlich noch dort am einfachsten, wo die institutionalisierten Interessen noch gar nicht in Schlachtordnung stehen: bei einem transnationalen, sektoralen Qualifikationsrahmen in einem noch so ungeordneten Feld wie der Weiterbildung selbst.

# Das „Fach" (2011)

Naturwissenschaft, Technik, Sport, Geschichte und Sprache werden hier als eigene „Fachdidaktiken" diskutiert. Viele andere sind auch denkbar, wie etwa immer wieder die Politik-, Kunst- und Religionsdidaktik. Kein Zweifel: Das Fach und das fachliche Wissen sind wichtig und notwendig; warum aber so umstritten (Siebert: „Fachdidaktik nicht mehr zeitgemäß"), zum Teil – wie bei den Fachbereichen der Volkshochschulen – im fließenden Übergang?

Wahrscheinlich findet sich der Kern in der Sache selbst, dem „Fach". Dies liegt zum einen daran, dass der harmonische Dreiklang „Wissensausschnitt/wissenschaftliche Disziplin/schulisches Lehrfach" seit Jahrzehnten dem Störfeuer der Kontextualisierung und des Konstruktivismus ausgesetzt ist. Lebens- und Vorstellungswelt der Menschen (und insbesondere der Erwachsenen) standen schon immer in einem Konflikt mit diesem harmonischen Dreiklang, nur: Heute ist ihre Kraft im Zuge des selbstgesteuerten Lernens, unterstützt durch Politik, Betriebe und Wissenschaft, stärker geworden.

Aber das Fachliche selbst löst sich auch von innen heraus auf: Zunehmende Spezialisierung bei gleichzeitiger transdisziplinärer Verknüpfung sind gegenläufige Prozesse, die das immer Kleinere in immer größere Zusammenhänge stellen und dabei auch vermutete Selbstverständlichkeiten obsolet machen. Der Erosionsprozess des Fachlichen zeigt sich bei allen drei Elementen des harmonischen Dreiklangs, bei der Rolle von Teilwissen in der Wissensgesellschaft, bei der Rolle von Disziplinen im Aufbau des Wissenschaftssystems und bei der Rolle des Fachlichen im Kanon von Bildungsprozessen.

Betrachtet man das Fachliche in Lehr- und Lernprozessen, so erhöhen sich die Komplexität und Undurchsichtigkeit. Natürlich, Lehr- und Lernprozesse haben, sofern sie sich überhaupt konkret mit etwas beschäftigen (was erfreulicherweise nach wie vor überwiegend der Fall ist), immer auch die Aufgabe, nicht nur anhand lebensweltlicher oder adressatenspezifischer Kriterien, sondern auch anhand fachlicher Kriterien die Auswahl des Lerngegenstandes vorzunehmen und Abfolge und Aufbau im Lehr-Lernprozess zu organisieren. Nur: Wer tut dies heute mit welcher Verbindlichkeit für bestimmte Lehr- und Lernprozesse? Bei wem liegt letztlich die Verantwortung für die Qualität im Fachlichen, nicht nur in der eigenen Kompetenz, sondern in der Gestaltung des Lehr-Lernprozesses?

Kompetenz ist ein weiteres Stichwort, das die Diskussion um das Fachliche zusätzlich verwirrt. Angesichts vielfach immer schnellerer Veränderungen im Fachlichen (etwa bei den Informations- und Kommunikationstechnologien) kann die Kompetenz (also der „Outcome") nicht mehr in einem konkreten Fachwissen, sondern muss in einem allgemeinen Systemwissen bestehen. In den Qualifikationsrahmen wird, als Beispiel, zwar von einem fachlichen Inhalt ausgegangen, die Kompetenz jedoch wird nicht mehr fachlich, sondern verallgemeinert formuliert.

Die Frage: Wie lernt man Systemwissen, wie erwirbt man Kompetenzen, ohne durch das konkret Fachliche hindurchzugehen? In der Erwachsenenbildung kommt erschwerend hinzu, dass dort die Lernenden oft mehr als genug an konkretem Wissen haben und vom Lernprozess nicht nur neues Wissen, sondern auch Gründe, Hintergründe, Umsetzungsmöglichkeiten und Transferverfahren erwarten.

Sicher, Transdisziplinarität des Fachlichen und Transferierbarkeit der Kompetenzen sind die richtigen Ziele. Ob sie auch implizieren, auf die Mühe des konkret Fachlichen beim Input in Lehr-Lernprozesse zu verzichten, ist eine andere Frage. Es ist gut, dass es hier nicht nur zur fachübergreifenden Diskussion, sondern vielleicht auch zur Rettung der Fachdidaktik eine eigene wissenschaftliche Organisation gibt.

## Mehr Ältere in der Weiterbildung (2011)

Allmählich verbessert sich die Kenntnislage über das, was in der Weiter- und Erwachsenenbildung wirklich geschieht: Mehrere Erhebungen und Untersuchungen unterschiedlicher Art lassen sich immer besser mosaikartig für einen Einblick in die Weiterbildung nutzen. So ermöglicht die Weiterführung des Weiterbildungsberichtssystems als „Adult Education Survey (AES)" nun nicht nur einen Eindruck vom Weiterbildungsverhalten der erwachsenen Bevölkerung in Deutschland, sondern in der Zukunft auch einen Vergleich dieses Verhaltens mit der Bevölkerung in anderen europäischen Mitgliedstaaten. Das nationale Bildungspanel NEPS, vor drei Jahren mit einigem Aufwand an öffentlichen Fördergeldern gestartet, hat im August dieses Jahres erste Daten vorgelegt; im Rahmen der „Etappe 8" sind hier auch Daten zum Kompetenzerwerb im Erwachsenenalter zu erwarten. Die „Verbundstatistik", vom Deutschen Institut für Erwachsenenbildung (DIE) seit einigen Jahren mit zahlreichen großen Weiterbildungsveranstaltern in Deutschland begonnen, zeitigt erste Früchte; es lassen sich Fakten und Entwicklungen im Bereich der Angebote, des Personals und des Weiterbildungsvolumens erkennen.

Nicht immer sind diese Erhebungen, wenn sie dann ihre Daten vorlegen, Belege für besonders auffällige Entwicklungen. Dies ist auch in den erfreulich kurzen Zeiträumen, in denen die Erhebungen vorgenommen werden, weder zu erwarten noch beabsichtigt. Wichtiger ist, dass sich die Situation der Weiterbildung immer präziser abbilden lässt und daraus Schlussfolgerungen für notwendige Schritte zur Weiterentwicklung gezogen werden können. Nimmt man die jüngsten Daten der Verbundstatistik des DIE und der Erhebung des Weiterbildungsverhaltens im AES, so bestätigen sich erneut bestimmte Strukturen.

So zeigen etwa die Daten der Verbundstatistik, dass die Weiter- und Erwachsenenbildung mittlerweile der größte Bildungsbereich in Deutschland ist, sowohl hinsichtlich der Veranstaltungen als auch der Unterrichtsstunden und der Teilnahmefälle. In der Weiterbildung wird durchschnittlich ein Drittel der bei den Einrichtungen anfallenden Kosten durch die Gebühren und Entgelte der teilnehmenden Lerner selbst getragen (deren weitergehende Belastung durch Fahrtkosten, Verdienstausfall etc. wird in der Statistik nicht erhoben). Einen geringeren Anteil der Kosten (27%) bringen die Träger der Einrichtungen auf (inklusive kommunaler Träger bei Volkshochschulen). Ein weiteres knappes Drittel (28%) stammt aus verschiedenen öffentlichen Haushalten. Die verbleibenden neun Prozent entfallen auf Mittel, die von den Einrichtungen direkt eingeworben werden. Interessant sind auch die Daten zum Personal: Bei den sechs großen bundesweit agierenden Organisationen in der Weiterbildung, die an der Verbundstatistik teilnehmen, arbeiten 13.000 Personen hauptberuflich, während knapp 300.000 Menschen ehrenamtlich, neben- oder freiberuflich tätig sind. Mit anderen Worten: Auf einen hauptberuflich Beschäftigten kommen in der Weiterbildung 20 Menschen, die neben ihrem Beruf, ehrenamtlich oder freiberuflich diesen Bildungsbereich tragen. Dies sind auch hauptsächlich diejenigen, die den Lernenden direkt als Lehrpersonen in den Kursen gegenübertreten.

Die Daten zu den Lernenden spiegeln diese Situation in der Weiterbildung. Und auch hier bestätigen sich Sachverhalte, die seit vielen Jahren die Weiterbildung in Deutschland kennzeichnen:

o Weniger als die Hälfte der Bevölkerung nimmt an Weiterbildung teil; es ist zwar wieder ein Anstieg der Teilnahmequote zu verzeichnen, nachdem hier vor etwa zehn Jahren ein Einbruch erfolgte (vor allem durch die Änderung des Berufsbildungsgesetzes bedingt), dennoch gilt: Die Mehrheit der Bevölkerung nimmt nicht an Weiterbildung teil.
o Wieder bestätigt sich, dass in der Weiterbildung das Matthäus-Prinzip gilt: Je besser jemand gebildet ist, desto mehr nimmt er an Weiterbildung teil.
o Und weiter gilt, dass auch das Weiterbildungssystem und die Teilnahme an Weiterbildung von sozialen und familialen Faktoren dominiert ist: Je schwieriger die soziale Situation und das familiale Umfeld der Menschen, desto unwahrscheinlicher ist ein Weiterbildungsengagement.
o Auch ist die Weiterbildungsbeteiligung von Männern und Frauen nunmehr quantitativ fast vollständig angeglichen, qualitativ bestehen aber nach wie vor große Unterschiede (vor allem bei den Themenbereichen und den Lerninteressen).

o   Mit einer Überraschung allerdings kann der aktuelle AES aufwarten: Die bisherige Faustregel „Je jünger, desto mehr Weiterbildungsteilnahme" scheint in Gefahr zu geraten: Während die Weiterbildungsteilnahme jüngerer Altersgruppen schwankt, teilweise sogar sinkt, ist diejenige der Altersgruppe der 60- bis 64-Jährigen sprunghaft gestiegen, innerhalb von drei Jahren von 18 auf 27 Prozent. Auch wenn die Teilnahmequote noch immer unter derjenigen jüngerer Altersgruppen liegt, so ist dieser Anstieg doch bemerkenswert. Vor allem auch deshalb, weil in unserer „aging society" viel davon abhängt, dass auch die älteren Menschen weiter im Bildungs- und Lebensalltag präsent sind. Die Analyse dieser Entwicklung ist noch nicht abgeschlossen, es liegen aber drei plausible Erklärungsmodelle vor: Zum einen könnte die Verlängerung der Arbeitszeit die Menschen motivieren, aufgrund der nach wie vor bestehenden beruflichen Zukunft in die eigenen Kompetenzen zu investieren; dies könnte auch für die Betriebe gelten, in denen diese Personen beschäftigt sind.

Zum zweiten könnte der Anstieg daran liegen, dass die Einrichtungen der Weiterbildung zunehmend passende Angebote für diese Altersgruppe entwickelt haben. Zum dritten könnte der Anstieg auch darauf zurückzuführen sein, dass es sich bei den heute 60- bis 64-Jährigen um die Generation der sogenannten „Bildungsboomer" der 1960er Jahre handelt.

Wie dem auch sei: Sowohl in den Analysen festgestellte Defizite als auch solche – in diesem Fall erfreuliche – Tendenzen legen immer wieder nahe, notwendige bildungspolitische Entscheidungen zu treffen und Akzente zu setzen. Dies gilt gerade in der Weiterbildung für alle Beteiligten, für die in der Politik Verantwortlichen, für die Einrichtungen und Lehrenden, für die wissenschaftlich Tätigen und letztlich, immer wieder, für die Lernenden selbst.

# Globale Perspektiven (2011)

Wie selbstverständlich sprechen wir heute in Deutschland und Europa über das lebenslange Lernen und über den Schwerpunkt, den Erwachsenenbildung (alleine durch die Zeit des Erwachsenseins) darin hat. Wir begründen lebenslanges Lernen vor allem damit, dass das Gelernte der Jugend als Vorrat für das ganze Leben nicht mehr ausreicht, gesellschaftlicher, wissenschaftlicher und technischer Wandel so rasch sind, dass immer weiter gelernt werden muss. Dass dies ein „Anpassungslernen" ist, welches dem Grundgedanken eines humanen „Gestaltungslernens" nur wenig entspricht, wird kaum mehr diskutiert. Und schon allein in diesem Verständnis des lebenslangen Lernens erfolgten, angesichts der Begründung für seine Notwendigkeit, längst spezifische Fokussierungen in der europäischen Diskussion: Es dominiert das berufliche Lernen (auch mit Blick auf den europäischen und deutschen Qualifikationsrahmen) und die Investitionen erfolgen vermehrt auf die erste Phase des lebenslangen Lernens, die der kleinen Kinder, etwa im Ausbau der Vorschule.

Seit der letzten Ergänzungslieferung des Praxishandbuchs Weiterbildungsrecht hatte ich Gelegenheit, an zwei Veranstaltungen zum lebenslangen Lernen teilzunehmen, die eine globalere Perspektive hatten: die dritte Auflage des „World Innovation Summit of Education" – WISE – in Doha (Qatar) und die internationale Konferenz „Transforming Nations through Inculturation of Lifelong Learning" in Kuala Lumpur (Malaysia).

Die Konferenz im Scheichtum Qatar, vorbereitet und realisiert mit einer ungeheuren Summe Geldes, zeigte verstärkt die Probleme der beiden Vorgängerkonferenzen: keine klare inhaltliche Ausrichtung, kaum eine inhaltliche Struktur, eine fast koloniale angelsächsische Dominanz (USA und Großbritannien), eine heterogene Masse von zu vielen (weit über 1.000) Menschen, die „irgendwie" mit Bildung zu tun haben. Gegenüber diesen Mängeln der Konferenz traten ansprechende kommunikative und methodische Verfahren in den Hintergrund. Anders die Konferenz in Malaysia: ein strukturiertes und überschaubares Programm, zielorientierte Diskussionen, involvierte Personen, allerdings: eng geführt mit Blick auf die ökonomische und gesellschaftliche Funktionalisierung des lebenslangen Lernens konkret am Beispiel Malaysias, das zusammen mit der Konferenz auch einen Mehrjahresplan für die Entwicklung in Malaysia vorstellte.

So unterschiedlich die beiden Konferenzen waren, so deutlich erkennbar waren doch einige gemeinsame Akzente:

Zum Ersten bestätigte sich, dass innerhalb des großen Programms des lebenslangen Lernens der Blick von den Erwachsenen immer mehr auf die Kinder und die Schüler geht. Das hat gewiss seine Berechtigung auch darin, dass die Kompetenz, Lernen zu lernen, im Wesentlichen in der Jugend begründet wird. Vor allem aber hat es seine Berechtigung darin, dass global betrachtet die Dominanz der jungen Menschen rapide zunimmt. Von den zehn Milliarden Menschen, die im Jahre 2020 in der Welt leben, wird über die Hälfte unter 20 Jahre alt sein. Und diese leben zu einem immer kleineren Teil in Europa. Die Aufgabe von Erziehung und Bildung und eben auch im Bereich des lebenslangen Lernens verschiebt sich immer mehr darauf, einer zunehmenden Masse junger Menschen ein ausreichendes Maß an Bildung zu vermitteln. Innovative Ansätze im Bildungssystem gewinnen daher immer dann eine besondere Qualität, wenn sie für eine große Zahl junger Menschen bei überschaubaren Finanzinvestitionen ein Höchstmaß an Bildung erzeugen.

Zum Zweiten wird folgerichtig bei dieser Anforderung das Verhältnis von organisiertem zu informellem und selbstgesteuertem Lernen weiter verändert. Auch der allgemeine Unterricht wird immer mehr an unterschiedlichsten Lernorten und mit den unterschiedlichsten Medien stattfinden müssen. In Asien haben sich bereits Unternehmen gegründet, die Lernprogramme über Mobiltelefone entwickeln und in breitem Umfang einsetzen. Aber auch andere, vielfältige Formen des häuslichen, sozialen und beruflichen Lernens in modifizierten und variierten Kombinationen, meist auch gestützt durch die neuen Medien, werden vorgestellt und erprobt. Das „Schulhaus" wird so möglicherweise zu einer Sonderform des Lernens.

Zum Dritten verändert sich folgerichtig die Diskussion über Rolle und Qualifikation von Pädagogen. In globalen Regionen wie Indien, China und Afrika ist der Aufgabe, junge Menschen zu bilden und zu erziehen, mit langjährig ausgebildeten und qualifizierten Pädagogen gar nicht mehr gerecht zu werden. In Indien etwa haben sich aus diesem Grund bei der Kampagne für Literalität Verfahren herausgebildet, die mit dem Stichwort „Kaskadenmodell" beschrieben werden können: Auch noch diejenigen, die selbst erst wenig lesen und schreiben können, unterrichten bereits ihre Nachbarn und Freunde, die dies gar nicht können, während sie selbst bei wiederum besser qualifizierten „Pädagogen" weiterlernen, die ihrerseits eine weitergehende Qualifikation parallel erwerben.

Man kann, einfach gesagt, feststellen, dass die europäischen Fragen und Probleme, die mit dem lebenslangen Lernen zu tun haben, weltweit immer weniger Bedeutung haben. Bildung Erwachsener, Bildung mit Älteren, intergenerationales Lernen, Lernfähigkeit und Leistungsfähigkeit im Alter – diese Themen werden in global angelegten Konferenzen nur am Rande oder nicht mehr diskutiert. Ob sie in zehn oder 20 Jahren überhaupt noch wahrgenommen werden, wird davon abhängen, wie sich die Stellung Europas in der Welt weiterentwickelt. Und es wird auch davon abhängen, ob es Europa gelingt, die ehrgeizigen Lissabon-Ziele (Europa zur weltweit wettbewerbsfähigsten Region zu machen) umzusetzen. Die aktuellen Zahlen zur Bildung in Europa (wie sie von OECD und EUROSTAT vorgelegt werden) nähren eine Hoffnung in dieser Richtung ebenso wenig wie die Schuldenkrise der europäischen Staaten, für deren Lösung – wie schon immer in der Geschichte der letzten Jahrzehnte – derjenige Bereich wohl herhalten muss, bei dem negative Folgen erst längerfristig sichtbar sind: der Bildungsbereich.

# Deutschland in Europa (2012)

Die Diskussionen um Europa, den Euro und die Europäische Union reißen nicht ab. Sie gehen so weit und sind so intensiv, dass sich jetzt selbst Jürgen Habermas von seinem Schreibtisch gelöst hat und in verschiedenen Medien zur Realität der europäischen

Einigung kämpferisch artikuliert. Er schreibt nicht ohne Grund „Vom Zögern der politischen Eliten an der Schwelle zur transnationalen Demokratie" (J. Habermas, Zur Verfassung Europas, Berlin 2011, S. 75ff.). In der Tat geht es ja um weit mehr als nur die finanzwirtschaftliche Betrachtung der Euro-Krise und eines übernationalen Rettungsschirms für eine gemeinsame Währung. Es geht letztlich um Kultur, Politik und Realität einer gemeinsamen europäischen Gesellschaft.

Das hat ganz sicher sehr viel mit Bildung zu tun: Bildung im kognitiven Bereich – was ist das überhaupt, die Europäische Union, ihre Verfassung, ihr Recht, ihre Ökonomie? Bildung im kulturellen Bereich – was habe ich mit all den anderen Menschen wie Polen, Rumänen, Portugiesen, Franzosen zu tun, was habe ich mit ihnen gemeinsam? Bildung im ökonomischen Bereich – welchen ökonomischen Nutzen hat wer von der Europäischen Union, wo liegt möglicherweise ein Schaden? Bildung im sprachlichen Bereich – wie kann ich mich mit den Nachbarn, den Nachbarn der Nachbarn und den Nachbarn der Nachbarn der Nachbarn in einem gemeinsamen politisch-ökonomisch-kulturellen Raum verständigen? Und Bildung im beruflichen Bereich – wo liegen die Arbeitsmarktrisiken, die eigenen verbesserten Chancen für einen Arbeitsplatz?

Kaum jemand kann mit Bestimmtheit sagen, wie die Krise des Euro letztlich am besten zu lösen ist. Viele Experten raten zu einem Schuldenschnitt als dem am wenigsten gefährlichen Instrument. Wer kann all dies beurteilen, wie sind solche Lösungsmöglichkeiten einzuschätzen? Erwachsenenbildung tut not, sie liefert hier aber nach wie vor zu wenig Wissen, zu wenig Verständnis, zu wenig Zugriff auf eine gemeinsame europäische Realität.

Wo steht Deutschland in diesem Europa? Selbst hier ist Erwachsenenbildung zu wenig und zu wenig systematisch aktiv, um die eigene Einschätzung und Werthaltung zurückzuspiegeln. In der kürzlich erschienenen neuesten Ausgabe des „Sozio-oekonomischen Panels", erstellt im Wissenschaftszentrum Berlin, werden im 16. und letzten Kapitel Daten zu „Deutschland in Europa" geliefert. Hier wird Deutschland in Bezug auf einzelne Indikatoren mit den anderen Mitgliedstaaten Europas verglichen. Unmittelbar auf das Bildungssystem bezogen bestätigen sich dabei leider einige traurige Wahrheiten: Bei den öffentlichen Gesamtausgaben für Bildung liegt Deutschland (im Jahre 2007) im unteren Drittel der Vergleichsländer, unter dem Durchschnitt der 27 europäischen Staaten. In Bezug auf frühe Schulabgängerinnen und Schulabgänger liegt Deutschland im Mittelfeld und bei den 30- bis 34-Jährigen mit Abschluss im Tertiärbereich kommt Deutschland gerade mal auf den 17. von 27 Plätzen.

Deutlich besser sieht es aus bei den reinen ökonomischen Daten: Deutschland liegt auf dem vierten Platz bei der Veränderungsrate des realen Bruttoinlandsprodukts 2010 (hinter Schweden, Slowakei und Polen), auf dem fünften Platz bei der Erwerbstätigenquote und auf dem sechsten Platz, was die Kaufkraft des Einkommens betrifft. Auch bei der Anzahl der Personenkraftwagen liegt Deutschland vorne, ebenso bei der Verringerung von Treibhausgasen, beim Anteil erneuerbarer Energien und beim Anteil von Privathaushalten mit Internetzugang.

Betrachtet man die subjektive Seite, so verzeichnet Deutschland viele Spitzenwerte. Die Deutschen sind zufrieden mit ihrer Wohnsituation, klagen weniger über Lärm, sind weniger durch Luftverschmutzung und Kriminalität belastet als der Durchschnitt in Europa, kommen im Großen und Ganzen mit ihrem Einkommen klar und sind überdurchschnittlich zufrieden mit ihrem Lebensstandard. Schlechter sieht es wiederum hinsichtlich der Aspekte von Arbeit und Arbeitsmarkt aus: In Deutschland wird häufiger als im Durchschnitt eine starke Spannung zwischen Management und Arbeitern vermerkt, auch wird häufiger darauf hingewiesen, dass die Arbeit das Familienleben beeinträchtigt. Dennoch sehen die Deutschen die Vorteile des Sozialstaats sowie positive Aspekte des sozialen Zusammenhalts. In Bezug auf das empfundene Glück und die Lebenszufriedenheit liegen die Deutschen im europäischen Vergleich etwas über dem Durchschnitt, während sie hinsichtlich der Entwicklung der persönlichen Situation in der Vergangenheit das untere Drittel anführen, mit der Prognose für die Entwicklung der persönlichen Situationen der Zukunft gar auf dem drittletzten Platz liegen, gefolgt nur noch von Bulgarien und Ungarn. Vielleicht hängt Letzteres damit zusammen, dass die Deutschen ihr Bildungssystem – auch im Vergleich mit den europäischen Nachbarn – eher als schlecht denn als gut bewerten.

Es bleibt festzuhalten: In Deutschland mögen – im europäischen Vergleich – die Dinge ökonomisch aktuell einen guten Lauf haben, in Bezug auf das Bildungssystem und den Optimismus der Zukunftserwartungen ist aber noch viel „Luft nach oben".

## „Making lifelong learning a reality" (2012)

Das in den Lissabon-Dokumenten genannte Ziel für 2010 – 15 Prozent der erwachsenen Bevölkerung in Europa sollten an Weiterbildung teilnehmen und lernen, um Europa zur wettbewerbsfähigsten Region im globalen Kontext zu machen – wurde nicht erreicht. Im Gegenteil: Die Partizipation an Maßnahmen der Weiterbildung sank von 9,8 auf 9,1 Prozent.

Ein guter Grund, eine erneuerte „Agenda for Lifelong Learning" in Europa aufzulegen. Der Council of Europe hat dies im letzten November getan (das Dokument ist unter EDUC 268 einsehbar). Er blickt zurück auf das Erreichte und formuliert die Ziele bis 2020. Die Beteiligungsquote setzt er dabei (aus nachvollziehbaren Erwägungen) nicht höher, die 15 Prozent sollen nun bis 2020 erreicht werden.

Die neue Agenda für das lebenslange Lernen steht im Kontext der europäischen Strategie 2020 für ein intelligentes („smart"), nachhaltiges und „inklusives" Wachstum, das alle

Bevölkerungsschichten mit einbezieht. Inhaltlich geht es darum, den Wandel auf dem Arbeitsmarkt und in der Gesellschaft mit zu vollziehen und dabei insbesondere die Geringqualifizierten und die älteren Personengruppen zu berücksichtigen. Soziale Inklusion, active citizenship und persönliche Entwicklung sollen wie bisher berücksichtigt werden. Ein Schlüsselelement ist, so heißt es im Beschluss des Councils, das lebenslange Lernen.

Interessant ist, dass in diesem Dokument eine Definition des lebenslangen Lernens gegeben wird: „Entire range of formal, non-formal and informal learning activities – both general and vocational – undertaken by adults after leaving initial education and training." Allerdings: Wo genau Letzteres endet, etwa bei einem Schulabschluss oder einem berufsbildenden Abschluss, wird nicht festgelegt, verständlich angesichts der Heterogenität der europäischen Bildungssysteme.

In der Analyse der Probleme, die Zielmarke für 2010 zu erreichen, ist das Dokument – wie alle politischen Dokumente dieser Art – sehr zurückhaltend. Implizit kann man aus den vermehrten Aufgaben, die genannt werden, die angenommenen Probleme vermuten: Es fehlt an Motivation, das Verhältnis von Arbeit und Familie ist insbesondere unter Genderaspekten zu verbessern, die mit (Erwachsenen-)Bildung befassten Institutionen sind nicht ausreichend vernetzt, die Finanzierung ist unzureichend und das Monitoringsystem nicht zufriedenstellend entwickelt. Ein weiterer Grund ist die unterschiedliche Geschwindigkeit, mit der in den Mitgliedstaaten die Weiterbildung entwickelt wird.

Wie in allen transnationalen politischen Dokumenten – und diejenigen der Europäischen Union gehen da beispielhaft voran – werden die Ziele und Maßnahmen, die als notwendig erachtet realisiert werden sollen, in mehreren unterschiedlich gewichteten Katalogen aufgelistet, die sich allesamt durch thematische Breite und geringe immanente Stringenz auszeichnen, eine Folge des kompromissorientierten und diskursiven Entstehungsprozesses. Die neue „European Agenda for Lifelong Learning" enthält drei solcher Listen:

Die erste befasst sich mit den Flaggschiff-Initiativen der Europäischen Union bis zum Jahr 2020 (und stellt damit die Erwachsenenbildungs-Agenda in einen größeren Rahmen): Drei Initiativen werden genannt: „New Skills" für das Weiterlernen und den Arbeitsmarkt, ein gemeinsamer Kampf gegen die Armut sowie Innovation und Exzellenz in Bildung und Kompetenzentwicklung.

Die zweite Liste befasst sich mit den vorrangigen Maßnahmen von 2012 bis 2014, die explizit aber in den Kontext des längeren Zeitraums bis 2020 gestellt werden. Hier werden 13 Komplexe genannt, die sich im Großen und Ganzen schon in den Dokumenten der Lissabon-Periode fanden: die Wertschätzung von Bildung zu erhöhen, die wichtigsten Stakeholder (Sozialpartner, Kommunen, „Civil Society", Staat) neben den Lernern selbst einzubeziehen, effiziente und innovative Lernangebote zu entwickeln und den Zugang zur Bildung zu erleichtern und zu verbessern. Neue interessante Akzente sind die Betonung des Fokus „Learning Outcomes" verbunden mit der Verantwortung und der Autonomie der Lernenden einerseits sowie die Forderung nach angemessenen Bildungsangeboten für Senioren und die Solidarität der verschiedenen Altersgruppen andererseits.

Die dritte Liste schließlich formuliert konkreter die Aktionsbereiche, fünf an der Zahl: Sie werden „Prioritäten" genannt, lassen aber durch die Breite der Formulierungen unterschiedlichste Aktivitäten zu. Die erste dieser Aktivitäten heißt „Making Lifelong Learning and mobility a reality" – interessant ist hier die Rückkehr zu der frühesten Begründung, sich mit Bildung zu befassen: die Mobilität auf dem europäischen Arbeitsmarkt. Die zweite betont die Qualität und Effizienz von Bildung und Erziehung, ein Hinweis darauf, dass hier auch aus Sicht der Europäischen Union noch einiges verbesserungsfähig ist. Die dritte unterstreicht die Notwendigkeit der „Equity", des sozialen Zusammenhalts und der aktiven Bürgerschaft, richtet sich also auf die gesellschaftliche Dimension des Lernens. Die vierte richtet das Augenmerk auf die Kreativität und Innovation(sfähigkeit) von Erwachsenen und ihren Lernumgebungen, wichtige Elemente in einer wettbewerbsfähigen Wissensgesellschaft. Und die fünfte verlangt mehr Wissen über die (Weiter-)Bildung, zuverlässige Daten und ein funktionsfähiges Monitoringsystem.

Wie immer haben diese politischen Dokumente auch einen oder mehrere Adressaten. Die neue europäische Agenda für das lebenslange Lernen richtet sich an die Kommission mit dem Ziel, die Maßnahmen an den gegebenen Leitlinien auszurichten, und an die Mitgliedstaaten mit dem Ziel, entsprechende nationale Strategien zu entwickeln und operativ umzusetzen. Dabei, so die Empfehlung des Dokuments, sollten die Mitgliedstaaten bis 2014 die Möglichkeiten von Grundtvig- und Leonardo-Programmen sowie danach diejenigen des Nachfolgerprogramms (Grundtvig und Leonardo werden unter einem Dach vereinigt) ausschöpfen und die Instrumente der offenen Koordination angemessen ausnutzen. Aus der Erfahrung der Vergangenheit heraus resultiert die Empfehlung, einen nationalen Koordinator (bzw. eine nationale Koordinationsstelle) zu benennen, um klare Ansprechpartner für die Umsetzung der Strategie zu haben.

Insgesamt betont die neue Agenda für das lebenslange Lernen ein weiteres Mal, für wie wichtig Erwachsenenbildung im politischen Kontext der Europäischen Union eingeschätzt wird. Erkennbar ist aber auch, nicht nur zwischen den Zeilen, wie schwer sich die Europapolitik damit tut, den Bildungsbereich und insbesondere den der Erwachsenenbildung in den vielen Mitgliedstaaten zielstrebig und erfolgreich voranzubringen. Schon national ist das ja – zumindest in den größeren Staaten wie Deutschland, Frankreich, England und Italien – eine nur schwer lösbare Aufgabe. Man wird sehen, wie die Agenda umgesetzt wird; Ansprechpartner wird es dabei ja nun in jedem Mitgliedstaat geben.

# Evaluationen ohne Ende (2013)

Es gibt eine kleine Verschnaufpause: Aktuell sind keine größeren Evaluationen im deutschen Bildungssystem am Start, zumindest keine, die besonderes Aufsehen erregen dürften. Es läuft vielmehr der evaluative Alltag: Lehrveranstaltungen (vor allem an Hochschulen) werden von den Lernenden evaluiert, Jahresberichte von Einrichtungen werden evaluiert, Projekte und Programme werden extern und intern, formativ und summativ evaluiert, Artikel für wissenschaftliche Zeitschriften werden (im Peer-Review-Verfahren) evaluiert, Curricula werden zu Akkreditierungszwecken evaluiert.

Evaluation, also die Analyse eines Gegenstandes (Lernprozess, Einrichtung, Projekt, System etc.) verbunden mit einem bewertenden Urteil über denselben, findet unentwegt statt, manchmal leider auch in Form eines bewertenden Urteils ohne vorherige genaue Analyse. „Gott sah alles, was er gemacht hatte, und fürwahr, es war sehr gut" (Genesis 1,31) – dies ist eine Selbstevaluation ohne externe, „objektivierende" Instanz, aber sicher sehr kundig und mit einer Analyse verbunden. Allerdings: Die Kriterien für die Bewertung, dass die Dinge gelungen waren, werden nicht mitgeliefert. Dabei wären sie von großem Interesse, wüsste man dann doch besser, in welche Richtung sich das Geschaffene hin entwickeln soll.

Diese Perspektive vermisst man auch heute in so manchen Evaluationen, die mit wissenschaftlichen Methoden arbeiten, also nachprüfbare Analyseverfahren anwenden und die Ergebnisse der Analyse bewerten. Das Analyseverfahren mag wissenschaftlich sein, in die Bewertung und vor allem dann in die Empfehlungen fließen immer Kriterien und Interessen ein, die aus anderen Kontexten stammen. Seitdem die Evaluation in großem Maßstab aus den Vereinigten Staaten importiert wurde, in den 70er und 80er Jahren des vorigen Jahrhunderts, ist es der Bildungsbereich, der am breitesten und intensivsten evaluiert wird. Nicht nur, weil hier der Staat als Auftraggeber von Evaluationen am direktesten involviert ist, sondern auch, weil man so wenig über die Wirkungen von Bildung weiß. Und weil Bildung so wenig „messbar" ist.

Wie im Bildungsbereich generell werden daher in der Erwachsenenbildung, die besonders kompliziert und differenziert ist, die diskursiven oder „responsiven" Evaluationen bevorzugt, in denen Verfahren, Ergebnisse, Bewertung und Empfehlungen mit Vertretern des evaluierten Gegenstandes partnerschaftlich und partizipativ beraten werden. Die vom Deutschen Institut für Erwachsenenbildung (DIE) durchgeführte Evaluation des nordrhein-westfälischen Weiterbildungsgesetzes, im Jahr 2011 abgeschlossen, ist dafür ein gutes Beispiel.

Eine besondere Form der Evaluation sind die internationalen Vergleiche, die in Deutschland seit der PISA-Debatte mit der Diskussion um das Bildungssystem verbunden sind. Auch sie zeigen aber, dass die Evaluation selbst nur Teil des bewertenden Geschehens ist, nicht das Ganze. Das Ganze, gerade im Bildungsbereich, waren schon immer die „Stakeholder", die Ministerien, Arbeitgeber und Pädagogen, und neben ihnen die ganze Bevölkerung – von Bildung sind alle betroffen, mit Bildung kennen sich alle Menschen aus. Schon vor PISA hatte es internationale Vergleiche gegeben zur Lese-, Schreib- und Rechenkompetenz von Schülern (IALS, TIMMS z.B.), in denen das deutsche Bildungssystem schlecht abschnitt, ohne dass darüber heftige Debatten entbrannt wären. Und interessant war bei der Debatte um die PISA-Ergebnisse auch, dass Lösungsmöglichkeiten gefolgert wurden, ohne dass – zu Recht – die Studie überhaupt Empfehlungen enthielt.

In diesem Jahr wird es um ähnliche Diskussionen bei den Erwachsenen gehen: Die Ergebnisse von PIAAC – „Programme for the International Assessment of Adult Competencies" stehen ins Haus; man darf gespannt sein, über welche Kompetenzen die deutschen Erwachsenen im internationalen Vergleich verfügen. Und man darf gespannt sein, wie intensiv die Debatte sein wird über notwendige Veränderungen der Erwachsenen- und Weiterbildung, die sich daran anschließt. Meine Prognose: Es wird keine aufgeregte Debatte geben, und es werden auch keine weitergehenden Konsequenzen gezogen werden – ob das Ergebnis nun positiv oder negativ ist. Weiterbildung wird zu sehr als Pflicht der Individuen und Lerner verstanden. Und es fehlt an einer „schuldigen" Instanz wie den Ministerien im Falle der Schule, falls das Ergebnis schlecht ist.

**Literatur**
Nuissl, E. (2013). Evaluation in der Weiterbildung. Bielefeld

## Trends der Weiterbildung (2014)

Zum dritten Mal hat das Deutsche Institut für Erwachsenenbildung (DIE) (nach 2008 und 2010) die Analyse „Trends der Weiterbildung 2014" vorgelegt. Ein wertvolles Buch, das datengestützt die aktuellsten Informationen zu den Institutionen, Beschäftigten und Teilnehmenden in der Weiterbildung liefert – und noch zu einigem mehr. Die vorliegende Ausgabe ist noch einmal erweitert gegenüber den Vorläufern, wirft auch einen Blick auf die betriebliche Bildung und moderne Steuerungsprozesse des Bildungssystems.

Eine der wichtigsten Informationen, wenn auch schon länger bekannt, zuerst: Die Beteiligung an Weiterbildung ist 2012 (laut AES) in Deutschland auf die bisherige Rekordmarke von 49 Prozent gestiegen. „Fast die Hälfte der 18- bis 64-jährigen Bevölkerung nahm also in den zwölf Monaten vor der Befragung an einem Lehrangebot wie Kurs, kurzzeitige Bildungsveranstaltung, Schulung am Arbeitsplatz oder Privatunterricht teil" (S. 129). Weiterbildung ist von allen Bildungsbereichen derjenige, der die meisten Personen erreicht: ca. 25 Millionen Menschen. In allgemeinbildenden Schulen sind 8,8 Millionen, in berufsbildenden Schulen 2,7 Millionen und an Hochschulen 2,4 Millionen Menschen eingeschrieben. Natürlich sind die Quoten unterschiedlich, vor allem was die Konsequenzen der Bildungsteilnahme für die Biografie und die Bedeutung für die Strukturierung des Alltags bedeutet.

Und leider sind auch die öffentlichen Förderungen sehr unterschiedlich. In einem der Kapitel widmet sich die Trendanalyse den verwirrend vielen Instrumenten der finanziellen Förderung der Weiterbildung – insgesamt 195, wird konstatiert. Nur 19 von ihnen richten sich jedoch auf Maßnahmen und Individuen, 60 an Institutionen. Hinzu kommen steuerliche Regelungen und solche des Bildungsurlaubs. Neben Italien hat Deutschland die meisten Finanzierungsinstrumente zur Weiterbildung, die Schweiz etwa verfügt nur über drei. Und die Analyse kommt zu dem Schluss, dass die Förderungsinstrumente – insbesondere diejenigen, die sich an die unteren Einkommens- und Bildungsschichten richten – nicht wirklich relevant zum Anstieg der Teilnahmequoten beigetragen haben.

Interessantes ist zum Bereich der Weiterbildungseinrichtungen festzustellen. Gerade hier fällt die Diskrepanz zwischen öffentlich verlauteter Programmatik der Wichtigkeit von Weiterbildung und der realen Entwicklung besonders auf – auf dies hatte bereits der deutsche Bildungsbericht 2012 hingewiesen. Die Zahl der Weiterbildungseinrichtungen ist insgesamt seit Jahren zurückgegangen, nun abgeschwächt; der Rückgang bei den Außenstellen ist gestoppt, einige neue sind wieder entstanden. Im Volkshochschulbereich ist diese Entwicklung eng verbunden mit der Zunahme von Kooperationen mit Betrieben, Vereinen, Initiativen, Ämtern und Behörden, kulturellen und anderen Bildungseinrichtungen. Dies weist daraufhin, dass der Aktionsradius der Bildungseinrichtungen über andere Aktivitäten erhalten oder sogar ausgebaut wird.

Weniger wird mit den Hochschulen kooperiert; möglicherweise zeigt sich hier die gewachsene Konkurrenzsituation, nachdem die Hochschulen selbst langsam aktiver werden in der Weiterbildung. Die Hochschulen werden auch im Bereich der Fernlehre stärker nachgefragt, ihre Diplome und Zertifikate sind begehrt.

Insgesamt jedoch ist die Entwicklung der Weiterbildung an den Hochschulen bisher hinter den Erwartungen (und Hoffnungen) zurückgeblieben (S. 31ff.): Sie stellen nur drei Prozent des Angebotsmarktes bei deutlich höherem Potenzial. Ein Drittel (31%) wird von den Weiterbildungseinrichtungen bedient, gefolgt von den Arbeitgebern (27%) und anderen Firmen (17%) – ein Beleg der starken Bedeutung des betrieblichen Bereiches in der Weiterbildung, wobei sich dies naheliegenderweise insbesondere auf die berufliche Bildung bezieht.

Erstmals enthält die Trendanalyse Daten zum Weiterbildungspersonal aus dem Mikrozensus, was auch einen Vergleich mit anderen Beschäftigtengruppen in anderen

Branchen ermöglicht. Dabei wird auf die starke „Vermarktlichung" in der Erwachsenenbildung hingewiesen, die Regulierung über Angebot und Nachfrage, mit nur geringem Schutz durch „professionelle" Regulierungen wie Dauerarbeitsverträge, Berufsverbände, Gewerkschaften, Berufsbilder und Zugangsregulierungen. Demnach entsprechen die Beschäftigten in der Weiterbildung zwar dem soziodemografischen Durchschnitt (mit Ausnahme eines deutlichen höheren Bildungsniveaus), sozioökomisch tritt jedoch eine deutliche Benachteiligung zutage (S. 63).

Wenige Veränderungen gibt es im Bereich der Angebote. Quantitativ sind sie im Durchschnitt stabil. Thematisch sind Zuwächse im Bereich von Sprachen (insbesondere in Ballungszentren), Gesundheit und Wirtschaft zu verzeichnen, Computerthemen, Sozialkompetenz und Pädagogik nehmen eher ab (S. 88) – diese Entwicklung an den Volkshochschulen lässt sich ohne Weiteres verallgemeinern. Der Trend zu kürzeren, „passgenaueren" Weiterbildungsmaßnahmen hält an, allerdings nur in den beruflich-betrieblich relevanten Bereichen.

In diesem Bereich, bei den weiterbildenden Unternehmen, liegt Deutschland aber nur im Mittelfeld, hinter den skandinavischen und den meisten westeuropäischen Staaten. Wie nicht anders zu erwarten, steigt der Anteil der weiterbildungsabstinenten Betriebe mit abnehmender Betriebsgröße, ein Sachverhalt, der auch schon aus der Bildungsurlaubsgeschichte bekannt ist.

Zum Schluss noch einmal zurück zu den Teilnehmern: Wieder zeigt sich, dass die Beteiligung eng mit dem beruflichen Status zusammenhängt, was auch stark mit den firmenbezogenen Weiterbildungsaktivitäten zu tun hat. Stimmen die entsprechenden Daten zwischen Männern und Frauen überein, dann gibt es keine ersichtlichen Unterschiede zwischen ihnen in der Weiterbildungsteilnahme. Dahingegen spielen das Bildungsniveau und das Alter als Faktor auch dann eine Rolle, wenn auch erst in zweiter Linie.

Gerade bei den Teilnehmern zeigt sich die international bedenkliche Situation in Deutschland, die schon in PISA und jetzt auch wieder in PIAAC bestätigt wurde: die enge Bindung von Bildungserfolg und -aktivität an die Herkunft und die kumulative Verstärkung von Bildungsungleichheiten auch in der Weiterbildung. Die deutschen Hochschulen scheinen hier keine sehr rühmliche Rolle bisher zu spielen (S. 129ff.).

Die „Trendanalyse" des DIE ist ein Buch in die Hand von Praktikern, Politikern und Wissenschaftlern und allen, die sich für die Weiterbildung interessieren. Hier wird nüchtern und im höchstmöglichen Maße datenbasiert über die Weiterbildung berichtet, jenseits aller Bildungsrhetorik.

## Literatur

Deutsches Institut für Erwachsenenbildung. (2014). Trends der Weiterbildung. DIE-Trendanalyse 2014. Bielefeld

## Bildungslandschaft (2014)

Fast alle Begriffe, die metaphorisch der natürlichen Umgebung entnommen sind, haben eine positive Konnotation, so auch die „Landschaft": Schönheit, Harmonie, Zusammenwirken. Immobile Strukturelemente wie Berge, Täler, Flüsse als unbelebte, Pflanzen als belebte, Tiere (und Menschen) als lebendige und mobile Elemente, fügen sich zu einem räumlichen Ganzen, das ästhetisch und funktional sinnvoll zusammenpasst.

Dies wünscht man sich auch von einer „Bildungslandschaft". Immobile Elemente wie Schulen, Behörden, Betriebe, Museen, ausgestattet mit Angeboten von Curricula und Objekten, werden sinnvoll und harmonisch und vor allem zielgerichtet belebt von Menschen, die zum Zwecke der Bildung zusammenwirken. Ökologisch und sinnvoll. Eben diese Assoziation wecken all die Bildungslandschaften, die seit vielen Jahren vor allem im Kinder- und Jugendbereich reklamiert werden.

Die Konzepte von Bildungslandschaften basieren auf einem ganzheitlichen Bildungsverständnis; sie gehen davon aus, dass nicht nur in Bildungs- und Ausbildungseinrichtungen gelernt wird, sondern weit darüber hinaus im Familienleben, Freundeskreis und Alltag, bei Sport, Kultur und Freizeit. Folgerichtig spielt nicht nur das formale Lernen eine Rolle, sondern auch alle Aktivitäten, die sich im Bereich non-formalen, informellen und akzidentiellen Lernens (des nicht intendierten Lernens) verorten lassen, sind dabei einbezogen.

Die Grundidee entspricht dem Bild: ein „ökologisches" Zusammenwirken zum Wohle der Bildung, etwa von Schulaufsicht und Jugendhilfe, von Bildungseinrichtungen und Betrieben, von Schulen und Museen und vielem anderem mehr. Es geht um Kooperationen von bildungsrelevanten Einrichtungen (welche Einrichtung ist das nicht?), um „Verbünde", um „Netzwerke", um Synergien zu erzeugen und den lernenden Jugendlichen und Erwachsenen optimale Bedingungen zu bieten.

Ein solches Zusammenwirken in Verbünden und Netzwerken lässt sich am ehesten in räumlicher Nähe herstellen. Hier sind die unterschiedlichsten Akteure versammelt, können direkt miteinander kommunizieren. Vor allem aber findet das Lernen von (vor allem jungen) Menschen nach wie vor hauptsächlich „vor Ort" statt, Kommunen und Regionen sind der Raum, in dem Verbünde und Netzwerke eine Bildungslandschaft generieren. Zwar findet Lernen auch im virtuellen Raum statt und verbindet spezifische Lerninteressen, die sonst in der Diaspora wären, dies sind jedoch nach wie vor eher zusätzliche Lernaktivitäten.

Schon das Europäische Memorandum zum Lebenslangen Lernen hat (2001) als eine der sechs Botschaften die räumliche Nähe von Lernangeboten betont; gegenwärtig erleben wir eine Intensivierung der Verbindung von Raum- und Bildungsfragen (auch in der Wissenschaft durch die Kooperation von Raum- und Bildungsforschung; Nuissl & Nuissl, 2014). Viele Projekte und Programme haben das Zusammenwirken von lernrelevanten Einrichtungen im Raum zum Thema und Ziel gehabt, das größte von ihnen waren die „Lernenden Regionen" in Deutschland von 2001 bis 2008 (Nuissl et al., 2006; Tippelt et al., 2009). Auch in der Schweiz existiert ein bemerkenswertes Programm, das der Jacobs-Foundation, zur Förderung von Bildungslandschaften, das 2015 in die zweite Phase ging.

Im Grunde gibt es – bei aller Unterschiedlichkeit – zwei Hauptansätze von Bildungsverbünden und -netzwerken in der Kommune und Region: das typanaloge Netzwerk von Bildungseinrichtungen aller Art und das typdiverse Netzwerk von Bildungseinrichtungen mit anderen Institutionen aller Art. Beim ersten Typ geht es hauptsächlich darum, den Lernenden individuelle Bildungsverläufe durch sinnvoll aufeinander bezogene und miteinander abgestimmte Bildungsangebote zu ermöglichen und die größtmögliche Barrierefreiheit sicherzustellen („Bildungsnetzwerk"), beim zweiten Typ geht es darum, die Lern- und Bildungsprozesse mit den Lebens- und Arbeitskontexten der Menschen sinnvoll zu verbinden („Alltagsnetzwerk").

Wesentliche Ziele und Aktionsfelder des ersten Typs, des „Bildungsnetzwerks", sind eng an die konzeptionellen Linien des Lebenslangen Lernens geknüpft, die von einem selbstgesteuerten und verantwortungsvollen Lernenden ausgehen. Informationen über Angebote gehören dazu, Bildungsberatung (Auswahl von Angeboten), Abstimmung im vertikalen Aufbau von Curricula, offene Übergangsverfahren, Lern- und Laufbahnberatung, motivierende und aufsuchende Maßnahmen für bestimmte Zielgruppen, nahegelegene Lernortkooperationen.

Vielfach verfolgen solche Bildungsnetzwerke aber auch weitergehende Ziele, die nur indirekt für die Lernenden sichtbar sind. Dazu gehören etwa die Zusammenarbeit bei der Fortbildung des Personals, eine gemeinsame Grundlage und Service wissenschaftlichen Wissens, eine gemeinsame Vertretung von bildungspolitischen Perspektiven in der Region und anderes mehr.

Natürlich sind solche Bildungsnetzwerke nicht frei von Schwierigkeiten und Problemen. So sind etwa Bedingungen für einzelne Bildungseinrichtungen gegeben, welche die Mitarbeit im Netzwerk beschränken – der rechtliche Rahmen (oft bei Schulen) oder die vorhandenen Ressourcen (oft bei Weiterbildungseinrichtungen). Auch die Existenzbedingungen von Netzwerken, vor allem ein funktionierendes Netzwerkmanagement, lassen sich nicht leicht herstellen. Je mehr marktwirtschaftliche Konkurrenz in den Bildungsbereich eindringt, desto häufiger sind auch Bildungseinrichtungen Konkurrenten: etwa Schulen um die Zahl der Schüler, von denen kommunale oder staatliche Zuschüsse abhängen, Universitäten um Projekte und Drittmittel. Die Organisation eines Netzwerks muss im Interesse des gemeinsamen Ziels solche Probleme „abfedern", was nicht immer gelingt.

Wesentliche Ziele und Aktionsfelder des zweiten Typs, des „Alltagsnetzwerks", sind die Übergänge aus dem Bildungssystem in den Beruf und in Betriebe, die Umsetzung regionaler Qualifikationsbedarfe in regionale Bildungsmaßnahmen, die Zusammenarbeit mit Kultureinrichtungen, Betrieben, Behörden, Verbänden etc. vor Ort, die Motivierung zum Lernen und die Entstehung eines produktiven Systems einer „lernenden" Region.

Auch hier sind weitergehende Ansätze vorhanden, etwa eine gemeinsame Curriculum-Entwicklung unterschiedlicher Organisationen, gemeinsame Evaluationen, zielgerichtete Programme zu Bildung und Entwicklung, dialogische Kreisläufe und Verzahnungen wie Wechsel von Bildung und Arbeit, Personenaustausch, Kompetenzaustausch.

Es wäre erstaunlich, wenn solche Kooperationen und Netzwerke nicht auch zahlreiche Probleme zu meistern hätten. Eines der bedeutendsten ist die unterschiedliche Sprache, die in den gesellschaftlichen Feldern gesprochen wird; es ist nicht nur die Sprache, sondern es sind auch die Interessen, Werte und Weltvorstellungen, die auszugleichen und zu regeln sind. Aber auch Fragen wie die nach einem funktionierenden Netzwerkmanagement oder einer Win-win-Situation für die Beteiligten oder den Regeln für einen Konfliktausgleich führen nicht selten zu Beeinträchtigungen.

Betrachtet man die Praxis von Bildungslandschaften, so überwiegen diejenigen, welche Schulen und berufliche Ausbildung im Mittelpunkt haben, wo Kinder und Jugendliche im Zentrum stehen. Die Kriterien der Jacobs-Foundation für die Förderung einer solchen „Bildungslandschaft" sind neben der Zielgruppe der Einbezug formaler, non-formaler und informeller Bildungswelten, die Beteiligung schulischer und außerschulischer Akteure sowie, was die Qualität des Netzwerks im regionalen Raum angeht, ein politischer Wille, gemeinsame Ziele, eine professionelle Anlage und Langfristigkeit. Unter Modellbedingungen lässt sich das realisieren, ohne sie haben Netzwerke immer mit Restriktionen zu kämpfen. Bildung lässt sich nicht leicht in einem weiteren und dynamischen Sinne realisieren.

In der neueren Diskussion wird neben der Bildung jedoch auch kritischer der Begriff des Raums in den Blick genommen, die Region, die Kommune, das Quartier. Bemängelt wird eine „unkritisch-harmonische Tradition" des Raumbegriffs (Reutlinger, 2009), ein „banales" Raumverständnis, wonach der Raum oft wie ein zu füllender Behälter gesehen wird. Dem wird ein Raumbegriff gegenübergestellt (Deinet, 2013), der Bildung dadurch ermöglicht, dass er sozial konstruiert wird als „ständig reproduziertes Gewebe sozialer Praktiken".

In der Tat „hinkt" hier die Metapher. Soziale und kulturell erzeugte Strukturen und Vorgänge sind keine Selbstläufer, vor allem sind sie nicht per se in einem sinnvollen Zusammenhang. In der „Landschaft" kann man von einem organischen, gewachsenen Zusammenhang der einzelnen Teile ausgehen, in der „Bildungslandschaft" ist das erst herzustellen. Auch die beste Analyse und Synthese von Kooperationsmöglichkeiten und Netzwerken im sozialen Bereich kommt nicht an die gewachsene Kohärenz landschaftlicher Phänomene heran, es kann also nur eine Annäherung geben. Diese jedoch ist positiv zu bewerten, da sie zugleich ein generelles Ziel markiert: Bildung in einer nachhaltigen und sinnvollen Weise zu realisieren.

Damit sind wir wieder beim Ursprung der Metapher: Landschaft ist nicht nur vollgestellt mit Strukturelementen, sondern befindet sich – was die belebten und die unbelebten, was die mobilen und was die immobilen Elemente angeht – in einem fortwährenden Prozess ökologischen Ausgleichs. Wie bei den Bildungslandschaften haben die natürlichen Landschaften jeweils spezifische Voraussetzungen und Entwicklungsbedingungen, die es zu erfassen und in „Programme" umzusetzen gilt. Diese sind in steter Veränderung, in der Natur wie in der sozialen Region. Menschen und Betriebe wandern ab und kommen, Wettbewerbs- und Entwicklungsperspektiven ändern sich, Ziele und Interessen ebenso. Welcher Art auch immer die kooperative oder vernetzte Gestaltung der Landschaft sein mag: Sie befindet sich in einem fortwährenden Prozess der Bestätigung und der Veränderung zugleich.

**Literatur**

Deinet, U. (2013). Von der schulzentrierten zur sozialräumlichen Bildungslandschaft. sozialraum, 1
Nuissl, E. & Nuissl, H. (Hrsg.). (2015). Bildung im Raum. Baltmannsweiler
Reutlinger, C. (2009). Bildungslandschaften – raumtheoretisch betrachtet. In J. Böhme (Hrsg.), Schularchitektur im interdisziplinären Diskurs. Wiesbaden
Tippelt, R. et al. (Hrsg.). (2009). Lernende Regionen wissenschaftlich begleitet. Bielefeld

# Bildungs-Terminologie (2014)

Der Zug der europäischen Einigung fährt unverdrossen weiter, trotz aller Einwände, Rückschläge und Zweifel. In vielen ökonomischen und sozialen Bereichen werden Vereinbarungen getroffen, Sachverhalte geregelt und vereinheitlicht, Vergleiche an- und Vergleichbarkeiten hergestellt. Dies gilt auch für den Bereich der Bildung, der ja in seiner Gänze seit 20 Jahren definiertes europäisches Politikfeld ist. Der Europäische Qualifikationsrahmen mit seinem Impuls für entsprechende nationale Entwicklungen und seinen Vorgaben für die Entwicklung nationaler Äquivalente ist dafür ein gutes Beispiel.

Stärker noch als in anderen Bereichen macht sich bei der Bildung jedoch bemerkbar, dass in Europa sehr unterschiedliche Sprachen gesprochen werden – neben den „großen" Sprachen (gemessen an der Zahl der Muttersprachler) wie Deutsch, Englisch, Französisch, Spanisch, Italienisch und Polnisch sogenannte „kleinere" Sprachen wie Ungarisch, Litauisch, Baskisch, Friesisch und Irisch. Diese Vielsprachigkeit ist ein

Wert an sich, ein sozialer und kultureller Fundus, der Kreativität, Innovation und ein weiteres Verständnis der Welt ermöglicht. Sie ist aber auch ein Problem, wenn es um genaue und verbindliche Verabredungen, Entscheidungen und Programme geht.

Seit Beginn der europäischen Einigung sind daher Fragen der „richtigen" Übersetzung von Begriffen, die für Sachverhalte stehen, von großer Bedeutung. Im Bereich der Weiterbildung gehörten (seit 1994) Terminologie-Projekte zur ersten Welle europäisch geförderter Programme (z.B. Termintea 1998). Im Bereich der beruflichen Bildung haben solche Vorhaben eine noch längere Tradition.

Seit Mai dieses Jahres liegt nun die „Terminology of European Education and Training Policy" vor, erstellt von CEDEFOP, dem europäischen Institut für berufliche Bildung mit Sitz in Thessaloniki. Es ist eine erweiterte und aktualisierte Fassung der Begriffssammlungen, die von CEDEFOP in 2004 und 2008 veröffentlicht wurden. Sie ist im Internet verfügbar unter www.cedefop.europa.eu/EN/Files/4117_en.pdf. Es lohnt sich, einen Blick darauf zu werfen, vor allem aus zwei Gründen:

Zum einen kann es wichtig sein, die Definition der Begriffe und ihre jeweilige Übersetzung zu überprüfen, vor allem mit Bezug auf das Englische, die heutige Bezugssprache in den meisten wissenschaftlichen Disziplinen (entlang der englischen Begriffe ist das Glossar auch alphabetisch aufgebaut). Begriffe wie „competence", „skills" und „qualifications" sind definiert und übersetzt, wenn auch „nur" in die Sprachen Deutsch, Französisch, Italienisch, Polnisch, Spanisch und Portugiesisch – Deutsch als meistgesprochene, Italienisch als „große" Muttersprache in Europa, Polnisch als slawische „Leitsprache" in der Europäischen Union und Französisch, Spanisch und Portugiesisch auch wegen ihrer über Europa hinausreichenden internationalen Relevanz.

Zum anderen ist es von größtem Interesse, welchen Begriffen in dieser neuen Ausgabe ein wichtiger Stellenwert zugewiesen wird, gerade auch verglichen mit den früheren Terminologien. So werden mit dem Begriff „skills" andere Begriffe wie „gap", „needs" und „shortage" (Lücken, Bedarf und Mangel) kombiniert, Begriffe wie „underqualification" werden säuberlich abgegrenzt gegenüber „undereducation" und „underskilling", Begriffe wie „green skills" („grüne Kompetenzen") tauchen erstmals auf. Der Bereich der Weiterbildung, das zeigt die Terminologie, ist in steter – und rascher – Entwicklung.

Eine besonders differenzierte Entwicklung hat das begriffliche Spektrum rund um all dasjenige Lernen genommen, das nicht „schulmäßig" mit Prüfungen und Zeugnissen festgehalten wird. So sind die Begriffe „accreditation", „recognition", „certification", „validation" und „valorisation" fein säuberlich aufgeführt und erläutert. Sie beziehen sich vor allem auf die „learning outcomes", also die Lernergebnisse, wie sie in den Qualifikationsrahmen klassifiziert werden, aber in gleichem Maße auch auf die Ergebnisse des „prior learning" und „experiential learning" (früher: APEL), die eher dem Bereich des informellen Lernens zuzuordnen sind. Auch die Begriffe, die mit Information und Beratung (insbesondere Karriereberatung) verbunden sind, finden in dieser Terminologie eine besondere und verstärkte Beachtung.

Interessant ist, dass die Karriere solcher Begriffe in allen Bildungskontexten stattfindet, wenn auch in anderen Sprachen. Das bedeutet, dass es sich um eine Entwicklung in der Sache handelt, die in allen europäischen Ländern mehr oder weniger deutlich stattfindet. Bemerkbar sind aber auch die Nuancen, die bezogen auf die gleiche Entwicklung in den unterschiedlichen Ländern bestehen. So wird etwa im englischen Kontext stärker von „guidance" gesprochen, während in den südeuropäischen Ländern die „information" eine größere Rolle spielt. Auch im deutschen Kontext ist der Begriff der „guidance" eher verpönt.

Natürlich sind solche Terminologien außerordentlich schwierig, in ihnen steckt eine ungeheure Menge an detaillierter Arbeit. Die Danksagungen (eine englische Tradition, an den Beginn einer Publikation „acknowledgements" zu stellen) machen deutlich, wie sehr die intensive und konstruktive Mitarbeit von sachkundigen Muttersprachlern nötig ist, um ein solches Werk zu erstellen. Und schon allein der Vergleich der Definitionen in den unterschiedlichen Sprachen macht deutlich, wie komplex die Übertragung von präzisen Begriffen von einer Sprache in eine andere und deren kulturellen und sozialen Kontext ist.

Einige Mängel entstehen durch genau diese Barrieren. So sind gerade im Bereich von Kompetenzen, Skills und Qualifikationen Erklärungen nötig, die einen Transfer in pädagogische Konzepte der unterschiedlichen Länder ermöglichen. Hier wird in der englischen Definition auf den Begriff der „ability" zurückgegriffen, der aber nicht gesondert definiert wird. So schleicht sich – als „Fähigkeit" – wieder ein gehöriges Maß an Unklarheit in die Terminologie ein.

Auch ist deutlich, dass die Terminologie aus einem beruflichen Kontext kommt, wenngleich sie den Anspruch erhebt, für berufliche und allgemeine Bildung gleichermaßen gültig zu sein (wobei die ausgewählten 130 Begriffe von vornherein eine Beschränkung darstellen). Die definierten und übersetzten Begriffe sind überwiegend berufsbezogen und differenzieren die Rolle von Bildung für berufliche Tätigkeiten in besonderem Maße. Erstaunlich ist, dass „Erwachsenenbildung" wieder wie ein Oberbegriff für alles Lernen Erwachsener im lebenslangen Lernen vorkommt, während „Weiterbildung" nur in der Verbindung mit „Fortbildung" erscheint („continuous education and training") und enger, stark beruflich, definiert ist. Auch fällt auf, dass der Begriff der „education" wieder stärker betont wird – vor zehn Jahren hatte „adult learning" gegenüber „adult education" den Vorzug.

## Forschung und Lehre in Europa (2014)

Seit den Maastrichter Verträgen (1993) – das nur zur Erinnerung – steht Erwachsenenbildung, ob allgemein oder beruflich, auf der politischen Agenda der Europäischen Union. Dabei wurde sie mehr und mehr synonym gesetzt mit dem lebenslangen Lernen – einerseits richtig, weil sie die längste Spanne des Lebens umfasst, andererseits problematisch, weil dadurch ihre Spezifika in Gefahr sind, aus dem Blick zu geraten.

Über Stationen wie das Jahr des lebenslangen Lernens (1996), das Memorandum zum Lebenslangen Lernen (2000), die Botschaft „Es ist immer eine gute Zeit zu lernen" (2008) und eine Vielzahl von Projekten und Programmen (Grundtvig, Erasmus, Leonardo u.a.) ist die europäische Aktivität zur Erwachsenenbildung seitdem lebendig. Im Bereich von Forschung und Lehre hat gerade auch das Programm Erasmus dazu beigetragen. In mehreren Projekten wie TEACH und dem europäischen Masterstudium EMAE (European Master in Adult Education) wurden innovative, europaweite und konzeptionell starke Ausbildungsprogramme für Erwachsenenbildner an mehreren europäischen Projekten entwickelt und – im Falle von EMAE – umgesetzt.

Dabei zeigten sich auch Probleme. Ein erstes Problem ist die gemeinsame Sprache. Es geht dabei nicht nur um das Englische als die heute verbreitete und akzeptierte Verkehrssprache, sondern vor allem auch um das fachliche Englisch beziehungsweise das Englisch als Lehrsprache an den Hochschulen. Nicht nur viele Studierende haben eine Scheu davor, in einer anderen Sprache zu arbeiten und zu lernen, sondern vor allem auch die Lehrkräfte, auch an den Hochschulen. Dies hat sich mittlerweile gebessert, die Englischkompetenzen sind auch in der eher nationalsprachlichen Disziplin der Erziehungswissenschaften gewachsen.

Ein zweites Problem war und ist der Arbeitsmarktbezug. Trotz des Ausrufens eines europäischen Arbeitsmarktes ist gerade im Bildungsbereich die Realität noch weit davon entfernt. Und die Kernkompetenzen, die in einem europäisch orientierten Studium erworben werden, sind nur selten in einer entsprechenden regionalen Mobilität in Europa fruchtbar anzuwenden. Auch wird der Arbeitsmarktbezug des Studiums in den Ländern Europas ganz unterschiedlich interpretiert.

Ein drittes Problem sind die Grenzen der Harmonisierung von Studiengängen in Europa. Hier spielen nicht nur die Grenzen der Nationalstaaten eine Rolle, sondern auch die jeweiligen Identitäten der Hochschulen, die vielerorts gerade im inhaltlichen Bereich autonom sind. Dies, verbunden mit rechtlich-organisatorischen Fragen, wie den Vorlesungszeiten, den Anrechnungsverfahren, den vertraglichen Bezügen, erschweren einen gemeinsamen Studiengang, einen „Joint Degree", und sind auch in einem „Diploma Supplement" als dem Ergebnis eines „Joint Program" nur begrenzt umzusetzen.

Ein viertes Problem – oder besser: eine vierte Aufgabe – liegt darin, dass die Studiengänge zur Erwachsenenbildung diejenige Personengruppe weitgehend ausgrenzt, die in der Praxis den Großteil der Lehre trägt: die (meist akademisch gebildeten) Fachlehrkräfte, die pädagogisch tätig sind, ohne eine entsprechende Ausbildung zu haben. Hier geht es um den Zugang zum Studium, eine gerade für die Professionalisierung in der Erwachsenenbildung sensible und wichtige Frage.

Ein fünftes Problem schließlich ist die Begrenztheit, die in einem europäischen Masterprogramm liegt, wenn es um die Frage der wissenschaftlichen Weiterarbeit geht. Zahlreiche Absolventen des EMAE an Universitäten in Deutschland, Italien, Spanien und Rumänien, die sich wissenschaftlich weiterqualifizieren wollten, suchten vergeblich nach angemessenen Forschungs- und Promotionsmöglichkeiten mit europäischem Zuschnitt.

Vor einem Jahr hat die Europäische Union ein Projekt bewilligt, das eben diese Lücken schließt. ESRALE ist ein europäisches Projekt von Universitäten aus zehn europäischen Ländern, die ehemaligen EMAE-Länder eingeschlossen, in dem das gemeinsame Curriculum weiterentwickelt und ein Promotions- und Forschungsprogramm aufgebaut wird. Zu den vier genannten EMAE-Ländern sind Ungarn, die Niederlange, Irland, Litauen, Tschechien und Serbien hinzugekommen. Gemeinsam wird das europäische Curriculum revidiert und mit Blick auf den Arbeitsmarkt geschärft. Die Studierbarkeit wird verbessert, die Harmonisierung der Studiengänge – bei aller notwendigen Flexibilität – vorangetrieben. Dabei sind die unterschiedlichen Verfahren und Kriterien (und Zeitpunkte und -räume) der Akkreditierung an den einzelnen Hochschulen in Rechnung zu stellen.

Ein zweiter Schwerpunkt des Projekts ist der Zugang zum Studium über die Anerkennung vorhandener Kompetenzen, also die Praxiserfahrungen der Lehrkräfte insbesondere. Hier werden die möglichen Regelungen und Bedingungen aufgearbeitet und in Empfehlungen für die Gestaltung der Studiengänge umgesetzt. Das Studium der Erwachsenenbildung soll dadurch – europaweit – auch für diejenigen möglich und sinnvoll sein, die längst in der Erwachsenenbildung arbeiten.

Ein dritter Schwerpunkt ist der Aufbau einer Doktoranden-Schule, im erweiterten Sinne eines Forschungsnetzwerks (in enger Zusammenarbeit mit bereits bestehenden europäischen Netzwerken zur EB-Forschung wie ESREA). Unterschiedliche Formen von Doktoratsprogrammen werden in einem flexiblen gemeinsamen Programm verbunden, Dissertationen und Kleinforschungen entstehen im Verbund. Eine erste Sommerakademie fand im September 2014 in Brno (CZ) statt. In Zusammenarbeit mit Professoren aus fünf Ländern verständigten sich etwa 40 Studierende auf gemeinsame Forschungsvorhaben mit europäischer Dimension. Die Sommerakademien werden nachhaltig jährlich stattfinden (die nächste in Serbien) und werden mit den an der Universität Würzburg entwickelten „Winterakademien" verbunden.

Manchmal sind solche Projekte „vor der Zeit", ihre Realisierung leidet unter Bedingungen und Interessen, die einige Jahre später kein Hindernis mehr darstellen. Das ist in diesem Projekt vergleichsweise überschaubar, da die Erfahrungen des Vorgänger-Projekts EMAE (und entsprechende Curricula, Materialien und Studienjahre) vorliegen. Dennoch eine schwierige Aufgabe. Koordiniert wird sie von der Technischen Universität Kaiserslautern, deren Fernstudienzentrum über große Expertise gerade in Angebot und Entwicklung der Angebote verfügt, die das Studium überregional tragen.

Web-Link: www.esrale.org (Sommerakademie Brno/Winterakademie Würzburg)

## Titel, Titel, Titel! (2014)

Wer trägt nicht gerne einen „Dr." (Dr.in) oder „Dott." (Dott.essa) vor oder einen „PhD" hinter dem Namen? In Deutschland (und nicht nur dort) werden immer wieder hochgestellte Leute ertappt, sich diesen Titel erschwindelt oder erschlichen zu haben.

Nun, Titel und Diplome dienen offenbar nicht nur der Eitelkeit, sondern haben einen gewissen Nutzen. Für die Inhaber auf dem Arbeitsmarkt und im sozialen Ansehen, für die „beschäftigenden" Instanzen (Betriebe, Parlamente etc.) eine Kompetenzprognose (die nicht selten verkehrt ist), für die zertifizierenden Institutionen (wie Hochschulen etc.) Marktwert und Ruhm, wenn aus den Titelträgern etwas wird. Gesellschaftlich spielen die Titel und Diplome eine große Rolle bei der sozialen Differenzierung, der Ein- und Zuordnung sowie oft auch der Statuszuweisung. Immer noch, muss man sagen: Historisch hatten Titel und Diplome zunächst vor allem auch die Funktion, die „Bürgerlichen" mit persönlichen Verdiensten gegenüber den ererbten „Verdiensten" der Adeligen auszuzeichnen.

Zertifikate, Titel und Diplome sind nicht nur Bestandteile der nationalen Bildungskulturen, sondern auch der jeweiligen Regulierungen von Berufszugängen und Kompetenznachweisen. Sie haben meist eng mit Berufen zu tun und stiften darüber auch individuelle Identität. Aber: Sie unterscheiden sich je nach Geltungsbereich, Qualifikation, Zeugnischarakter, Prüfungsverfahren, Zugang und Berechtigungen stark. In den meisten Fällen ist die Anerkennung von Titeln, Diplomen und Zertifikaten weniger eine Frage der staatlichen Hoheit bei der Verleihung von Abschlüssen als eine Frage der Anerkennung und des Durchsetzens auf dem (Arbeits- und Bildungs-)Markt.

Die Europäische Union hat mit der Initiative des „EQF" (Europäischer Qualifikationsrahmen) hier einigen Wirbel erzeugt und sowohl Arbeit als auch politische Kämpfe initiiert. Zwar geht es offiziell nur um die „Transparenz" beim Vergleich von Abschlüssen und Zertifikaten in den einzelnen Ländern, doch selbstverständlich wird es zukünftig nicht gleichgültig sein, ob ein solches Dokument auf Niveau 4, 5 oder 6 des jeweiligen nationalen Qualifikationsrahmens angesiedelt ist. Die (in fast allen Ländern ausgetragenen) Kämpfe um die Zuordnung der allgemeinen schulischen Bildung, um die Gleichwertigkeit von allgemeiner und beruflicher Bildung und die Anerkennung von Weiterbildung (non-formalem und informellem Lernen) sind gute Beispiele für politische und ökonomische Relevanz des Bildungssektors schlechthin.

Man darf gespannt sein, wie sich am Ende (oder dann wieder am Anfang) die Titel, Diplome, Zertifikate und Nachweise zusammenfinden. Es ist ja nicht auszuschließen, dass wir einmal Visitenkarten drucken werden, auf denen nicht mehr ein Titel, sondern das Niveau des Qualifikationsrahmens ausgewiesen ist: Bernhard Müller, Niveau 8 DQR, hieße das dann zum Beispiel. Das ist transparent.

**Literatur**
Nuissl, E. & Käpplinger, B. (2004ff.). Zertifikate und Abschlüsse in der Weiterbildung. In P. Krug & E. Nuissl (Hrsg.), Praxishandbuch Weiterbildungsrecht. Köln

# Bildung und Raum (2015)

Man hat es fast vergessen, nachdem so vieles im alltäglichen Leben virtualisiert ist: Bildung findet im Raum statt; das kann der „virtuelle Raum" sein, viel häufiger und nachhaltiger aber ist dies der „physische Raum". Ihn kann man sich auch in konzentrischen Kreisen denken: Lernplatz und Zimmer sind der innerste Kreis, ihm folgen das Klassenzimmer (im sozialen Lernen), die Bildungsinstitution (das können auch Museum oder Theater oder Arbeitsplatz sein), die nähere Lernumwelt, wie Ort, Kommune, Stadt, und die weitere Lernumwelt, wie Region. Wenn man so will, ist in dieser bildlichen Vorstellung der globale, der virtuelle Raum der weiteste Ring um das herum, was das organisierte Lernen Erwachsener (und auch das von Kindern und Jugendlichen) ausmacht. Seit mehr als einer Dekade wird insbesondere der dritte Kreis, die Lernumwelt in Kommune und Region, mit dem Begriff der „Bildungslandschaft" belegt. Nicht einfach so, sondern dahinter steht ein pädagogisches Konzept. Wie in einer richtigen Landschaft sollen die einzelnen Elemente harmonisch zusammenwirken: Institutionen wie Schulen, Behörden, Betriebe, Museen, ausgestattet mit Angeboten von Curricula und Objekten, werden sinnvoll und vor allem zielgerichtet genutzt von Menschen, die zum Zwecke der Bildung zusammenwirken.

Die Konzepte von Bildungslandschaften basieren auf einem ganzheitlichen Bildungsverständnis; sie gehen davon aus, dass nicht nur in Bildungs- und Ausbildungseinrichtungen gelernt wird, sondern weit darüber hinaus im Familienleben, Freundeskreis und Alltag, bei Sport, Kultur und Freizeit. Folgerichtig spielt nicht nur das formale

Lernen eine Rolle, sondern auch alle Aktivitäten, die sich im Bereich non-formalen, informellen und akzidentiellen Lernens (des nicht intendierten Lernens) verorten lassen, sind dabei einbezogen.

Die Grundidee entspricht dem Bild: ein „ökologisches" Zusammenwirken zum Wohle der Bildung, etwa von Schulaufsicht und Jugendhilfe, von Bildungseinrichtungen und Betrieben, von Schulen und Museen und vielem anderen mehr. Es geht um Kooperationen von bildungsrelevanten Einrichtungen (welche Einrichtung ist das nicht?), um „Verbünde", um „Netzwerke", um Synergien zu erzeugen und den lernenden Jugendlichen und Erwachsenen optimale Bedingungen zu bieten.

Ein solches Zusammenwirken in Verbünden und Netzwerken lässt sich am ehesten in räumlicher Nähe herstellen. Hier sind die unterschiedlichsten Akteure versammelt, können direkt miteinander kommunizieren. Vor allem aber findet das Lernen von (vor allem jungen) Menschen nach wie vor hauptsächlich „vor Ort" statt; Kommunen und Regionen sind der Raum, in dem Verbünde und Netzwerke eine Bildungslandschaft generieren.

Schon das Europäische Memorandum zum Lebenslangen Lernen hat (2001) als eine der sechs Botschaften die räumliche Nähe von Lernangeboten betont; gegenwärtig erleben wir eine Intensivierung der Verbindung von Raum- und Bildungsfragen (auch in der Wissenschaft durch die Kooperation von Raum- und Bildungsforschung). Viele Projekte und Programme haben das Zusammenwirken von lernrelevanten Einrichtungen im Raum zum Thema und Ziel gehabt, das größte davon waren die „Lernenden Regionen" in Deutschland von 2001 bis 2008. Auch in der Schweiz existiert ein bemerkenswertes Programm zur Förderung von Bildungslandschaften, das von 2015 bis 2018 in die zweite Phase geht.

Im Grunde gibt es – bei aller Unterschiedlichkeit – zwei Hauptansätze von Bildungsverbünden und -netzwerken in der Kommune und Region: das typanaloge Netzwerk von Bildungseinrichtungen aller Art und das typdiverse Netzwerk von Bildungseinrichtungen mit anderen Institutionen aller Art. Im ersten Typ geht es hauptsächlich darum, den Lernenden individuelle Bildungsverläufe durch sinnvoll aufeinander bezogene und miteinander abgestimmte Bildungsangebote zu ermöglichen und die größtmögliche Barrierefreiheit sicherzustellen („Bildungsnetzwerk"), im zweiten Typ geht es darum, die Lern- und Bildungsprozesse mit den Lebens- und Arbeitskontexten der Menschen sinnvoll zu verbinden („Alltagsnetzwerk").

Wesentliche Ziele und Aktionsfelder des ersten Typs, des „Bildungsnetzwerks", sind eng an die konzeptionellen Linien des lebenslangen Lernens geknüpft, die von einem selbstgesteuerten und verantwortungsvollen Lernenden ausgehen. Informationen über Angebote gehören dazu, Bildungsberatung (Auswahl von Angeboten), Abstimmung im vertikalen Aufbau von Curricula, offene Übergangsverfahren, Lern- und Laufbahnberatung, motivierende und aufsuchende Maßnahmen für bestimmte Zielgruppen, nahe gelegene Lernortkooperationen. Vielfach verfolgen solche Bildungsnetzwerke aber auch weitergehende Ziele, die nur indirekt für die Lernenden sichtbar sind. Dazu gehören etwa die Zusammenarbeit bei der Fortbildung des Personals, gemeinsame Grundlage und Service wissenschaftlichen Wissens, eine gemeinsame Vertretung von bildungspolitischen Perspektiven in der Region und anderes mehr.

Wesentliche Ziele und Aktionsfelder des zweiten Typs, des „Alltagsnetzwerks", sind die Übergänge aus dem Bildungssystem in den Beruf und in Betriebe, die Umsetzung regionaler Qualifikationsbedarfe in regionale Bildungsmaßnahmen, die Zusammenarbeit mit Kultureinrichtungen, Betrieben, Behörden, Verbänden etc. vor Ort, die Motivierung zum Lernen und die Entstehung eines produktiven Systems einer „lernenden" Region.

Auch hier sind weitergehende Ansätze vorhanden, etwa eine gemeinsame Curriculum-Entwicklung unterschiedlicher Organisationen, gemeinsame Evaluationen, zielgerichtete Programme zu Bildung und Entwicklung, dialogische Kreisläufe und Verzahnungen, wie Wechsel von Bildung und Arbeit, Personenaustausch, Kompetenzaustausch.

In der neueren Diskussion wird neben der Bildung jedoch auch kritischer der Begriff des Raums in den Blick genommen, die Region, die Kommune, das Quartier. Bemängelt wird eine „unkritisch-harmonische Tradition" des Raumbegriffs, ein „banales" Raumverständnis, wonach der Raum oft wie ein zu füllender Behälter gesehen wird. Dem wird ein Raumbegriff gegenübergestellt, der Bildung dadurch ermöglicht, dass er sozial konstruiert wird als „ständig reproduziertes Gewebe sozialer Praktiken".

In der Tat „hinkt" hier die Metapher. Soziale und kulturell erzeugte Strukturen und Vorgänge sind keine Selbstläufer, vor allem stehen sie nicht per se in einem sinnvollen Zusammenhang. In der „Landschaft" kann man von einem organischen, gewachsenen Zusammenhang der einzelnen Teile ausgehen, in der „Bildungslandschaft" ist das erst herzustellen. Auch die beste Analyse und Synthese von Kooperationsmöglichkeiten und Netzwerken im sozialen Bereich kommt nicht an die gewachsene Kohärenz landschaftlicher Phänomene heran, es kann also nur eine Annäherung geben. Diese jedoch ist positiv zu bewerten, da sie zugleich ein generelles Ziel markiert: Bildung in einer nachhaltigen und sinnvollen Weise zu realisieren.

# Familienbildung (2015)

Familie! Welch' ein Konzept im Sinne von „Concetto", was ja auch Begriff heißt!

Jeder Mensch hat eine Familie, wie immer sie ist, hat dort Normen und Werte gelernt und die ersten Beziehungen aufgebaut. Dies gilt in allen Kulturen und zu allen

Zeiten. In der historischen Entwicklung des westlichen Europa vom Haus mit allem Inhalt, dominiert vom Mann, über die bürgerliche Kleinfamilie bis hin zum heutigen Patchwork. Familie, so Nave-Herz, reproduziert und sozialisiert, steht für Kooperation, Solidarität und Rollenverteilung und organisiert das Zusammenleben von Generationen unter einem Dach; Ehe bzw. Paarbeziehung sind für Nave-Herz kein wesentliches Element von Familie, die heutige Realität damit in gewisser Weise voraussagend. Auch die Blutsverwandtschaft ist keine notwendige Bedingung von Familie, obwohl ideologisch stark mit ihr verbunden.

Es ist wahr: Familie ist ein zentrales Element der Gesellschaft, sie bündelt soziale, ethische und kommunikative Aktivitäten der Menschen von der allerfrühesten Kindheit an. Und sie steht in einzigartiger Weise zwischen dem Privaten und dem Öffentlichen, nicht nur zwischen Individuen und Gesellschaft. Als soziales Gebilde ist sie privat, als gesellschaftliches Strukturelement ist sie öffentlich. Kein Wunder, dass sich neben dem Staat („Familienpolitik") vor allem auch gesellschaftliche Großorganisationen wie Kirchen und soziale Verbände in starkem Maße um die Familie kümmern. Insbesondere für die Kirchen ist die Normen und Werte vermittelnde Funktion der Familien außerordentlich wichtig, weniger ihre Funktion der ökonomischen Reproduktion. Letztere hat aber ohnehin in den vergangenen Jahrzehnten stark nachgelassen, zumindest in unseren mitteleuropäischen Gesellschaften, man kann das auch ablesen an den Geburtenraten, den hohen Scheidungsquoten und dem hohen Anteil von Frauen bei Scheidungsbegehren (vier Fünftel, vor 50 Jahren war das der Anteil der Männer).

Eigentlich seltsam, dass eine so wichtige Institution in der Bildungspolitik so lange nur eine Randbedeutung hatte, eher sozialpolitisch eingeordnet war – und ist. Eltern befinden sich weniger als z.B. Ehrenamtliche im Zielkorridor von Professionalisierungskonzepten, obwohl weit mehr Erwachsene Eltern als Ehrenamtliche sind und obwohl die Elternrolle, mit Verlaub, doch noch bedeutsamer ist als die der Ehrenamtlichkeit. Und Familien sind eher im Blickfeld von Therapeuten, Psychologen und Sozialarbeitern als von Erwachsenenbildnern.

Was könnten die Gründe dafür sein? Sind Familien zu komplizierte Gebilde, um Gegenstand und Kontext von Bildung zu sein? Wehren sich Familien gegen die Pädagogisierung eines letzten vom lebenslangen Lernen verschonten Bereichs? Scheuen sich Erwachsenenbildner davor, in einem Feld tätig zu werden, in dem therapeutische und beratende Elemente auch methodisch-didaktisch eine große Anforderung bedeuten? Oder ist es aus Sicht der Erwachsenenbildung egal, was sich letztlich in den Familien abspielt, weil rein pädagogisch betrachtet dort ja ohnehin nur Kinder und Jugendliche im Mittelpunkt stehen?

Wie auch immer: In Bezug auf Familien hat sich sozial, demografisch und pädagogisch viel geändert in den letzten Jahrzehnten. Familienbildung sollte gerade deshalb noch stärker in den Blick der Erwachsenen- und Weiterbildung genommen werden, denn es ist und bleibt die zentrale Aufgabe der Familie, soziale Werte und Normen zu pflegen und zu vermitteln, und nicht immer und überall sind die Menschen darauf vorbereitet. Hier hat die Erwachsenenbildung eine Aufgabe, sind doch die Kinder von heute die Erwachsenen von morgen. Was sie zum Beispiel über den Wert von Bildung im familiären Kontext lernen, ist die Grundlage für alles, was sich später etwa in Beteiligungsquoten an Weiterbildung spiegelt, ganz abgesehen von zentralen Werten wie Solidarität, Achtung und Akzeptanz gegenüber anderen Menschen.

## Assessment (2015)

Es ist kein neuer Begriff, aber er bekommt immer mehr Bedeutung: Assessment – ursprünglich bekannt geworden im Zusammenhang mit der amerikanischen Unternehmenskultur bei der Auswahl neuer Mitarbeiter und Mitarbeiterinnen. Zeugnisse und Qualifikationsnachweise wurden immer kritischer beäugt hinsichtlich ihres Realitätsgehalts und ihres Prognosewerts, entwickelt wurden daher Verfahren, die „tatsächlichen" Kompetenzen der Kandidatinnen und Kandidaten vor der Einstellung zu prüfen – Assessment eben. In teilweise mehrtägigen Settings hatten Bewerber (meist zusammen mit anderen Bewerbern) Aufgaben zu lösen und dabei ihre fachlichen, intellektuellen und sozialen Kompetenzen zu zeigen.

Nicht überraschend, dass ein solcher kompetenzorientierter Ansatz in das Blickfeld rückt, wenn es mehr um Kompetenzen als um Wissen geht und wenn Lernprozesse ergebnisorientiert, nicht inputorientiert bewertet werden. Und wenn, vor allem, informelles Lernen, Erfahrungslernen und „prior learning" in den Rang anerkannter Lernprozesse aufrücken. Nicht mehr die Zeugnisse sind heute in weiten Bereichen wichtig, sondern die erworbenen Fähigkeiten und Kompetenzen.

Diese Fähigkeiten und Kompetenzen genügen, wenn sie angemessen „assessed" werden und einschlägig sind, immer mehr auch als Eintrittskarte in weiterführende Bildungsgänge, etwa im Übergang von Schule zu Hochschule oder aus der Praxis in die akademische Aus- und Weiterbildung. Die Europäische Union hat diese notwendige Konsequenz aus dem Paradigmenwechsel vom Lehren zum Lernen schon vollzogen: Bis 2018 sollen alle Mitgliedstaaten ein kohärentes System der Anerkennung non-formaler (sofern nicht zertifiziert) und informeller Lernprozesse entwickelt haben und anwenden.

Assessment umfasst jedoch nicht nur die Verfahren zur Überprüfung von Kompetenzen jenseits von Zertifikaten und Zeugnissen. Es betrifft auch zunehmend entwickelte Verfahren, die Passung zwischen formalen Lernprozessen (etwa an der Universität) mit den entsprechenden Bedarfen auf dem Arbeitsmarkt oder direkt bei bestimmten

Betrieben abzuprüfen, schließt also Bedarfsanalysen mit ein. Assessment umfasst mehr und mehr auch das Feedback in Lehr-Lern-Prozessen: Die Vergabe von Noten (als summative Evaluationsergebnisse) wird zunehmend als zu formal, zu wenig aussagekräftig empfunden, sowohl seitens der Lehrenden als auch und vor allem seitens der Lernenden. Die bewertende Stellungnahme zu Leistungen der Lernenden, zu ihrem Lern-Outcome, ist ein wichtiges Bindeglied in der Weiterentwicklung von Kompetenzförderung und Kompetenzentwicklung.

Folgerichtig gewinnen die Verfahren, mit denen „assessed" werden kann, immer mehr an Bedeutung, werden immer differenzierter – und präziser. Je nach Kontext und Erkenntnisinteresse sind Assessmentverfahren eher formativ und prozessorientiert oder eher summativ und ergebnisorientiert, länger oder kürzer, während oder nach Bildungsprozessen. Je nach intendiertem Verwendungszweck müssen Assessments bestimmte Kriterien (wie Lernkategorien, Standards etc.) erfüllen und vorgegebenen Prinzipien (wie Transparenz, Validität) folgen. Differenzierte Bewertungen von Leistungen setzen auch differenzierte Verfahren voraus.

Ein Beispiel ist die Leistungsbewertung an der Universität: Es werden zwar noch Noten gegeben, sie sind aber durch differenzierte Verfahren und explizierte Erläuterungen unterfüttert. Dies wird von den Studierenden auch zunehmend erwartet, der Begründungsdruck auf Bewertungssysteme wächst. Schon ist die Rede von einer „Professionalisierung" der Feedback-Kultur im akademischen Lehrzusammenhang.

Ein anderes Beispiel sind die Zugangsprüfungen für Praktiker, die studieren wollen. Diese Prüfungen enthalten immer mehr Elemente von „Assessments", weniger Abfragen von Wissen als vielmehr Erkennung von Kompetenzen, etwa von Lern- und Handlungskompetenzen. Die Öffnung der Hochschulen für Praktiker zieht hier also neue Entwicklungen nach sich.

Es bleibt nicht aus, dass die Frage auftaucht, welche Kompetenzen erforderlich sind, um angemessen „assessen" zu können, und wie solche Kompetenzen erworben werden können. Die Rede ist von einer Professionalisierung des Assessments, sowohl im Entwickeln geeigneter Verfahren als auch in einer qualitativ nachgewiesenen Anwendung. Hier sind noch kaum Qualifizierungs- und Professionalisierungswege aufgezeigt oder gar entwickelt. Es handelt sich um ein Kompetenzfeld für Lehrende in der Weiterbildung, das – ähnlich wie die Beratung – in den nächsten Jahren auszubauen ist – und ausgebaut werden wird.

## Literatur

Nuissl, E. (2015). Kompetenz erfassen und messen – Feedback und Assessment als Prüfverfahren für Lernergebnisse. In K. Kraus & M. Weil (Hrsg.), Berufliche Bildung: Historisch, Aktuell, International. Detmold

# Kompetenzen messen (2015)

Es ist schon einige Zeit verstrichen, seit die Ergebnisse von PIAAC (Programme for the International Assessment of Adult Competencies) vorgelegt wurden: im Oktober 2013. An PIAAC, dem von der OECD initiierten internationalen Kompetenzvergleich Erwachsener, hatten 24 Staaten teilgenommen. Am besten schnitten die Erwachsenen in Japan und Finnland ab, das deutsche Ergebnis lag im Mittelfeld. Deutschland müsse „nachsitzen", waren die ersten Reaktionen. Aber dann, wenige Wochen später, war es wieder ruhig. Die Reaktion auf die PIAAC-Ergebnisse war nicht im Entferntesten vergleichbar mit derjenigen auf die Ergebnisse von PISA (Programme for International Study Assessment) zehn Jahre zuvor; damals entbrannte eine jahrelange Debatte über die notwendigen Reformen der Schule, um die deutschen Jugendlichen (untersucht wurden 15-Jährige hinsichtlich ihrer sprachlichen und mathematischen Kompetenzen) an den internationalen Stand heranzuführen.

Man mag darüber spekulieren, warum eine ernsthafte Debatte ausblieb. Wahrscheinlich, weil es schwer ist, verantwortliche Akteure im Bereich der Erwachsenenbildung auszumachen, und wohl auch, weil fehlende Kompetenzen im Erwachsenenalter individualisiert und nicht, wie bei Kindern und Jugendlichen, der Institution Schule (und den zuständigen Ministerien) angelastet werden: Die Erwachsenen sollen selbst sehen, dass sie ihre Kompetenzen im Lesen, in den Naturwissenschaften und im Problemlösen verbessern. Lebenslanges Lernen eben, der moralische Zeigefinger für die Erwachsenen, sich weiterzubilden.

Dabei ging es gar nicht so sehr um die Erwachsenenbildung – die japanischen Experten etwa führen ihr gutes Abschneiden auf die stringente Organisation ihrer Schulen zurück und auf eine Didaktik, von der man in Deutschland gar nicht mehr gerne hört: kognitiv lernen, lernen, lernen. Erwachsenenbildung könne allenfalls ausgleichen, was dort nicht gelungen ist. Dass sie davon gerade auch in Deutschland ziemlich weit entfernt ist, zeigen die begleitenden Ergebnisse: In kaum einem anderen Land ist „Bildung" so eng verbunden mit dem Elternhaus (dies zeigte auch schon PISA), und in kaum einem anderen Land versagt die Weiterbildung dabei, die Bildungskluft der Schule auszugleichen und zu kompensieren: Je besser gebildet, desto mehr Weiterbildung – dies gilt nach wie vor.

Aber, wenn nichts geschieht: Welchen Wert haben dann eigentlich die internationalen Vergleichsstudien? In den vergangenen 20 Jahren sind es ja immer mehr geworden: Für Kinder und Jugendliche gibt es nicht nur PISA, sondern auch TIMMS (Third International Mathematics and Science Study) und PIRLS (Progress in International Reading and Literacy Study, in der deutschen Abkürzung IGLU), welche mit unterschiedlichen methodischen Zuschnitten und bei unterschiedlichen Gruppen von Ländern Kompetenzdaten erheben. Für Erwachsene gab es lange vor PIAAC die IALS-Studie zur Lese- und Schreibfähigkeit Erwachsener mit deprimierenden Ergebnissen für Deutschland, die aber kaum zur Kenntnis genommen wurde, sowie ALL (Adult Literacy and Life skills) zu den Lese-, Schreib- sowie Lebenskompetenzen Erwachsener, auch diese fand nur geringe Resonanz in Deutschland.

Neuerdings (seit mehreren Jahren) ist auch die Erhebung zur Weiterbildungsbeteiligung international bzw. europäisch: Das deutsche dreijährige „Berichtssystem Weiterbildung" (BSW) wurde durch den europäischen AES (Adult Education Survey) abgelöst. PIAAC (und CILL mit Blick auf die Älteren über 65 Jahre) fand zwar, vor allem in der Fachöffentlichkeit, eine etwas größere Aufmerksamkeit, jedoch ohne weitere Folgen. Es scheint, als seien die erhobenen Daten – von PISA abgesehen – nur für „Insider", deren Möglichkeiten und Interessen, Handlungskonsequenzen zu ziehen, sehr überschaubar sind.

Die eigentliche Zielgruppe dieser internationalen Vergleichsstudien sind die Verantwortlichen in der (Bildungs-)Politik. Sie entscheiden darüber, ob sich das Land an solchen Vorhaben beteiligt oder nicht – eigentlich müssten in dieser Entscheidung bereits Pläne für die Umsetzung von Ergebnissen enthalten sein. Gerade die „replikativen Zeitwandelstudien" (immer wiederkehrende Bestandserhebungen auf gleicher methodischer Basis mit unterschiedlichen Probanden) ergeben Kenntnisse, die für die Steuerung von Feldern der Bildung und Kompetenzen wichtig sind oder sein können. Stellt man etwa fest, dass sich das Lese- und Schreibvermögen der erwachsenen Bevölkerung in den vergangenen zehn Jahren deutlich verschlechtert hat (Zeitvergleich) und deutlich unter dem Niveau vergleichbarer Staaten liegt (Komparation), wären Analysen der Gründe dafür sowie Konzepte zur Lösung angesagt. Prospektive und evidenzbasierte Bildungspolitik, mit einem Wort. Evidenzorientierte Bildungsforschung ohne politische Handlungsdimension läuft in die Leere, sie bringt gegenüber etwa qualitativen Analysen keinerlei Vorteil.

Ein anderes sind längsschnittliche Untersuchungen, welche die gleiche Personengruppe im Verlauf ihres Lebens mehrfach befragen, mit einem methodischen Design, das Veränderungen und deren Gründe erfasst. Eine solche längsschnittliche Untersuchung läuft seit einigen Jahren im NEPS (National Educational Panel Study) in Bamberg, seit Kurzem auch Mitglied in der Leibniz-Gemeinschaft (WGL). Im NEPS werden fünf Kompetenzfelder erhoben: Kompetenzentwicklung im Lebenslauf, Bildungsprozesse in Lernumwelten, soziale Ungleichheit und Bildungsentscheidungen, Bildungsprozesse bei Migrationshintergrund sowie Renditen von Bildung. Diese fünf Felder werden – in Form einer Matrix – in acht Lebensalterphasen erhoben.

Die Erwachsenen werden zu sprachlichen, mathematischen und naturwissenschaftlichen Fähigkeiten sowie zu informations- und kommunikationsbasierten Problemlösekompetenzen befragt. Hinzu kommen Daten zu Metakognition und sozialen Kompetenzen sowie zu Merkmalen der Persönlichkeit und ihren Motivationen.

An NEPS ist zu sehen, was interessanter und aufschlussreicher für Bildungsstand, vor allem aber Bildungsverhalten und Bildungsbedingungen ist. NEPS ist – leider –

(noch) keine internationale Vergleichsstudie, hat aber Anschlüsse an einige Ergebnisse der entsprechenden Large-Scale-Untersuchungen. Für die Wissenschaft zumindest liefert diese Längsschnittstudie wertvolle Daten.

## Komparative Zugänge (2015)

Nicht erst seit den Large-Scale-Untersuchungen der vergangenen 20 Jahre (wie IALS, PISA und PIAAC) wird die Erwachsenen- und Weiterbildung in unterschiedlichen Ländern verglichen. Bereits in den 1920er Jahren entstand eine internationale Organisation für vergleichende Wissenschaft in der Erwachsenenbildung, damals noch stark von deutscher Seite beeinflusst. Da stellt sich natürlich die Frage: Was ist eigentlich der Sinn dieses international vergleichenden (oder fachwissenschaftlich: komparativen) Zugangs? Die Antwort darauf ist vielschichtig.

Eine erste mögliche Antwort ist: Vergleiche, insbesondere im Bildungsbereich und dort insbesondere in der Erwachsenenbildung, ergeben kaum Sinn. Es gibt diese Position, sie findet sich in großen Ländern und Kulturkreisen häufiger als in kleineren und stützt sich vor allem auf die enge Einbindung von Bildung und Erwachsenenbildung in den jeweiligen sozialen Kontext sowie die starke Abhängigkeit aller Bildung von Sprache. Unterschiedliche Sprachen erschweren in der Tat einen Vergleich. Allerdings wird diese Position immer seltener, die Welt rückt enger zusammen, Bildungsaufgaben und -probleme werden immer ähnlicher.

Eine zweite Antwort liegt in dem Nutzen des Vergleichs für die Bildungsarbeit selbst. Die *best practice* oder *good practice* kann als Modell, als Erfahrungsraum, als Bezugs- und Impulspunkt dienen. Nur selten ist es möglich, Bildungspraxis von einem Kontext in einen anderen ohne Veränderungen zu transferieren; *best practice* in Bildung verdient dieses Prädikat also immer nur im Kontext. Aber es sind Adaptionen möglich, Übertragungen, mit denen gute Modelle angepasst und entwickelt werden können. Vielfach ist jedoch festzustellen, dass die Möglichkeiten solcher Übertragungen weniger als möglich genutzt werden – hauptsächlich aufgrund von Sprachbarrieren.

Eine dritte Antwort verweist auf die wissenschaftlichen Auswertungen solcher Vergleiche. Auf komparativem Weg lässt sich oft rascher analysieren, wo die Stärken und Schwächen des einen Systems oder Angebots gegenüber einem anderen liegen. Letztlich basiert dies auf ähnlichen Grundlagen wie die persönliche Identitätsbildung: Über das Erkennen des Anderen lernt man sich selbst kennen, besser kennen. In der wissenschaftlichen Analyse erfolgt eine solche vergleichende Analyse mit Hilfe des „tertium comparationis", also des Bezugspunktes, auf den hin man untersucht. Gerade im Bereich von Systemstrukturen und -verfahren haben solche Analysen schon viele nützliche Ergebnisse erbracht (etwa in der Folge von PISA).

Eine vierte Antwort thematisiert die politische Dimension, die sich heutzutage insbesondere in Quantitäten und in „Benchmarks" manifestiert. Vergleiche ergeben für politische Entscheidungen wertvolle Hinweise zur Effizienz und Effektivität des politischen Handelns im Bildungsbereich sowie zur Lösung von Problemen. Im Zuge des zunehmenden globalen Wettbewerbs sind Benchmarks wichtige Größen zur Einordnung der eigenen Leistungsfähigkeit und zur Identifikation von Handlungsnotwendigkeiten.

Alle drei positiven Antworten haben sich jedoch mit den Schwierigkeiten zu befassen, die in einem vergleichenden Zugang liegen. Diese Schwierigkeiten sind offensichtlich, wenn auch nicht immer hinlänglich bekannt. Und sie sind Teil der komparativen Untersuchungen vor allem auch im Bildungsbereich seit deren Beginn, der gewöhnlich mit dem Werk von Marc-Antoine Jullien de Paris von 1817 mit dem Titel „Abriss der Vergleichenden Erziehungswissenschaft" angesetzt wird; er wollte das Bildungswesen in Frankreich verbessern und entdeckte über das Sammeln, Systematisieren und Vergleichen von Daten Muster und Funktionsprinzipien von Methodik und Didaktik wie auch von Bildungssystemen.

Die größten Schwierigkeiten liegen in den wissenschaftlichen Methoden. Es ist kein Zufall, dass der methodische „Vorlauf" gerade bei vergleichenden Untersuchungen außerordentlich aufwendig ist und die entsprechende Darstellung im Ergebnisbericht oft mehr Raum einnimmt als die Präsentation der Ergebnisse. Kriterien und Kategorien, Messwerte und Messverfahren, Samplebildungen und Auswertungen sind immer wieder neu zu definieren und zu begründen. Das Hauptproblem ist jedoch hinter den methodisch-instrumentellen Fragen der Ausgangspunkt – ein Aspekt, der insbesondere auch in der Ethnologie bedeutend ist. Dieser Ausgangspunkt definiert nicht nur Interesse, Selektion und Methode, sondern auch die Bewertung des vergleichend Ermittelten. Dadurch kann ein gefährlicher Zirkelschluss entstehen.

Aber auch die Probleme der Akzeptanz und der Finanzierung sind unübersehbar. International vergleichende Studien sind ungleich teurer als innerkulturelle Untersuchungen, und sie bedürfen eines größeren Aufwands an Begründung und Legitimation.

Auch liegen – bei Lösung aller Probleme in diesen Bereichen – die Schwierigkeiten in den Konsequenzen, die aus den Ergebnissen von Vergleichen gezogen werden. Vor allem im politischen Bereich spielen hier teilweise unkalkulierbare Faktoren eine Rolle. Es ist etwa kaum erklärlich, warum die Ergebnisse der IALS-Studie vor etwa 20 Jahren kaum zur Kenntnis genommen wurden, obwohl sie für Deutschland ähnlich dramatische Ergebnisse aufzeigt wie die einige Jahre später wie ein Weltuntergang diskutierte PISA-Studie. Dabei geht es nicht nur um die Intensität der Debatte, sondern auch um das Verständnis der Ergebnisse des Vergleichs; bei PISA etwa wurden immer wieder vorschnell Konsequenzen hinsichtlich Schulformen gezogen, obwohl die Untersuchung selbst nur die Kompetenzen feststellt und sich zu deren Ursachen sehr zurückhält.

Schließlich liegt ein Problem des Vergleichs in der Bewegung zur Vereinheitlichung, die entweder Voraussetzung oder Folge ist. Vergleichbare Abschlüsse, etwa im Hochschulbereich (Bologna-Prozess) oder Zuordnung von Abschlüssen in die Qualifikationsrahmen (EQF, DQR), werden durch zunehmende Gleichförmigkeit erreicht. Die Konsequenzen, die sich aus dieser Dimension der Komparatistik ergeben, sind aktuell sichtbar, aber letztlich noch gar nicht abzusehen.

## Nachholen, Validieren, Anerkennen (2015)

Ein Papier, das den Abschluss von Lernen bescheinigt: Wie wichtig ist es im Leben! Als Zugang zu weiteren Schritten im Bildungssystem, als Berechtigung zur Ausübung von Tätigkeiten, als Eintrittskarte in den Arbeitsmarkt und – nicht zuletzt – als persönlicher Erfolg und Identitätsfaktor. Wie immer es heißt – etwa Zertifikat, Diplom, Zeugnis –, es erfüllt diese Funktionen, mal mehr die eine, mal mehr die andere.

Hat man kein solches Papier, stößt man auf Hindernisse. Das Nachweissystem ist in unserer Gesellschaft trotz der aktuell dominanten Kompetenzdebatte („es kommt nicht darauf an, welche Bescheinigung man hat, sondern was man kann") nach wie vor existent. Aber es gibt Erfreuliches zu vermelden: Sowohl in der Bildungspolitik als auch in der Bildungspraxis hat sich viel getan.

Das Nachholen von Schulabschlüssen im Erwachsenenalter („Zweiter Bildungsweg") ist eine seit langem verbreitete Praxis. Es hat sich bewährt, auch wenn sozial deutliche Verschiebungen (etwa beim Hauptschulabschluss) zu erkennen sind, die zu didaktisch-methodischen Konsequenzen führten. Zwei neue Wege gehen aber darüber hinaus: das Öffnen von Zugängen im Bildungssystem ist der eine, z.B. ein Hochschulstudium ohne Abitur, auf der Grundlage von Berufspraxis und einer Eignungsprüfung. Die Validierung von nicht-zertifizierten Kompetenzen ist der andere, z.B. die Erfassung der Fähigkeiten, die in einer 20-jährigen Familienphase gewonnen werden.

Die dadurch entstandene größere Offenheit und Flexibilität im Bildungssystem ermöglicht es den Menschen in weit größerem Maße, individuelle Lernwege einzuschlagen und Versäumnisse auszugleichen. Das Bemühen, auch non-formales und informelles Lernen anhand der Qualifikationsrahmen zu erfassen und abzubilden, ist hier von großem Wert. Auch die Ansage, bis 2018 in der EU kohärente nationale Kompetenzvalidierungsverfahren zu validieren, ist ein großer Schritt vorwärts. Und eine breite Anerkennung auch ausländischer Kompetenzen ist über den Bologna-

Prozess (Vergleichbarkeit akademischer Ausbildungen) und die Qualifikationsrahmen vorbereitet.

Dennoch: es gibt noch viel zu tun, den Gedanken der Offenheit und Kompetenzorientierung im Bildungsbereich zu implementieren. Und es gibt noch mehr zu tun, wenn es um die Validität und Akzeptanz dieser Grundsätze auf dem Arbeitsmarkt geht. Auch wenn die Wende hin zu Kompetenzen statt Zertifikaten letztlich auf Anforderungen des Arbeitsmarktes beruht: Die Beschäftigung von Menschen ohne traditionellen „Nachweis" ist nach wie vor nicht die Regel.

## Lernen in der Stille (2015)

Was lernt man, wenn es still ist? Keine (störenden, untermalenden) Geräusche, aber auch keine belehrenden Worte sind da. Es ist wie der Verlust eines Sinnesorgans. Gehörlose erklären, dass man den sozialen Kontakt zu den Menschen verliert, zur Umgebung insgesamt, wenn man nichts hört. Aber das Sinnesorgan existiert noch, es meldet nur nichts. Das ist verwirrend, befremdlich, außergewöhnlich, beängstigend. Es ist ungewohnt.

Genau dies ist das Erste, was man durch die Stille lernt, was man in der Stille lernt: das Ungewohnte. Wir sind von Geräuschen zugemüllt, teils durch all das, was um uns herum ohnehin laut ist, teils zudem noch absichtlich: Kein Shopping-Center ohne Musik (da verkauft sich die Ware besser), selbst in Zahnarztpraxen und Saunen hat sich die Musikberieselung eingeschlichen. Damit es nicht auffällt, heißt sie dort „Chilling out". Was für ein Irrtum! Es ist nichts anderes als die Verlängerung der allgegenwärtigen Geräuschkulisse. Immerhin: Man ist sich seines Gehörs gewiss.

Stille ist anders. Sie ist still.

Sie ist der Zwischenraum der Geräusche. Nein. Die Stille ist der Urzustand. Es sind die Geräusche, die den Zwischenraum füllen. In der Stille zu sein heißt, sich besinnen zu können auf das Grundsätzliche, sich im Eigentlichen zu befinden. Die Möglichkeit zu haben, über sich – oder eine Sache – in Ruhe nachzudenken, Dinge zu beobachten, Gedanken weiterzuspinnen, zu sich selbst zu finden. In der Stille kann man zur Ruhe kommen, ohne (wie das Wort ursprünglich sagt) „stillgestellt" zu sein.

Es gibt auch explizit Orte der Stille; der „Weltraum", das Kloster, der See. Oder intentionale „Räume der Stille" wie in St. Peterzell, Boncourt, Liestal, Zürich und Wilderswil. Stille Umgebungen, in denen nur der Mensch die (wenigen) Geräusche erzeugt. Es gibt Gegenstände der Stille, die man nach der Rechtschreibreform auch rasch als solche erkennt, wie etwa das „Stillleben". Oder Zeiten der Stille wie die Stille Nacht, die zugleich auch die Heilige Nacht ist. Oder analytische Methoden wie die „stille Beobachtung". Oder die Kunst der Stille, die Pantomime und die Musik der Stille (Cage).

Immer sind stille Orte Oasen der Ruhe, der Besinnung, des Rückzugs. Sie ermöglichen die Flucht vor der alltäglichen hektischen lauten Umtriebigkeit, weil das Fehlen von Geräuschen Dinge fern und unwirklich macht. Und jeden Menschen unweigerlich auf sich selbst zurückwirft. Auf sich, seine Gedanken, Wünsche und Hoffnungen, aber auch auf seine Zweifel und Ängste. Und nur in und an solchen stillen Orten kann man selbst still werden, still sein.

In Lehr-Lern-Prozessen ist Stille ein didaktisches Instrument. Sie nimmt Bewegung aus dem Geschehen und vertieft die Kommunikation, weil sie diese erkennbar macht. Sie zwingt zur Reflexion, auch wenn sie – vielleicht deshalb – vielen Lernenden Angst macht. Oft wird sie – naheliegender Weise – mit Einzelarbeit verbunden. Und in vielen Lernarrangements angewandt, auch wenn diese nicht explizit der Meditation, der Entspannung oder einer Yoga-Übung dienen.

Stille auszuhalten ist nicht immer einfach, vor allem nicht für umtriebige Menschen. Sie leiden eher unter der Stille. Es ist aber nicht nur eine Frage der Mentalität, wie Menschen mit Stille umgehen. Auch die Funktion kann wichtig sein (oder das, was man dafür hält): Ein europäischer Redner leidet, wenn er 30 Sekunden lang nicht weiter weiß, während seine Zuhörer die halbe Minute dankbar zum eigenen Nach- und Weiterdenken nutzen – die chinesischen Redner legen gerne solche Pausen ein.

Didaktisch gesehen ist das Innehalten in der Stille ein wesentlicher Teil des Lernens. Bei seinen Gedanken sein, nicht abgelenkt sein. Dabei wachsen Ideen, vertiefen sich Einsichten.

Jedoch: Der Mensch ist ein soziales Wesen. Die Balance ist wichtig, Stille darf nicht zur Totenstille werden. Der Raum, den Stille bietet, muss angemessen mit Inhalten gefüllt werden. Aber, und das gilt vor allem im Bereich von Lernen und Lehren: Die Stille ist das Allgemeine, das Geräusch das Besondere. Wenn es von Wert sein soll, dann muss es sinnvoll sein – für die Lernenden, für den Fortgang der Gedanken.

# Evidenzorientierte Bildungspolitik (2015)

Seit weit mehr als einem Jahrzehnt wird in den europäischen Staaten, vor allem auch in Deutschland, von „evidenzorientierter" Bildungspolitik gesprochen. Das klingt irgendwie vernünftig: Bildungspolitische Entscheidungen basieren auf „Evidenzen", also alltagssprachlich: auf belegten Sachverhalten, wissenschaftlich: auf empirischen Erkenntnissen.

Wollen wir einmal die Frage ausklammern, warum man so ein heute eigentlich selbstverständliches Prinzip überhaupt betonen muss (wie sieht denn eine Bildungspolitik aus, die nicht auf empirisch belegten Sachverhalten beruht?), und danach fragen, was denn im engeren Sinne mit „Evidenz" gemeint ist. Dazu müssen wir hinein in die Geheimnisse der Empirie in den Bildungswissenschaften und dem, was sie an „offenkundigen Sachverhalten" beisteuern.

Empirische Bildungswissenschaften liefern Daten zum Bildungssystem, also kurz gesagt: Daten, die verlässlich sind und auf die man sich bei Entscheidungen stützen kann. Daten zu Klassengrößen, Examina, Übergängen, Abschlüssen, Lehrpersonen, Bildungseinrichtungen, Abbrecherquoten, Curricula und vielem anderen mehr. Manches betrifft Strukturen und Einrichtungen, manches aber auch didaktische Fragen.

Und das ist schon nötig, denn es gibt unzählige Fehler, die man gerade bei politischen Entscheidungen in didaktischen Fragen machen kann. Und die auch entsprechend diskutiert werden: Erinnern wir uns an die Mengenlehre, die nach grandioser Einführung wieder halb zurückgenommen wurde, oder an die Rechtschreibreform, vielfach um- und zurückgedreht. Oder an die Einführung der Sprachlabors vor vierzig Jahren, das Nonplusultra des Erlernens von Fremdsprachen – wenige Jahre später waren alle kostspielig eingerichteten Labors wieder abgebaut. Vielleicht sogar hinsichtlich des Bologna-Prozesses, der ohne Modellversuch und ohne Evaluationen implementiert wurde.

Wir können aber sehen: Den Versuch, bildungspolitische Entscheidungen auf empirischen Grundlagen zu treffen, gibt es schon lange, in der Bundesrepublik Deutschland spätestens seit Mitte der 1960er Jahre, als das Wort von der „Bildungskatastrophe" (Picht) Schule machte. Damals stellte man fest, dass einfachste Daten zum Bildungssystem fehlten: etwa die Zahlen der Übergänge zwischen den Schultypen, der Abschlüsse in Schule und Hochschule, der Sozialstruktur, der nat.-math. Ausbildung, der Finanzierung und viele andere. Es wurden Institutionen gegründet und finanziert, die Licht in dieses Dunkel bringen sollten: Das Hochschul-Informations-System (HIS), das Institut für die Pädagogik der Naturwissenschaften (IPN) oder die Arbeitsgruppe für empirische Bildungsforschung (AfeB) – HIS in Hannover und IPN in Kiel existieren noch heute.

Damals war der Anlass für die Suche nach empirischen Daten der „Sputnik-Schock" – die russischen Kommunisten waren in der Weltraumforschung weiter als der kapitalistische Westen, wie konnte das geschehen? Es ging also um den internationalen Vergleich. Da liegt letztlich auch heute die Ursache für die Erhebung empirischer Daten im Bildungsbereich: die Vergleichsdaten aus anderen Ländern. Der Routinebericht der OECD „Education at a Glance" ist immer wieder Gegenstand intensiver Beratungen und weiterer Studien. Internationale Large-Scale-Studien wie „PISA" haben zu langen nationalen bildungspolitischen Debatten geführt. Die internationalen „Benchmarks" haben mehr und mehr Einfluss auf nationale Politiken.

Die Daten, die Evidenzen aufdecken, sollen im politischen Interesse immer quantitativ sein. Quantitäten haben den Vorteil, nicht nur Sachverhalte zu enthüllen, sondern auch die dazugehörigen Größenordnungen und in mancher Hinsicht Relevanzen deutlich zu machen. Allerdings hängt ihre Qualität immer davon ab, ob genug und richtige Indikatoren zugrunde liegen und ob sie überprüf- und messbar sind und dem heutigen „goldenen Standard" der Evidenzforschung entsprechen. Und ob Design und Realisierung der Erhebung fehlerfrei erfolgen.

Mittlerweile hat die Bildungspolitik aus ihrem Bedarf an empirisch basierten Daten eine erste Konsequenz gezogen: Sie finanziert vorrangig groß angelegte empirische Erhebungen, von denen erhofft wird, solche belastbaren evidenten Daten zu erzeugen. Damit hat sich bereits heute eine ganze Disziplin – die Erziehungswissenschaft – deutlich verändert. Es werden viele solcher Daten generiert. Beispiele in Deutschland sind etwa die leo.-Studie (zur Literalität von Erwachsenen) oder das NEPS (Bildungspanel in Bamberg) oder der zweijährige Bildungsbericht und viele andere mehr. Hinzu kommen die Beteiligungen an internationalen Studien und deren Fortschreibungen wie PISA und PIAAC.

So kann man zwar sagen, dass die Bildungspolitik über mehr und mehr Evidenzdaten verfügt, dass dies aber noch keineswegs bedeutet, dass die Bildungspolitik evidenzbasiert ist oder auf der Basis von Evidenzen immer eine entsprechende bildungspolitische Maßnahme folgt. Drei Beispiele:

1. Den Vorläufer von PISA, die Studie IALS, in der für Deutschland ebenso verheerende Ergebnisse enthalten sind wie in PISA, hat die Bildungspolitik praktisch nicht zur Kenntnis genommen; und von PISA wurden Konsequenzen abgeleitet, die gar nicht durch die PISA-Daten gedeckt sind, etwa hinsichtlich des Schulsystems und der Schulorganisation.
2. Die PIAAC-Studie zur Kompetenz von Erwachsenen hatte keine sonderlich guten Erkenntnisse für Deutschland, zu bildungspolitischen Konsequenzen führte das nicht. Hier fühlt sich auch kaum jemand richtig verantwortlich und in der Pflicht.
3. Mit dem „Bologna-Prozess" wurde das gesamte deutsche Hochschulsystem auf ein anglo-amerikanisches System umgerüstet, ohne dass evidente Daten das als erforderlich oder sinnvoll nahegelegt hätten (ausschlaggebend war die Kompatibilität des Arbeitsmarktes).

Es lassen sich noch wesentlich mehr Beispiele anfügen. „Evidenzbasierte Bildungspolitik" heißt eben nicht, dass Bildungspolitik evidenzbasiert ist, sondern es heißt, dass mehr und mehr entsprechende Daten vorliegen und Bildungspolitik initiieren oder begründen könnten – wenn es denn politisch opportun ist.

# Migration und Weiterbildung (2015)

Deutschland und Europa ächzen unter der Flüchtlingswelle, die vielleicht auch eine Migrantenwelle ist – noch ist nicht absehbar, wie viele der Asylsuchenden bleiben oder zu besseren Zeiten wieder in ihre Heimat zurückkehren wollen. Die Flüchtlinge zu Zeiten der Balkankriege sind großenteils wieder in ihre Heimatländer zurückgekehrt. Aber wie auch immer: In Deutschland sind in den vergangenen Monaten fast zwei Millionen Menschen angekommen, die – befristet oder unbefristet – zunächst einmal in Deutschland Zuflucht suchen.

Viele öffentliche und private Instanzen – Rathäuser, Betriebe, Sportvereine, Kindergärten etc. – sind intensiv damit beschäftigt, sich auf die Flüchtlinge, Asylanten oder Migranten einzustellen. Dies gilt gleichermaßen für Kapazitäten und Konzepte, für Organisationsstrukturen und Abläufe. Vielfach wird gar nicht bewusst, dass mit der Gesamtzahl von über einer Million Flüchtlingen eine ebenso große Zahl von Menschen gemeint ist, die physisch, sozial und kommunikativ vor Ort präsent sind. Bereits die Aufnahme von 50 Migranten bedeutet für einen kleineren Ort und seine Institutionen eine Herausforderung in vielerlei Hinsicht.

Das gilt auch für die Bildungseinrichtungen – und für sie in besonderem Maße. Es ist offensichtlich, dass sich unter den Migranten viele Kinder befinden, in unterschiedlichen Altersstufen. Sie müssen in Kindergärten und Schulen integriert werden, die deutsche Sprache lernen, um selbstständig zurechtzukommen, kulturelle Aspekte wie Umgangsregeln und Geschichte verstehen, Freunde finden und einen Platz zum Leben. Die Kindergärten und die Schulen bereiten sich darauf vor; sie sind nicht unerfahren mit Migranten und Migrationswellen, auch wenn die aktuelle Wanderungsbewegung die bisherigen Dimensionen sprengt. Sie wissen um die Notwendigkeit der sozialen Betreuung, der Ansprache, der unterschiedlichen Lern- und Verhaltensweisen. Auch seitens der Vereine, der Betriebe und vieler Privatleute gibt es eine große Hilfsbereitschaft.

Aber wie ist das mit den Erwachsenen? Auch sie müssen ja, um einmal mit dem Einfachsten zu beginnen, in der deutschen Umgebung überlebensfähig sein, die Sprache und die Kommunikationsformen beherrschen. Die Sprachkurse für Ausländer werden voll werden, sich vervielfachen müssen, um den Bedarfen gerecht zu werden. Die meisten Volkshochschulen werden Probleme haben, ihr entsprechendes Kursangebot so sprunghaft zu erhöhen. Auch die Lehrkräfte für Deutsch als Fremdsprache gibt es nicht wie Sand am Meer, und es bedarf nur einer geringen Fantasie, um einzuschätzen, wie sehr der Wettbewerb um die entsprechenden Lehrkräfte zwischen öffentlichen und privaten Bildungsanbietern entbrennt. Gerade Kurse für Deutsch als Fremdsprache sind sensible Lehr-Lern-Arrangements, verkraften nicht zu viele Teilnehmende und bedürfen einer kompetenten Leitung. Dabei geht es ja nicht nur um die Sprache, sondern auch um das Verständnis der Kultur und der hiesigen Regeln des Zusammenlebens.

Aus den Erfahrungen früherer Jahre mit anderen Migrantengruppen, etwa aus der Türkei oder dem Balkan, kann auch hier gut geschöpft werden. Es liegen Konzepte vor, die adaptiert werden können – und müssen. Hier bedarf es einer systematischen Herangehensweise, einer gezielten Förderung und einer ordnenden Hand mit einer großen Übersicht; es ist zu hoffen, dass sich dies sowohl im großen Rahmen als auch vor Ort, in den Städten und Gemeinden, findet.

Aber man darf nicht nur an die Migranten denken. Die Pegida-Bewegung zeigt, dass es wie früher auch einer gezielten Bildungsarbeit mit den Menschen bedarf, die nun in ihrem eigenen Land mit einer solchen Menge fremder Menschen konfrontiert werden. Hier ist es weniger die Sprache, die es zu lernen und lehren gilt, als vielmehr das interkulturelle Verständnis, die Offenheit für das Andere. Menschen in den Behörden und den Betrieben sollten in der Lage sein, mit den Migrantinnen und Migranten vorurteilsfrei zu kommunizieren, sie zu verstehen und ihnen zu helfen, in der zunächst fremden Umgebung zurechtzukommen. Empathie ist gefragt, aber auch Klarheit. Von Managementkompetenzen ganz zu schweigen.

Viele ehrenamtliche Helferinnen und Helfer sind bereits engagiert, es zeigt sich wieder, wie wichtig das Ehrenamt ist. Viele von ihnen sind aber überfordert, nicht vorbereitet auf die Aufgaben, die sie jetzt übernehmen wollen – und sollen. Die Organisation von Transport und Unterkunft, Verpflegung, Einbindung in Schulen und Betrieben, Kontakt mit Ämtern und vieles andere mehr: Dafür bedarf es Kenntnisse und bestimmte Kompetenzen. Nicht viele haben das gelernt. Insbesondere im Organisationsbereich sind Ehrenamtliche vielfach überfordert. Es geht also auch um die Unterstützung und die Schulung von Ehrenamtlichen für die neuen Aufgaben.

Leider gibt es vor Ort nur selten Instanzen, welche die notwendigen Bildungsmaßnahmen systematisch im Blick haben. Es ist auch nicht immer klar, wer oder welche Institution nun dafür verantwortlich und zuständig ist, zu viele verschiedene Bereiche sind betroffen. Die mangelnde Koordination in solchen Ausnahmesituationen zeigt deutlich, woran es auch im Alltagsbetrieb unseres Bildungswesens mangelt: an einer sinnvollen und verbindlichen Koordination des lebenslangen Lernens und seiner Einrichtungen.

Eine weitere Aufgabe steht nach der Bewältigung der ersten Welle im Bildungsbereich erst noch bevor: die Frage der Anerkennung der Bildungsleistungen der Flüchtlinge in ihren Heimatländern. Viele von ihnen sind ja gebildete Menschen mit ausgewiesenen (im Wortsinne!) Kompetenzen! Hier müssen Wege gefunden werden, angemessen Äquivalenzen zu erkennen und festzustellen. Es ist noch nicht absehbar, wie dies in großem Umfang zügig geleistet werden kann.

Wie auch immer: Die Zahl der Flüchtlinge ist, gemessen an der Bevölkerungszahl Deutschlands, gar nicht so hoch. Von „Überschwemmen", wie dies bestimmte politische Kreise unterstellen, kann hier überhaupt nicht die Rede sein. Es sind die Geschwindigkeit, in der große Mengen von Menschen nach Deutschland kommen, und der Druck, der auf ihnen lastet, welche die Schwierigkeiten erzeugen. Auch daraus kann gelernt werden: Das Bildungssystem sollte auf solche Situationen vorbereitet sein und über entsprechende Konzepte, Instrumente und Kompetenzen verfügen. Auch in der Zukunft. Migranten und Migrantinnen (aus welchen Gründen auch immer sie „wandern") sind in Zeiten der Globalität nicht die Ausnahme, sondern die Normalität.

## Inklusion und Exklusion (2016)

Aus dem Französischen kam er Ende der 1980er Jahre in die sozial- und bildungspolitische Sprache der Europäischen Union, der Begriff der „exclusion", hat sich dort seitdem behauptet und zugleich den Begriff der „inclusion" neu als Gegensatz konnotiert. Im Schwarz-Weiß-Modell europäischer Minimalpolitik sind zugleich die Werte festgelegt: Inklusion ist gut, Exklusion schlecht.

Klar: Beides hat mit Menschen zu tun, mit sozialen Fragen und Gerechtigkeit. Beides ist aber auch mehrdimensional, betrifft unterschiedlichste soziale Bereiche, und ist begrifflich komplex: Es ist Prozess und Zustand, ist aktiv und passiv zugleich. Es lohnt sich also, ein wenig genauer hinzusehen, wenn diese beiden Begriffe gebraucht werden.

Zu verschiedenen Zeiten wurden (und werden) immer wieder spezifische Gruppen genannt, die „exkludiert" (ausgeschlossen) sind oder „at risk": Langzeitarbeitslose, Arme, Alte, Illiteraten oder Behinderte. Nicht zu vergessen auch diejenigen, die ohne Sprachkenntnisse in einem fremden Land leben oder – zumindest in früheren Zeiten – Frauen im öffentlichen Bereich hegemonialer Männergesellschaften. Letztlich rekurrieren die Analysen und Debatten zur Exklusion immer wieder auf den konstitutionellen Grundsatz, dass niemand aufgrund bestimmter Merkmale (Geschlecht, Hautfarbe etc.) benachteiligt bzw. ausgeschlossen werden darf. Nicht immer erfolgt jedoch die Exklusion intentional und aktiv seitens erkennbarer Akteure, vielfach geht es auch um strukturell und institutionell bedingte Exklusion.

Anders ist es mit der Inklusion, dem „Einschluss". Sie bedarf der Handlung, des aktiven Einbeziehens. Entsprechend auch die historische Dimension des Begriffs, eng verbunden mit behinderten Menschen, deren Integration in soziale Systeme einer besonderen Aufmerksamkeit bedarf. Inklusion ist eher die politische Antwort auf entstandene soziale Problemlagen, erfordert geeignete Ziele, Maßnahmen und Akteure, um wirksam zu sein. Aber auch Inklusion ist nicht „an sich" ein positiv zu besetzender Begriff; er gewinnt seine positive Konnotation dadurch, dass er gerechte Möglichkeiten der Teilhabe, des Wohlergehens und des Miteinander anbietet, dies aber nicht erzwingt.

Wenn wir diese Prinzipien auf Bildung und auf Weiterbildung anwenden, gilt zunächst der Grundsatz: alle Menschen haben ein gleiches Recht auf Bildung und müssen die Möglichkeit der Teilnahme an Bildung haben. Daraus ergeben sich konkretere Handlungsperspektiven, jeweils auf exkludierende Merkmale einzelner Personengruppen bezogen: Illiteraten wird – über spezifische Programme – der (nachträgliche) Erwerb der Schriftsprache ermöglicht, entsprechende Angebote werden entwickelt und vorgehalten. Für Behinderte im Rollstuhl werden barrierefreie räumliche Strukturen geschaffen. Langzeitarbeitslose erhalten nicht nur die Möglichkeit der Um- oder Weiterqualifizierung, sondern auch entsprechende soziale Angebote. Für Migranten und Migrantinnen (letztere oft noch einmal anders exkludiert als die männlichen Migranten) werden Bildung und begleitende Maßnahmen vorgehalten sowie die Teilnahme unterstützt. Für Frauen gibt es in hegemonialen Männergesellschaften Quotenregelungen und Programme sowie entsprechende Evaluationskriterien (Frauen in Führungspositionen – ein wichtiges Kriterium auch im wissenschaftlichen Bereich). Und vieles andere mehr.

Es bleibt noch viel zu tun. In der Praxis, in der zwar modellhaft und an einigen Stellen inkludierende Bildungsverfahren realisiert sind, es in der Breite und im Selbstverständnis sowie der Selbstverpflichtung jedoch mangelt. Vor allem aber auch in der theoriegeleiteten Debatte um (bildungs-)politische Grundsätze. Was kann und soll Bildung zur Inklusion beitragen, außer sich in ihren eigenen Aktivitäten auf entsprechende Grundsätze zu beziehen? Was ist der Anteil von (Weiter-)Bildung am Prozess einer gesellschaftlichen Entwicklung, die gerechte Möglichkeiten der Teilhabe für Menschen schafft, die vor dem Risiko der Ausgrenzung stehen oder bereits ausgegrenzt sind? Armut in einer kapitalistischen Konsumgesellschaft ist hier ein gutes Beispiel: Was kann Weiterbildung hier konkret, was perspektivisch mit dem Ziel der Inklusion leisten?

Was wir brauchen ist eine klarere Auseinandersetzung mit dem, was nottut, dem, was geleistet wird und werden kann, und dem, was konkrete Akteure zu welchen Zeiten an Aufgaben übernehmen müssen. Ein gewisses Maß an Prospektion gehört auch dazu: Welche Ausschlussfaktoren wird es mittel- und langfristig geben, welche Menschen werden davon betroffen sein?

## Literatur

Kronauer, M. (Hrsg.). (2010). Inklusion und Weiterbildung. Reflexionen zur gesellschaftlichen Teilhabe in der Gegenwart. Bielefeld

Kronauer, M. et al. (Hrsg.). (2013). Zugänge zu Inklusion. Bielefeld

## Transparente Qualifikationen (2016)

Anfang Dezember 2015 widmete sich das alljährliche Forum des Deutschen Instituts für Erwachsenenbildung (DIE) dem Thema der Validierung informellen Lernens. Nach vielen Jahren der Diskussion und der Entwicklung von Modellen und Konzepten ein eher abgeschlossenes Thema, möchte man meinen. Doch weit gefehlt, vor allem dann, wenn es um die Entwicklung eines nationalen Konzepts für die Zuordnung informeller Lernergebnisse zum Deutschen Qualifikationsrahmen (DQR) geht.

Erinnern wir uns: Auf Initiative der Europäischen Union vor etwa zehn Jahren hin haben die Mitgliedsstaaten (und diejenigen, die es werden wollen) nationale Qualifikationsrahmen entwickelt, mit denen die Bildungsleistungen abgebildet werden können. In vielen Mitgliedsstaaten ähneln die nationalen Rahmen sehr stark dem Vorschlag der EU – eine Matrix, bestehend aus Kompetenz-Säulen, die neben fachlichen Kompetenzen auch personale und soziale Kompetenzen umfassen, und aus Niveaus, meist acht, auf denen der Grad der jeweiligen Kompetenz anhand von Deskriptoren beschrieben wird. Ziel des Unternehmens ist es, die unterschiedlichen Ergebnisse in den Bildungssystemen der europäischen Mitgliedsstaaten für den gemeinsamen Arbeitsmarkt transparent und vergleichbar zu machen.

Deutschland hat seinen DQR am 22. März 2011 verabschiedet, also vor fast fünf Jahren. Er ist das Resultat einer langen bildungspolitischen Aushandlung mit dem Ergebnis, dass berufliche Bildungsleistungen den akademischen gleichwertig (nicht „gleichartig") sind, der Meister auf dem gleichen Niveau wie der Bachelor (Niveau 6) angesiedelt ist, und dass soziale und personale Kompetenzen ebenso bedeutsam sind wie Fach- und Sachkompetenzen. Ein weiteres Ergebnis ist auch, dass Lernen im DQR „outcome-orientiert" verstanden wird, also nicht der Inhalt des Gelernten wichtig ist, sondern das, was die Lernenden im Anschluss zu leisten vermögen, das Lernergebnis. Seitdem werden Zertifikate und Zeugnisse der formalen Bildung analysiert und den Niveaus des DQR zugeordnet.

Das Abitur wurde ausgeklammert bzw. zurückgestellt, die Beteiligten von Staat, Wirtschaft, Wissenschaft und Sozialpartnern konnten sich hier noch nicht einigen. Ausgeklammert wurden aber auch zunächst Lernergebnisse der non-formalen und der informellen Bildung; der DQR folgte in seiner Logik der Substanz der formalen Bildung. Auch Ergebnisse dieser Lernformen sollten jedoch, dem Prinzip der Einheit der Bildung folgend, dem DQR zuordenbar sein.

Eine Arbeitsgruppe, die sich mit den Möglichkeiten und Besonderheiten der Abbildung zertifizierten non-formalen Lernens (in Deutschland im Wesentlichen die Weiterbildung) beschäftigte, legte Anfang 2014 Empfehlungen vor, nach welchen Verfahren Weiterbildung im DQR transparent gemacht werden könnte. Eine Beschlussfassung zu den Empfehlungen steht allerdings aus. Eine weitere Arbeitsgruppe zur Frage, wie nicht zertifiziertes non-formales und informelles Lernen abgebildet werden könnte, arbeitet seit nunmehr etwa drei Jahren, ohne dass Ergebnisse erzielt oder Empfehlungen formuliert wären.

Keine Frage: Bei der Zuordnung von non-formalem und informellem Lernen zum DQR ergeben sich Schwierigkeiten, die insbesondere darauf beruhen, dass der DQR der Logik der formalen Bildung, also der berufsqualifizierenden Abschlüsse, folgt. Die Dauer der Lernprozesse (zeitlicher Input), die Vollständigkeit der Lernergebnisse (alle vier Kompetenzsäulen) und die curricularen Outcome-Definitionen stehen dabei ebenso auf dem Prüfstand wie die Frage der Angebotsqualität und der anerkennenden *competence bodies*. Andererseits: Auch bei der formalen Bildung gab und gibt es Probleme der Outcome-Formulierung oder des Nachweises der Vollständigkeit der Lernergebnisse.

Der Arbeitskreis, der sich mit diesen Fragen entscheidungsrelevant beschäftigt, der AK DQR, ist komplex besetzt: Staatliche Vertreter von Bund und Ländern, Vertreter der Wirtschaft, der Gewerkschaften, der Wissenschaft und der Bildungsverbände ringen hier um angemessene Entscheidungen. So wichtig es ist, alle Beteiligten „im Boot" zu haben und Regelungen im Konsens zu treffen, so problematisch ist es aber auch, in der Sache nicht weiterzukommen – bildungspolitische Positionen blockieren sich hier teilweise. Das ist mehr als bedauerlich, was die Behandlung der Empfehlungen zur Abbildung non-formaler Bildung vom Januar 2014 angeht. Unsere österreichischen Nachbarn etwa sind hier deutlich weiter – die Aufnahme non-formaler Weiterbildung in den nationalen Qualifikationsrahmen wurde bereits (2016) gesetzlich festgeschrieben.

Und es ist bedenklich, was den fehlenden Fortschritt in der Regelung der Anerkennung (und Abbildung) informeller Lernergebnisse angeht. Die Europäische Union hat die Mitgliedsstaaten aufgefordert, hier bis zum Jahr 2018 kohärente nationale Konzepte vorzulegen. Es ist bereits jetzt äußerst zweifelhaft, ob dieser Termin eingehalten werden kann. Und ob es überhaupt politischer Wille in Deutschland ist, ein solches Konzept zu entwickeln und zu implementieren.

# Innovationen sind kein Wert an sich (2016)

Absicht oder nicht? „Innovation" heißt „erneuert", nicht „neu" – beim Kauf eines Autoreifens weiß man da sehr wohl zu unterscheiden. Gewollt ist in der Regel das Neue, nicht das (Rund-)Erneuerte. Andererseits: So ganz Neues kann auch Tücken haben, ein bisschen vom Bewährten sollte schon erhalten bleiben. Es sollte nur irgendwie bestehende Probleme besser lösen, anstehende Aufgaben besser bewältigen helfen.

Vor 40 Jahren gab es den Begriff der „Innovation" im deutschen Sprachraum praktisch noch nicht. Er kam auf mit dem zunehmenden Wettbewerb, innovative Produkte versprachen Verkaufserfolge. Und wenn es auch nur ästhetische (Farben, Formen) oder Bedienungsinnovationen waren – das Neue sprach an. Und wenn sich nach einiger Zeit herausstellte, dass sich damit nichts verbesserte, nicht selten eher das Gegenteil eintrat – in diesen Dingen gibt es kaum etwas Kürzeres als das Gedächtnis.

Im Bildungsbereich kann man davon ein Lied singen: die Mengenlehre im Mathematik-Unterricht, die Labors im Sprachunterricht, Projektunterricht und Rechtschreibreform – flugs eingeführt (innovativ!!!), langsam zurückgerudert. Japanische Experten führen die guten Ergebnisse ihres Landes in der PIAAC-Studie nicht auf eine innovative Erwachsenenbildung, sondern auf eine sehr traditionelle Schulbildung zurück: kognitiv lernen, kognitiv lernen, kognitiv lernen. Innovation, kann man daraus lernen, ist kein Wert an sich. Sie kann verschlechtern, wenn sie Bewährtes zerschlägt. Vor allem dann, wenn sie ohne sensible Erprobung flächendeckend implementiert wird (um eine kleine Spitze zum Bologna-Prozess einzuschieben).

In der Bildung kann Innovation unterschiedliche Aspekte betreffen – meist tangieren Innovationen nur einen oder zwei davon (insofern bleibt Bewährtes auch erhalten): die Inhalte, die Arbeitsformen (Methoden), die Ziel- und Adressatengruppen, die Curricula (Lehrpläne), die Reichweiten (z.B. Netzwerke, Regionen), die „Räume" (z.B. Online-Learning) und die Monitoring-/Evaluationsmethoden. Etwas anders als in der Wirtschaft, wo Konkurrenz und Wettbewerb zur Innovation treiben, sind im Bildungsbereich eher Probleme der Auslöser, etwa Qualifikationsbedarfe, Zugänge zu Angeboten, Motivationen und inhaltliche und mediale Herausforderungen. Zur Lösung der Probleme wird auch zunehmend, vor allem im europäischen Raum, eine *good practice* oder *best practice* aus dem Ausland übertragen – ein sogenannter Innovationstransfer (im anderen Kontext wird etwas Bestehendes innovativ).

Oft kann man Innovationen erst im Nachhinein erkennen und bewerten, ähnlich, wie dies für Trends oder Zäsuren gilt. Tagesaktuell werden Entwicklungen nur zu häufig über- oder unterbewertet. Wichtig bei Innovationen ist es, allen Lobpreisungen zum Trotz, darauf hinzuweisen, dass sie kein Wert an sich sind, nicht ihr eigener Maßstab. Dinge sind nicht notwendig dadurch besser geregelt, dass sie innovativ sind. Solange „Innovation" Beweglichkeit und Lebendigkeit, Perspektiven und Bedarfsorientierung bezeichnet, ist sie pädagogisch wertvoll und politisch hilfreich. Sie darf aber keinesfalls dazu führen, dass sinnvolle und funktionierende Strukturen ge- oder gar zerstört werden.

# Europäischer Hochschulraum (2016)

Es könnte so einfach sein: das Studieren an den europäischen Hochschulen zu harmonisieren, die Mobilität der Studierenden zu erhöhen, die Abschlüsse transparent zu gestalten und überdies das „Personal", die Professorinnen und Professoren, intensiver ins Gespräch zu bringen. Es gibt vielfache Ansätze und Maßnahmen insbesondere der Europäischen Union in diese Richtung, die auch Eingang gefunden haben in die Realität der Hochschulen: der Bologna-Prozess mit seinem Shift zu Bachelor- und Masterstudiengängen allerorten, das ECTS-Verrechnungssystem, der European Qualifications-Framework, um nur einige zu nennen. Und auch national wird einiges getan; „Internationalität" als zentrales Evaluationskriterium bei der Bewertung von Hochschulen ist nur eines der angewandten Impulse und Maßnahmen.

Aber es ist schwierig. Und es geht nur langsam voran. Manchmal hat man den Eindruck, dass diese Europäisierung des Hochschulraums von vielen gar nicht gewollt wird.

Beginnen wir beim Interesse der Studierenden. Natürlich gehen sie gerne einmal ins Ausland, besonders mit einem Stipendium, auch wenn ein ganzes Semester ziemlich lang ist und man den Kontakt zu den Freunden in der Heimat – trotz aller medialen Wege – oft nur schwer halten kann. Aber die Abwägung des mehr als touristischen Nutzens ist durchaus kritisch. Es besteht die Gefahr, dass die Studienleistungen im Ausland „zu Hause" nicht anerkannt werden, das Studium entsprechend länger dauert. Auch, dass die Studienleistungen, die im Ausland zu erbringen sind, aufwendiger als an der eigenen Hochschule sind. Und die Aussicht, einen angemessenen Arbeitsplatz im Ausland zu finden, ist auch nur in wenigen Fächern realistisch – der erziehungswissenschaftliche Bereich zählt nicht dazu. Zudem muss man meistens finanziell drauflegen, die ERASMUS-Förderung ist nicht hoch genug, um alle zusätzlichen Kosten zu decken. Man kann auch, sofern man überhaupt will, auch „zu Hause" international studieren – Online-Seminare sind ja bereits teilweise implementiert. Aber auch hier: In einer fremden Sprache studieren ist zusätzlicher Aufwand, vielleicht auch Stress, und nicht in allen Universitäten wird dies (etwa über mehr ECTS-Punkte) auch honoriert. Das bedeutet im Ergebnis: Studienangebote von Hochschulen, die auf internationale Mobilität der Studierenden zielen, können sich, um es vorsichtig auszudrücken, keineswegs über zu großen Zulauf beklagen. Außer vielleicht, es handelt sich um eine Hochschule in einem englischsprachigen Land: Da motiviert der Sprachbonus.

Welches Interesse haben die Hochschullehrer und Hochschullehrerinnen? In gewisser Weise spiegelbildlich zu dem der Studierenden. Der Unterricht in einer fremden Sprache und mit Bezug auf einen ausländischen wissenschaftlichen Diskurs erfordert zusätzlichen Aufwand, der in der Regel nicht abgegolten wird (in Honoraren oder Reduktionen von Lehrdeputaten). Zu den Studierenden anderer Universitäten lassen sich nur schwer längerfristige Lehr-Lern-Beziehungen („Schüler/Schülerinnen") aufbauen, Lehre ist ja insgesamt gegenüber der Forschung (insbesondere mit Drittmitteleinwerbung) nach wie vor weniger „wert" an den Hochschulen. Und begibt man sich in den internationalen Diskurs auch in Bezug auf Forschungen und Publikationen, dann kann es schon vorkommen, dass man „zu Hause", also im nationalen wissenschaftlichen Diskurs, gar nicht mehr präsent ist. Diese Gefahr besteht auch, wenn die Programme zur Dozentenmobilität in Anspruch genommen werden – die heimische Präsenz wird geringer, und in vielen universitären Kulturen kann das sehr ungünstige Folgen bei der Verteilung von Pfründen haben. Gerade in Disziplinen wie der Erziehungswissenschaft, die international nur wenig vernetzt sind, erweisen sich solche Gefahren als sehr wirklichkeitsnah.

Und die Universitäten? Haben sie überhaupt eigene Interessen? Gewiss, heutzutage spielen Image und Evaluation eine große Rolle für die Hochschulen, und dazu gehört zweifellos die Internationalität. Nicht für alle Hochschulen bedeutet die Betonung von Internationalität jedoch, dass daraus ein Mehr an studentischem Zulauf erwächst, insbesondere aus dem Ausland. Manche Fachhochschulen benennen sich mittlerweile englisch als „University for applied sciences" – es wäre zu prüfen, ob sich das in den Aktivitäten der Professorinnen und Professoren sowie unter den Studierenden auch zeigt. Einige Hochschulen sind durchaus international aktiv in den übernationalen Hochschulverbänden. Aber es sind letztlich nur einige, insbesondere in Deutschland. Manche andere bemühen sich um Internationalität, mit all den Schwierigkeiten, die „Organisationsentwicklung" einer solchen Dimension hat. Das Lehrpersonal ist dabei die eine Seite, die Verwaltung und deren Ablaufregeln die andere. Selbst bei sehr gutem Willen ist so manche Universitätsverwaltung beim Anspruch der Internationalität überfordert, sprachlich, kulturell und insbesondere in rechtlichen und prozessualen Aspekten der Administration. Dabei zeigt sich auch, dass die Kommunikation zwischen Verwaltung und Wissenschaft an vielen Hochschulen suboptimal abläuft – Vorteil und Nutzen einer internationalen Kooperation der Wissenschaft können von administrativer Seite leicht unterlaufen werden.

Es gibt jedoch, über Studierende, Professoren und Hochschulen hinaus, eine generell schwierige Gemengelage, was Internationalisierung oder Europäisierung des Hochschulraums betrifft. Hier geht es um Hochschulrecht und Wissenschaftsverwaltung. Hochschulen sind in nahezu allen europäischen Ländern relativ selbstständig (Freiheit der Wissenschaft), aus gutem Grund, wenn es da auch immer wieder auf nationaler Ebene aus politischen Gründen Änderungstendenzen gibt. Es kann daher keine übernationalen, sondern nur zwischenuniversitäre Kooperationen geben. Bilaterale Verträge sind daher auch das Grundmuster bei ERASMUS – Vernetzungen können nur sehr schwer aufgebaut werden. Bei aller Selbstständigkeit stehen die Universitäten jedoch in einem Rechtssystem, das über Verträge, Anerkennung von Abschlüssen und Zugänge zum Studium entscheidet. Ein Studierender zum Beispiel, der über offenere Zugangsregelungen in einem europäischen Land wie Dänemark oder Deutschland (unter Anerkennung der Berufspraxis) zum Studium zugelassen wurde, kann in einem Land mit engeren Regeln nicht studieren – folgerichtig werden auch die Abschlüsse nicht anerkannt, ein *joint degree* ist hinfällig. Genaugenommen müsste es ein europäisches Hochschulrahmengesetz geben, soll es wirklich zu einem funktionierenden europäischen Hochschulraum kommen.

# Quellenverzeichnis

**Ausbildung und Hochschulbildung**
Mit H. Weisert in: Ruperto Carola 50/1972

**Defizite der Dropout-Forschung**
Mit H. Sutter in: Nuissl, E. & Sutter, H. (1979). Dropout in der Weiterbildung. Heidelberg

**Zur Diskussion des Bildungsurlaubsprogramms**
In: Mader, W. (Hrsg.). (1980). Forschungen zur Erwachsenenbildung. Bremen

**Lehr-Lern-Forschung für die politische Bildung**
In: Schlutz, E. & Siebert, H. (Hrsg.). (1986). Stand und Aufgaben der empirischen Forschung in der Erwachsenenbildung. Bremen

**Praxisorientierte Weiterbildungsforschung**
In: Otto, V. (Hrsg.). (1988). Weiterbildungsforschung. Frankfurt a.M.

**Vermittlung im wachsenden Museum**
In: Museumskunde 2/1988

**Markt oder Staat in der Weiterbildung**
In: GEW Hessen (Hrsg.). (1991). Die Politik mit der Weiterbildung. Frankfurt a.M.

**Lernort Alltagsleben**
In: Faulstich, P. et al. (1992). Weiterbildung für die neunziger Jahre. Weinheim, München

**Person und Sache**
In: Nuissl, E. (Hrsg.). (1992). Person und Sache. Bad Heilbrunn

**Leben und Lernen als Wagnis**
In: Knobel, E. (Hrsg.). (1993). Pragmatismus und Zukunftsplanung in der Weiterbildung. Frankfurt a.M.

**„Qualität" – pädagogische Kategorie oder Etikett?**
In: Hessische Blätter für Volksbildung 2/1993

**Fernsehpreis und Bildung**
In: Hachmeister, L. (Hrsg.). (1994). Das Fernsehen und sein Preis. Bad Heilbrunn

**Management von Bildungseinrichtungen**
In: Nuissl, E. (1995). Leitung von nicht-kommerziellen Bildungseinrichtungen. Kaiserslautern

**Die Männerfrage als Bildungsfrage**
In: Schacht, K., Lenz, H.-J. & Janssen, H. (Hrsg.). (1995). Männerbildung – ein Thema für die politische Bildung. Wiesbaden

**Expansionsbereich der Zukunft – Erwachsenenbildung**
In: Gallio, C. (Hrsg.). (1995). Freie Laufbahn. Berufe für Geisteswissenschaftler. Mannheim

**Fremdsprachen in der Erwachsenenbildung**
In: Zielsprache Französisch 3/1995

**Lebenslanges Lernen in der Erwachsenenbildung**
In: NKDL Lebenslanges Lernen. (1997). Aufbruch in die Zukunft – Modetrend oder Bildungsbedarf? Erlangen

**Hochschuldidaktik**
In: Knoll, J. (Hrsg.). (1998). Hochschuldidaktik der Erwachsenenbildung. Bad Heilbrunn

**Lernarchitekturen**
In: DIE Zeitschrift IV/1999

**Bildungsfinanzierung**
In: Balzer, C. & Nuissl, E. (Hrsg.). (2000). Finanzierung lebenslangen Lernens. Bielefeld

**Barrieren, Blockaden, Widerstände**
In: DIE Zeitschrift II/2000

**Support für die Weiterbildung**
In: DIE Zeitschrift III/2000

**Weiterbildung und Zukunft**
In: DIE Zeitschrift I/2001

**Einheit und Gegensatz**
In: DIE Zeitschrift II/2001

**Sprachenlernen und Sprachenpolitik**
In: DIE Zeitschrift IV/2001

**„Lernen wollen, können, müssen!"**
In: Forum Bildung (Hrsg.). (2001). Lernen – ein Leben lang. Vorläufige Empfehlungen und Ergebnisbericht. Bonn

**Organisationsentwicklung**
In: Kil, M. (2002). Organisationsveränderungen in Weiterbildungseinrichtungen. Bielefeld

**Regionen und Netzwerke**
In: DIE Zeitschrift I/2002

**Wissens- oder Wissenschaftsgesellschaft?**
In: DIE Zeitschrift II/2002

**Qualität(en) in der Weiterbildung**
In: DIE Zeitschrift III/2002

**Zuwanderung als Thema der Weiterbildung**
In: DIE Zeitschrift IV/2002

**Zurück zur Didaktik**
In: DIE Zeitschrift II/2003

**Zielgruppen! – Zielgruppen?**
In: DIE Zeitschrift IV/2003

**Bilder und Bildung**
In: DIE Zeitschrift I/2004

**Zukunftsmarkt Weiterbildung?**
In: DIE Zeitschrift II/2004

**Vom Nutzen und Genießen**
In: DIE Zeitschrift III/2004

**Kopf, Herz und Hand**
In: DIE Zeitschrift IV/2004

**Lernen in Bewegung**
In: DIE Zeitschrift IV/2004, ergänzt um Infobrief Praxishandbuch Weiterbildungsrecht September 2010

**Weiterbildungsraum Europa**
In: Bechtel, M., Lattke, S. & Nuissl, E. (2005). Porträt Weiterbildung Europäische Union. Bielefeld

**Graniza**
In: DIE Zeitschrift I/2005

**Next Generation**
In: DIE Zeitschrift II/2005

**Rechte und Pflichten**
In: DIE Zeitschrift III/2005

**Nachhaltig – bis zur nächsten Evaluation!**
In: DIE Zeitschrift IV/2005

**Dopamine**
In: DIE Zeitschrift I/2006

**Ballwerk**
In: DIE Zeitschrift III/2006

**Transparenz im Bildungssystem**
In: Infobrief Praxishandbuch Weiterbildungsrecht September 2006

**Lernen als Integration**
In: Daiseion-ji & WGL. (Hrsg.). (2007). 5. Symposium zur integrativen Wissenschaft. Wipperfürth

**Transitorisches**
In: DIE Zeitschrift I/2007

**„Dritt"mittel**
In: DIE Zeitschrift II/2007

**Angebot, Nachfrage, Bedarf**
In: DIE Zeitschrift III/2007

**Gerechtigkeit**
In: Report 3/2007

**Subjektive Zeit, objektive Zeit**
In: DIE Zeitschrift IV/2007

**Milieumarketing**
In: Tippelt, R. (2008). Weiterbildung und soziale Milieus in Deutschland, Bd. 3. Bielefeld

**Lange Weile**
In: DIE Zeitschrift I/2008

**Ein Wortfossil lebt**
In: DIE Zeitschrift II/2008

**Zahlenwerke**
In: DIE Zeitschrift IV/2008

**Vages zur Weiterbildung**
In: Infobrief Praxishandbuch Weiterbildungsrecht Dezember 2008

**„Der Struwwelpeter" – ein pädagogisches Programm**
In: Pommeranz, J. (Hrsg.). (2009). Stuwwelpeters Welt. Nürnberg

**Am Trafo**
In: DIE Zeitschrift IV/2009

**Nutzt Kooperation?**
In: DIE Zeitschrift I/2010

**Ästhetik und Pragmatik**
In: DIE Zeitschrift III/2010

**Kopf und Zahl**
In: DIE Zeitschrift IV/2010

**Lernen in Bewegung**
In: DIE Zeitschrift I/2011

**Internationalisierung**
In: Infobrief Praxishandbuch Weiterbildungsrecht Juni 2011

**Prokrustesbetten**
In: DIE Zeitschrift III/2011

**Das „Fach"**
In: DIE Zeitschrift IV/2011

**Mehr Ältere in der Weiterbildung**
In: Infobrief Praxishandbuch Weiterbildungsrecht September 2011

**Globale Perspektiven**
In: Infobrief Praxishandbuch Weiterbildungsrecht Dezember 2011

**Deutschland in Europa**
In: Infobrief Praxishandbuch Weiterbildungsrecht Februar 2012

**„Making lifelong learning a reality"**
In: Infobrief Praxishandbuch Weiterbildungsrecht September 2012

**Evaluationen ohne Ende**
In: Infobrief Praxishandbuch Weiterbildungsrecht April 2013

**Trends der Weiterbildung**
In: Infobrief Praxishandbuch Weiterbildungsrecht Februar 2014

**Bildungslandschaft**
In: Education Permanente 3/2014

**Bildungs-Terminologie**
In: Infobrief Praxishandbuch Weiterbildungsrecht September 2014

**Forschung und Lehre in Europa**
In: Infobrief Praxishandbuch Weiterbildungsrecht Dezember 2014

**Titel, Titel, Titel!**
In: Education Permanente 4/2014

**Bildung und Raum**
Mit H. Nuissl in: Nuissl, E. & Nuissl, H. (Hrsg.). (2015). Bildung im Raum. Baltmannsweiler

**Familienbildung**
In: Education Permanente 1/2015

**Assessment**
In: Infobrief Praxishandbuch Weiterbildungsrecht April 2015

**Kompetenzen messen**
In: Infobrief Praxishandbuch Weiterbildungsrecht Juni 2015

**Komparative Zugänge**
In: Infobrief Praxishandbuch Weiterbildungsrecht August 2015

**Nachholen, Validieren, Anerkennen**
In: Education Permanente 3/2015

**Lernen in der Stille**
In: Education Permanente 4/2015

**Evidenzorientierte Bildungspolitik**
In: Infobrief Praxishandbuch Weiterbildungsrecht Oktober 2015

**Migration und Weiterbildung**
In: Infobrief Praxishandbuch Weiterbildungsrecht Dezember 2015

**Inklusion und Exklusion**
In: Education Permanente 1/2016

**Transparente Qualifikationen**
In: Infobrief Praxishandbuch Weiterbildungsrecht Februar 2016

**Innovationen sind kein Wert an sich**
In: Education Permanente 2/2016

**Europäischer Hochschulraum**
In: Infobrief Praxishandbuch Weiterbildungsrecht September 2016

## Über den Autor

**Ekkehard Nuissl** (Prof. Dr. habil. Dr. h.c. mult.) wurde vor 70 Jahren in Kiel geboren. Mit seinen Eltern und seiner Familie (vier Geschwister) zog er in den ersten zwölf Jahren seines Lebens durch Deutschland – Kiel, Hamburg, München und Heilbronn. Sein Abitur machte er in Heilbronn, ein Zeitungsvolontariat schloss sich an. Er studierte Germanistik, Geschichte und Politische Wissenschaften, dann Sozialwissenschaften in Heidelberg und Bremen, promovierte 1974 zum Thema „Massenmedien" in Bremen und habilitierte 1987 in Erwachsenenbildung an der Universität Hannover (Thema: Bildung im Museum).

In seinem beruflichen Werdegang bewegte er sich stets zwischen Wissenschaft und Praxis: Assistent an der Universität, Leiter der Pressestelle der Universität Heidelberg, Leiter der Arbeitsgruppe für empirische Bildungsforschung, Direktor der Hamburger Volkshochschule und Direktor des Deutschen Instituts für Erwachsenenbildung. Parallel beschritt er eine Laufbahn als Hochschullehrer – in Heidelberg und Hannover, dann als Professor in Marburg, Duisburg und Essen sowie international vor allem in Timisoara (Rumänien), Torun (Polen) und Florenz (Italien).

Seine persönlichen wissenschaftlichen Schwerpunkte lagen zunächst in der Lehre, beim Lernen und bei den Zielgruppen, zunehmend konzentriert auf kulturelle Bildung (Museen) und politische Bildung, schließlich – eng verbunden mit den übernommenen Leitungsaufgaben – auf Organisationsforschung (Management, Public Relations, Evaluation) und Bildungspolitik (immer mehr auch europabezogen). Als Leiter eines Instituts wie dem DIE war der Bogen noch weiter zu spannen. Aktuell konzentriert er sich auf die kulturelle Bildung und die internationale Bildungspolitik.

Ekkehard Nuissl wirkte in vielen bildungs- und forschungspolitischen Gremien mit, auf nationaler und europäischer Ebene, dies in verschiedenen Funktionen (Mitglied, Vorsitzender, Präsident). 2006 wurde er in die internationale Hall of Fame für Erwachsenenbildung berufen. Von seinen mehr als 600 Publikationen liegen zahlreiche Übersetzungen in andere Sprachen vor. Seine neuesten Publikationen widmen sich dem „Lernort Tagung", der Lernrelevanz von Denkmälern, der empirischen Forschung und den Qualifikationsrahmen in Deutschland und Europa.

Das zentrale Credo seiner Arbeit ist die gelungene Verbindung von Theorie (oder Wissenschaft) und Praxis in gleichberechtigter Wechselwirkung – getreu dem Leitsatz von G.W.F. Leibniz: „Theoria cum Praxi".

## Aktuelle Bücher des Autors

Nuissl, E. (2010). Empirisch forschen in der Weiterbildung. Studientexte für Erwachsenenbildung. Bielefeld

Nuissl, E. (2013). Evaluation in der Erwachsenenbildung. Studientexte für Erwachsenenbildung. Bielefeld

Nuissl, E. & Siebert, H. (2013). Lehren an der VHS. Ein Leitfaden für Kursleitende. Perspektive Praxis. Bielefeld

Nuissl, E. & Nuissl, H. (Hrsg.). (2015). Bildung im Raum. Baltmannsweiler

Müller-Naevecke, C. & Nuissl, E. (2016). Lernort Tagung. Konzipieren, Realisieren, Evaluieren. Perspektive Praxis. Bielefeld

Boffo, V., Federighi, P. & Nuissl, E. (2016). Empirical Research in Adult Education. Florenz

Arnold, R., Nuissl, E. & Rohs, M. (erscheint 2016). Einführung in die Erwachsenenbildung. Baltmannsweiler